视窗
你我他

王童·名人访谈录

王童/著

天津出版传媒集团
百花文艺出版社

图书在版编目（CIP）数据

视窗你我他：王童名人访谈录 / 王童著. -- 天津：百花文艺出版社, 2014.1
ISBN 978-7-5306-6384-4

Ⅰ. ①视… Ⅱ. ①王… Ⅲ. ①电影导演-访问记-中国-现代②作家-访问记-中国-现代 Ⅳ. ①K825.78 ②K825.6

中国版本图书馆 CIP 数据核字(2013)第 302184 号

选题策划：王俊石　　**装帧设计**：郭亚红
责任编辑：刘　洁　　**责任校对**：张亚丽

出版人：李华敏
出版发行：百花文艺出版社
地址：天津市和平区西康路 35 号　**邮编**：300051
电话传真：+86-22-23332651（发行部）
+86-22-23332656（总编室）
+86-22-23332478（邮购部）
主页：http://www.bhpubl.com.cn
印刷：天津泰宇印务有限公司
开本：787×1092毫米　1/16
字数：220 千字　**图数**：61 幅　**插页**：2
印张：17
版次：2014 年1 月第1 版
印次：2014 年1 月第1 次印刷
定价：32.00 元

目 录

影视篇

文学篇

序

陈丹青

王童在国家剧院购了我早年出的一本《音乐笔记》，他来电说他非常喜欢，并言他也是音乐迷，这书他是在坐地铁时阅读完的，一本严肃的探讨古典音乐的书，王童竟在行走中读完的，这让作者多少也有些欣慰。不久他又短信告我在云南昆明机场又看到了我的这本书的另一个版本《外国音乐在外国》，这让我颇感意外。接着，王童又如数家珍地把对我作品的体会一一道来，并称多有呼应。现在，王童让我给他这本访谈录作序，一是太忙，二是欠的文债太多，这对一个专心绘画的人来说，实在是负重致远。本书中的艺文名流曾被各路记者轮番采访过，这本书有趣的是，采访者王童在提问与追问之外，忽而反主为客，忽而反客为主，持续向受访者提出诘问与反问，以致成为无可名状的对话，甚至论辩——采访者需要持有观点与立场吗？这里王童并不隐晦自己对人生、对艺术的观点。在这些令人耳目一新的访谈里，王童不仅仅是停留在一般的文学艺术观念的探讨上，更是渗透着一些对艺术创作空间拓展的渴望、对僵化、故步自封状态的批判。有些访谈，王童往往追问得对方下不来台。但据说，一些被采访者却非常认同他的这些论点并加以引用。王童可能使我相信，发问就是观点，发问就是立场。今天，有关这类的访谈常能看到一些，我自己也曾是被访问者之一。但像王童这样咄咄逼人的论谈，还是比较少见的。

2011年9月6日

影视篇

影视篇

影视篇

影视篇

老舍的传人——刘恒

2010年元旦伊始，北京的艺术时空里，几乎让刘恒占据了半边天。那时间段的前后，北京人艺剧场在上演着他场场爆满的话剧《窝头会馆》；相隔不远的国家大剧院唱响着他的歌剧《山村女教师》；而央视的电影频道则在播放着他改编的《集结号》。这些出自刘恒笔下的不同艺术形态的创作，展示着他不同的侧面。《窝头会馆》和《山村女教师》，我都是同刘恒一同去观看的，之前他非常为难地说，连他自己也很难弄到门票。看《窝头会馆》时，小巨人姚明出人意料地来到了剧院，他高大的个子仰身坐在了第一排，王朔也悄然隐在了观众中。刘恒让我代他给演出送上一个大花篮，上书"人艺万岁"。在观众为何冰、濮存昕、宋丹丹的演出击掌叫好、会心发笑时，刘恒本人也正不被人知地在楼上的最后一排观赏着他自己的杰作。或许这就是作为剧作家刘恒的写真，他那朴实、带有一种农民式幽默的机智展现着他孤独的才华。同样，在国家大剧院，当人们陶醉在那歌剧宣叙调、咏叹调的唱腔中，也全然没有注意到鬓角已斑白，神色沉稳的刘恒也在同观众一起鼓着掌。刘恒并非是在为自己的剧作而沾沾自喜，因他也同样被音乐旋律托浮起自己的台词而入了迷。这就如同人们记住了莫扎特《费加罗的婚礼》，却很少有人知道这是洛伦佐·达·彭特根据博马舍的喜剧改编的。普契尼的《图兰朵》唱得人们"今夜难以入眠"，却将剧作家卡罗·哥兹忘在了一边。刘恒很认同这种遗忘,也很乐意享受这遗忘中的欢乐,这就如同福克纳被人遗忘了他的电影剧作一样,观众已不自觉地进入故事的画面中。

刘恒在自己的《乱弹集》中曾说,他从小就信奉英雄主义,而如今他的确在影视戏剧舞台上成了一个名副其实的音画和话语英雄,还有谁能像他那样让自己的作品几乎囊括了国内外所有的影视大奖。有一次,我同他去见好莱坞《雨人》的二号编剧,向对方介绍起刘恒时,这个还有些自命不凡的编剧,立刻露出了惊异的神态。因为他怎么也不会相信比真实的萨克·潘(好莱坞著名编剧兼导演)还有成就的人会出现在他眼前。而如同萨克·潘、玛丽·杜拉一样,刘恒也尝试着去当了把导演,而且导的《少年天子》很在行、很出色。但如果把刘恒那众多的才智集合起来,说他是天才式的人物,他一定会否认的,他认为自己的勤奋和细心是第一位的。这是刘恒的性格,也是贯穿在他影视舞台作品人物身上的特征。尼柯尔斯(美国电影理论家)认为电影性格的描写舞台才是表现动作的手段,而银幕只是表现反应的手段。刘恒却把这两种手段掌握得炉火纯青。对我来说,早在二十多年前,就认识了在《北京文学》当编辑的刘恒,那时《北京文学》竟然在风景如画的中山公园的水榭里办公。在此,刘恒发现了阿成、发现了蒋韵、发现了刘索拉、刘庆邦和王安忆。当然,刘恒也发现了他自己的文学才华,他写出了那些让人记忆深刻的小说:《狗日的粮食》、《白涡》、《虚证》、《黑的雪》、《逍遥颂》、《苍河白日梦》、《教育诗》、《天知地知》、《东直门》等。而这或许正是刘恒日后成为优秀剧作家的基础。有评论者认为刘恒可称为老舍的传人,这话并不言过其实。说来也巧了,老舍当过的中国作协副主席和北京作协主席,刘恒现在也在继任,老舍当过的《北京文学》主编和全国人大代表,刘恒如今也有这头衔。但刘恒认为这些只是一顶顶帽子而已,于是,他就摘下帽子同我交谈上了,当然,我们也有过一些小小的争论。那天刚好下了场夜雨。

王童:看完演出这么久还没谢你哪!

刘恒:怎么样?感觉如何?

王童:这还用说,棒极了,你也太有才了。

刘恒:还过得去?

王童:那是。不过,现在言归正传吧!怎么说呢,一切还要从旧话题谈起吧!

作家刘恒

刘恒：往事如烟，旧话就不必重提了吧！

王童：这可能还得提，因这旧话题是今天新话题的延续。

刘恒：还是提点新鲜的吧！

王童：这旧话题也是新话题了。记得当年我采访你时，你就说过，实际上你引以为傲和自豪的是你的小说创作，剧本这些东西是你的副业。当时你还赠过我一本你小说的精品集。这集子后来我给当导演的李亚林的女儿李童，看能不能选中一二拍成胶片。后来这书她也不还我了。但这集子读完后，对你文字的功力我产生了敬佩的感觉，因我们这些人对文字是很挑剔的。

刘恒：我自己也很挑剔。

王童：比如你自己也很看重的《天知地知》，你也总想搬上银幕，里面的细节我至今还记忆犹新，如主人公在广播室同女友调情被广播了出去，扮演"四人帮"演活报剧游街，让围观者抛击，都让人破涕而笑。而现在，大概都过去二十多年了，却仍未见到你的小说出笼，等来等去还是你的这些影视，当然，它们也很优秀。但你是不是让急着看你小说创作的读者空欢喜了一场，你自己也食言了。

刘恒：人的观点是随着生活的发展而逐渐变化的。我自己对自身的认识也是在不断变化着的。生活中经常会出现反客为主的事情。副业成为主业，主业也可能成为副业。我觉得人生最主要的是生命本身，它所消耗的都是我生命的资源。这都是有意义的，我觉得我对我生命资源的使用都是合理的。

王童：合理的程度是否有轻有重？如几日前我读福克纳。他就说过，当时米高梅影片公司让他去写剧本，他去写了，结果他得出一个结论，说电影剧作是一个妥协的过程。你是否也承认呢？

刘恒：的确如此，只有相互妥协才能达成共识，否则就会各执己见。

王童：那这样作家的创作本质是否就会减弱了呢？

刘恒：可能会有一些吧，但也不是全部。

王童：举例来说福克纳虽写了许多优秀的电影剧本，但人们记住的仍是他的小说，包括他获得诺贝尔奖的《骚动与喧哗》。但你现在的反客为主给读者带来很大的困惑，便是你以后就当剧作家了，不写小说了等等，这是怎么一回事呢？

刘恒：这应是每一个作家随机遇而进行的转折，你说福克纳写了很多电影剧本不为人注意，是因为他的电影剧本写得不好的原因。他确实写得不好。记得他曾改编过海明威的一个作品，忘了是哪一篇了。改编后，海明威再也不理他了。

王童：这是惯例，名著改编成电影，大多都不成功。

刘恒：也有一些例外。

王童：艺术成就最后好像不是以电影剧本这样的形式来展现的。你多年在进行这种影视剧本的创作，是基于什么考虑的呢？是基于金钱的考虑？还是就是喜欢这个艺术形式呢？

刘恒：多种考虑，综合性的考虑。我记得我早年写小说的时候，甚至一部小说只有七十块钱、五十块钱人民币，很少很少的，我记不清了，那时候一万字的一部小说，可能也就几十块钱的收入，但是仍然很高兴，仍然很愉悦。实际上它是某种说不出来的、不追求回报的那种愉悦，我觉得这只是一部分。我觉得人最初写小说的那种动力肯定是内心的某种召唤。

王童：你转型过后，第一个剧本应该是根据你自己的小说《黑的血》改编成的《本命年》吧？可说是一炮就走红了。就得了银熊奖。那次跟你去人民大会堂见那个好莱坞《雨人》的编剧，我就向他介绍过你。他拿好莱坞来唬人，只是联合编剧的二把手。而你的剧本在世界各大电影节几乎都得了奖。你剧本的深度、力度及创作的源泉从哪儿来的呢？是你本身文学素养的功力，还是其他……

刘恒：我觉得也不是吧，我早年喜欢文学的时候，喜欢小说的同时也喜欢电影，七十年代初期，不到二十岁，年轻人对所有的艺术表达方式都有兴趣，那时候对乐器也有兴趣，没有条件学，对很多艺术表达方式都有兴趣，但是都没有条件与机遇。有条件来把自己的某种想象或者某种艺术的能力展现出来只有文字。

王童：刚开始我就特奇怪，文学和艺术不太分割的，假如小时候你在什么音乐之家长大，或者什么京剧之家，学了钢琴或者京腔什么的，那你有没有可能就成为一个艺术家了？

刘恒：不，不会。

王童：所以对于现在来说，我很难把握，说你是文学家，你又是很杂，看你现在涉猎的艺术形态太多了，除了电影、电视、歌剧，还给《贫嘴张大民的幸福生活》改过评剧，许多艺术门类你几乎都涉猎进去了，除了可能不会作曲和画画，是一个什么样的综合因素把你历练成了这个样子？

刘恒：所有罗列的表达方式基础不都是文字吗？都是文字。所以说文字应该是所有表达方式的一个载体。而这个载体恰恰是我可以适当的控制的，我觉得我控制不了的是，你让我画画，不会，没感觉，成不了陈丹青。让我作曲，也根本不行，五音不全，成不了莫扎特。

王童：唯一的一个写作方式，你没尝试过写诗吧？

刘恒：小的时候写过，年轻的时候写过，但写歌剧也要韵味啊，歌词也是要押韵的。

王童：所以我觉得你太厉害了，这些东西都是从哪儿出来的？

刘恒：我认为对文字的这种使用，应该是一个作家最基本的素质，我的文字功夫是磨炼出来的。当年我二十多岁时和战友们的那些通信、诗都写得很好，我的日记也写得不错，对文字的长期磨炼，而且是有意识地磨炼，我觉得应该是达到了相当的一个水准了。

王童：现在是否说你在影视创作这条路上走到底了呢？已达到巅峰了？

刘恒：应该不会。我觉得这个行业想象力最丰富的应该属于青年人，像我这个从壮年往老年走的这个过程应该是一个衰退的年龄段。所以，现有的这种江湖地位只是暂时的。我觉得做到一定程度之后可能就会急流勇退。

王童：但我觉得你现在好像属于高峰期啊，有那种高山仰止的感觉。

刘恒：但我自己不这样认为。

王童：反过来说，我把你的作品分类了一下，有一部分是你自己创作的，有一部分是你改编的，对吧？

刘恒：对。

王童：改编与自己独创的东西有什么不同？

刘恒：就电影而言，其实没有什么太大的区别。电影就是很怪的一种表达方式，它是在某种构思，或者文字展现的基础之上去表达那个东西。我觉得这个过程中有无数人会贡献出力量来。用自己的小说改编一部电影，和你不用小说，完全凭自己对现实生活的一个想象撰写一个电影剧本，和你根据别人的作品改编一部电影，所面对的困境是一模一样的，难度也是大同小异的。

王童：改编是不是有时候更难一些？

刘恒：改编，我觉得一般人没有一定的技巧的积累或者是艺术的磨炼根本不能胜任。

王童：需要技巧吗？福克纳说，其实这个技巧实际上是不能去想的。

刘恒：他说什么？

王童：他说，我在写的时候就不去想什么是技巧，应该是不存在这些因素的，如果你把这个前提放下来，他举了个例子说，实际上小偷，街上的流浪汉……他们也都有可能写出很优秀的作品，只是他们没有发掘自己身上的某种东西。

刘恒：其实他这个话说了等于没说。因为所有人的智力和思维的基础都是相符的。人的基因是相符的，人的基因能有多大区别啊？所以说智力上的区别也不会很大。

王童：记得北京市授予过你一个杰出技术人才奖。听上去好像工程师那样的一个人物了。

刘恒：其实所有的这些奖都是一顶帽子而已。

王童：但我确实觉得还是存在肯定你的创作的技巧因素。影视剧本还是存在一定的创作技巧的吧。

刘恒：影视的技巧比较高。是很复杂的一个建筑系统。

王童：你能透露一下它的窍门在哪儿吗？

刘恒：我觉得有好多规律性的东西。实际上我几乎不愿意向别人透露，我看到别人没有理解这种技能而屡屡碰壁的时候，我有一种窃喜的感觉。

王童：那现在透露一点儿，让后辈学一学。

刘恒：比如猫怎么上树这件事是不能教给老鼠的。我还想强调一点，对电影技巧的探讨和分析，有些书，有无数的专业书籍讲了电影剧本怎么写，一二三四五六七八九，教科书，非常详细。当小说写作特别热的时候，关于小说的技巧和小说的写法的书也是无数，很多人出来教给这些文学爱好者，小说该怎么写，怎么确立主题，怎样塑造人物，怎样编织故事，怎样设置情节……那上面写得很清楚，都明明白白的了，大家都在看这些东西，为什么只有个别的人能够写出来？电影的书也是一样，为什么关于写电影剧本的书有那么多的人读，那么多电影学院、戏剧学院的学生读，只有个别的人，三两个人能够在这个事业上脱颖而出呢？这关键还是一个真正的融会贯通，对特长的一种充分的、深入骨髓的认识。这里面的窍门不存在外人的帮助。实际上我没有看到一个人贬低这种创作而贬低文学。文学在某种场合也是被贬低的，还有贬低诗歌的，这些表达方式不停地被贬低，受到不同人的贬低，贬低的人都是些无知的人。如果不说他是愚蠢的话，那都是些无知的人。

王童：好像台湾的导演不是这样说的，台湾导演（和我同名同姓的王童）就说过，剧作是电影的灵魂，但电影的灵魂怎么体现，我觉得现在很难说清，因为人们关注的还都是导演啊，演员啊，这种花边新闻的东西。

刘恒：这个事很复杂，我觉得在所有的艺术表达方式里面，最主要的东西还是胚胎，最早的那个胚胎。在你的艺术想象的世界里，最早萌芽的那个东西，那是在所有艺术表达里最宝贵的东西，而这个宝贵的东西往往是在编剧，或者是第一步写作的这个人手里。

王童：可是你的第一个剧本，实际上那时候刚刚写完，你没有去学什么窍门，你就写成功了。

刘恒：但是你不能只知其一，不知其二啊！

王童：也就是说背后还用了很多功是吧？

刘恒：实际上那时候我研究剧本怎么研究的你知道吗？那个时候连书都没有，在部队，借来书之后，有好的文章自己要抄的，我现在还留着那些买的小孩的作文本，那些横格本，买了一大堆横格本，把文章给抄上，把整篇的小说给抄上。除了抄小说之外，我还做过看了一部电影之后的记录，我凭记忆把这部电影给记录下来。

王童：你怎么记的呢？

刘恒：类似于记镜头，记故事线索，用文字把这个故事复述下来，这是我早年十六七岁的时候干的事情。

王童：十六七岁那时候在哪儿？到部队了？

刘恒：当兵了。

王童：你当兵很早啊。

刘恒：对，十五岁当兵的。

王童：怎么那么小就让当兵啊？允许吗？

刘恒：允许，那时候有的是十五岁就当兵的。

王童：陆上的海军？

刘恒：对，旱鸭子。

王童：我知道，你父亲是老公安、老警察。对于家教，里面也没有文学素养这种东西吧？这些东西都怎么感觉出来的？特别是在"文革"那个年代。

刘恒：这都说不好，因为我刚当兵的时候，给家里写信，就两三行，问爸爸妈妈好，问妹妹好，然后就没话了。信写得很短，一般信纸就两三行文字，没的写。后来也不知道怎么的，而且上小学的时候作文也不好，得三分，我记得有一次作文写得不好，老师反反复复让我重写，印象极深。后来不知为什么，还是从阅读的兴趣开始，我觉得那个时候不是倡导读《红楼梦》吗？那时候出版社出的这类书很多，哪儿都有卖的，我从家里带了一套《红楼梦》到部队里去看，突然就被那个文字给吸进去了。

王童：允许你看吗？

刘恒：那时候可以看。那时候部队读《红楼梦》，后来借鲁迅的一些小说，高尔基的一些小说。

王童：也就是在部队那个相对来说比较封闭的地方，还能有一些文学素养的东西进去？

刘恒：我觉得就是转移青春期的苦闷。靠写作和想象，转移青春期的那种躁动。

王童：看《红楼梦》里的男女情节，是不是有些异样的感觉？

刘恒：那是自然的啦。

王童：那时候有没有对什么电影印象很深呢？

刘恒：那时候不就是反反复复地看嘛，《地雷战》、《地道战》，也没什么别的看，还有《南征北战》、《英雄儿女》等等。

王童：这里面有没有特别打动你的？

刘恒：有一些朝鲜的片子不错，印象比较深的有什么《卖花姑娘》、《南江村的妇女》。这个你都有印象吧？

王童：我都有，我现在也还存有这些碟。《一个护士的故事》、《轧钢工人》等等。

刘恒：那个时候片子比较少。差不多隔一段时间重换一个，每次都有人看。

王童：你要是去做个电影记录，肯定是有某些自己的故事对吧？那有没有一部特别打动你的？触动了一下你的情感？

刘恒：我那个本里记得就有比较好听的歌，下面有字幕，大家就议论歌词。我记下了一些歌词，记不全，里面记得比较完整的一部电影好像是《轧钢工人》。这个记得比较全，闲着没事，因为过半个月、一个月他们好像就来访一次。《轧钢工人》的情节现在已经记得不太清楚了，都模糊了。《南江村的妇女》记得还比较清楚。

王童：《轧钢工人》不光你记忆深刻，我也记忆深刻。一些台词，我现在有的还能背。从几万吨钢到了几十万吨，用了什么力量，用的是敬爱领袖的力量云云。

刘恒：这也是一种启蒙吧。

王童：你以前没有学过导演吧？

刘恒：没有很系统地学过。

王童：你导的《少年天子》我看过两集，感觉也非常不错，我知道你为了导这个片子还去电影学院学了一段时间。像你这样的大腕儿跑到那儿去学，让人感到很诧异，你在那儿学什么呢？应是教他们才是。

刘恒：我是在导演系学。

王童：那学什么呢？学镜头的应用？

刘恒：很多啊！从前期准备、拍摄现场的控制、预算、剪辑。我在电影学院的听课笔记整整齐齐地留着呢，记录得非常详细。

王童：那你是不是做什么事都非常认真的这么一个人？你是那种准备得很充分的时候再去拍摄的人对吧？

刘恒：我是那种注意力不能分散的人，必须高度集中。

王童：你进入导演的那个状态，导了那个片子之后是什么感觉啊？

刘恒：其实那个片子我不是执行导演，而是总导演，我们选择了四个执行导演，在不同的地点拍摄，一个月的拍摄制作之后片子最后的剪辑是由我来完成的。那个过程对我的编剧生涯有很大的帮助。在我交代编剧秘诀的时候，我曾经告诉他做一回剪辑师，当然要有时间和精力做一回导演，要是没有时间，可以用部分时间来剪辑这个片子，来看看你的文字在胶片是怎样体现的，你的文字和胶片是什么关系，到了胶片这个阶段你还能做什么，这是从终点，然后你再看看你的起点，你就会发现有的东西非常重要，有的东西是不必要的，也可以说有的东西是多余的，还有一些东西是你在编剧的时候完全忽略的，但恰恰是最重要的。这个东西做完之后，你对编剧技巧的困惑，对剧本的整体的控制就会上一个台阶，这个东西你要不做，永远是麻木的，一个没有经验的编剧，一眼就能分辨出来。

王童：记得肖洛霍夫说过，他对所有演他作品的演员都不满意，包括他自己作品改编出来的，他都没有满意的地方，他觉得那是另外一个东西，是别人的创作。而你的作品，你又自己执导，是否都满意呢？

刘恒：当我开始写剧本，刚开始和导演合作，当我经验不足的时候，我对电影剪辑出来跟我剧本不一样的地方非常敏感，我会想，咦，他怎么这样取舍呢？但是时间长了以后，我就觉得这是一种自然现象，一部电影的制作发起和制作完成确实是一个过程。编剧只是其中的一个环节。你不可能使这部电影凝固在你的这个想法之上。文字只是整个电影过程的一部分，有可能被别人的智力改变。它有可能被扭曲，有可能被深化，还有可能被删掉、被肢解。这些都有可能，这些是正常的。我编剧这样做了，导演会在这个基础上跟着走，导演做完了之后，如果制片人对它不满意的话，可以踢开导演或重新选择剪辑师重新做。按照制片人的主意，带着他的既定愿望，继续加进。

王童：就拿改编来说，同样一个作品，它的内涵和深度都存在了，假设要换一个编剧，一个不是刘恒的人来改编，可能就达不到那种水平了，这里头需要一种什么东西在进行呢？也就是你改编的东西怎么就能让他们拍出彩来。这个我想应该最后还是导演的功力。剧作在里头到底起着一个什么样的作用呢？

刘恒：我觉得我曾经打过比方，就是一个人梯啊！人要登到一个高的地方，一个人够不到那个东西，那我们两个人，那我站在底下，你踩着我肩膀够吧。

王童：为什么换个人就弄不好呢？

刘恒：如果他是个侏儒，我们两个人都身高两米，编剧身高两米，导演身高两米，我给他做人梯，他一起来，我们能够着五米高的东西。如果下面是一个八十公分的侏儒，那反过来，上面的那个人是个侏儒呢？我两米高的人顶着一个八十公分的侏儒，我再强大，他是一个侏儒，那他能够到哪儿啊？

王童：还有一种拍电影的方式听说就是直接拿小说来拍，把小说里的情节用红笔勾画出来就去拍。听说谢晋拍《芙蓉镇》就是这样拍的。

刘恒：这和个人工作方法有关，有的导演连剧本都没有，完全是到现场凭想象发挥，其实电影拍摄过程和写小说的过程是一样的。

王童：那就体现不出来编剧的意义了？换句话也就是说，拿小说直接拍，或凭想象去拍，那就没有编剧这一说了呗？

刘恒：恰恰这儿有两种反映，像黑泽明那样，像博戈曼那样，他自己可以完成编剧。但有的导演不行，有的导演他必须借助一些他人的力量。但是聪明的导演，不是过于自以为是的导演，他通常知道什么样的编剧适合他，他有一个对别人利用的过程，那你说编剧我不能被别人利用吗？我写的这么好的一个剧本，我不对导演进行选择？如果一个不靠谱的导演拿一个题材来忽悠我，让我给他写，我能全力给他写吗？如果我能判断最后完成的效果可能会不理想的时候，我会退居二线，我只要第一。对导演的信任，我认为这个导演再差也差不到哪儿去，根据他以往取得的成绩，他基本上能够完整地展现这个想法，甚至能够升华，弥补我的不足，那这样的朋友跟他合作起来就会很好，其实这是一个经验，你只要判断谁适合你，谁不适合你。

王童：反过来，拿《少年天子》来说，像你这样的作家型的导演，你去指导他人的东西，拿自己一个成熟的剧作去找自己的一个艺术感觉，实现自己的一个文学艺术构想，最后拍的还是别人故事里的一个东西，你当时是怎么想的呢？

刘恒：我认为你现在问的一些东西还是一个太本质的问题。比如说我过这个河，你非得问我坐什么船吗？

王童：我是说，作家电影以往也有一些，比如说玛莉·杜拉斯，把那些文字的寄托通过影视表现出来，而你则是在借尸还魂。

刘恒：你是学过编剧的吧？你现在对电影制作和编剧的问题整个有偏颇，它只是一个环节，电影的环节。全世界所有的文字，含金量最高的文字，我们可以说是上帝的福音，这个文字应该是最高级的了吧？它可以变成一部电影出品。幼儿园的小孩子为大人写了一首儿歌，它应该算很简单很普通的了吧？它仍然有可能成为一部伟大的电影。那在这个环节谁在做这个事呢？是编剧在做，是导演在做。整个电影是这么一个链条。而你刚才说，哪个东西是我的东西，哪个东西是他的东西，哪个东西能体现我的价值，哪个东西能体现他的价值。我们的价值怎么分割，那最后的荣誉怎么分割啊？最后的金钱怎么分割啊?你说我贡献这么大的力量,为什么不能让我把这钱都挣到啊?大头儿为什么我不能挣到啊?为什么那些演员,就因为脸蛋长得漂亮,为什么他们就能挣到啊?在这个电影里谁最重要呢?你让大众去评,大众谁管你?我就看中那个女演员了。对于老板来说,所有的人都是我赚钱的工具,都是我产生利润的工具,我就是在雇佣你们。

王童:要从这个角度说,这类人中有些很下三烂啊?干吗非要说自己是艺术家啊?

刘恒:但反过来说,你的艺术一旦纳入了销售渠道,一旦纳入了商品行列之后,你不是整个受这个规矩的支配吗?你被出版商支配就高尚了吗?你被出版商支配写出伟大的作品你就卑微了吗?两码事。从现在的市场结果来看,任何伟大的作家,任何清高的作家,一旦被文化资本认为有利润吞下去的话,利益的超额回报就能俘虏这个作家,这你有什么说的?其实在整个人类社会里,就是一个互相依存的关系。包括艺术的表达,没有出版商在那儿给你宣传,给你在那儿做,给你把书印漂亮,在书店那儿给你推销,你的信息就传递不出去。你自己写了日记,你自己回家读吧,自己写完东西,自己孤芳自赏。

王童:但这个链条里会有很多庸俗的人参与进来,实现他们各自的利益。

刘恒:你就能够不让任何人阻拦你的东西吗?

王童:我刚才说的话题可能还是没有扣过去,我说的这个意思,是指作家电影如杜拉斯那样拍,寄托了她一种自己的情感,可能你在这里面也寄托了一种情感,但它毕竟不是你的发自内心创作的一种东西。有些作家他拍电影不去考虑市场等因素,他只考虑自己的文学价值和精神价值的东西,那你当了一把导演之后,也可用自己的作品寄托自己的情感。我是这个意思。

刘恒:你说我弄了一个40集的电视连续剧你就看了两集!

王童:我没时间盯着电视看,也没找到碟,一忙就过去了。

刘恒:我那40集电视连续剧,倾注了我个人大量的心血,演员能感到,创作者能感到,观众里面的知音能感到,我觉得这个我就基本满足了。我不可能奢望更大的满足。因为你只要全身心地去投入一个作品,你必须把自己对生活的乐趣和你的精神、你的灵魂全部都投入进去,这个作品才有可能搞好,我的所有作品都是按照这个标准来完成的。也就是我在这个环节当中,我必须完成我这个环节所赋予我的任务,但是要称职,要不然我的发行商会不满意的。

王童:这我知道,唯独这片子我没弄到,其他的碟都买回去了。但当时我看了两集就感觉有些与众不同。

刘恒:《少年天子》在节奏上比较慢,可能在收视率是受影响的一个原因,但深度上还是够的。

王童：节奏缓慢，恰恰是作家电影的一个特质，记得米兰·昆德拉写过一本小说就叫《缓慢》。

刘恒：实际上如果调整一下制作的话，应该能够调整得更好。

王童：那你有没有兴趣以后导个电影啊？

刘恒：当然有兴趣。

王童：准备导一个什么样的东西？

刘恒：选择一个适合自己表达的故事吧。

王童：你以前就跟我说过，你非常想弄一个苏格兰式的《米兰》。那你为什么不去折腾这样一个片子呢？

刘恒：这个难度很大，难度非常大。我是想先选择一个比较简单点儿的先做一下。

王童：改编一个作品还是自己创作的东西？

刘恒：我是想拿别人的一个作品先练练手。改编我自己的作品难度比较大。

王童：这个是什么意思呢？自己的作品应该最熟悉啊？

刘恒：拍摄难度大。

王童：对于你来说，这么多年应该早已历练出来了。

刘恒：拍摄是要有条件的。不是说写写材料，你拿起笔来，你打开电脑就可以操作的。比如说我涉及冬天或涉及雪地，那就得到东北去拍，我去东北那周期怎么安排？怎么弄？这里面有很多比较复杂的问题。如果有一个比较简单的故事，最好是在北京郊区就能把它拍完，那多好！电影是一个太复杂的过程。

王童：电影是比较复杂，但是我现在把你的所有作品都看了一下，觉得你的影片分两部分：一是你早期自发创作的那些东西，《菊豆》、《本命年》等等，这些东西都带有自己一种文学创作的那种感觉。后来还有一部分，属改编的，如《秋菊打官司》、《女人四十》、《红玫瑰　白玫瑰》等。现在又创作了一些主旋律的东西，观众反映众口不一，如《张思德》也好、《铁人》也罢，你都悉心去采访，并获得了许多不为人知的第一手材料。使我难以理解的是，虽说这些材料跟宣传的根本不一样，每个人都有许许多多这样的那样的身后的故事，但问题是你写出来的还是同以前听到的一致的一个东西，你所要挖掘的东西没有呈现出来，那又怎么能还原真实呢？

刘恒：我觉得这就是一个世界观的问题。像你问的这样的问题，你认为我的电影完全表达我自己的心声，而电影恰恰不是这样的一个东西。你要想完全而彻底地表达你个人的经验，那是不大可能的。能不能发表你不要管，完全的自我抒发，你也不要考虑读者，你考虑他们干什么，你就完全的自我表达就可以了。实际上在生活里必须的传递不是必然的，必须的传递从甲传播到乙，从作者传递给读者，这是非常复杂的一个过程。你的信息是要受控制的，只有有限的信息能够传达到个人那里去。任何的表达方式都是有限的表达方式。都是有局限性的。你知道吧？你必须认识到这种局限性。你不可能完整地传递你所掌握的原始的信息，信息要经过你的整理、过滤，重新整合，在一种可行的情况下，传递给你所期待的观众。其实整个过程就是这么一个过程。

王童：就是这样妥协了是吧？

刘恒：其实这还不仅仅是一种妥协，而是生存的一种自然状态。

王童：但问题是人们今天有一个期望值——有没有不妥协的作者？

刘恒：我觉得不妥协的时候它就向你妥协，肯定要抛弃一方，我不管你观众怎么看，我满足我自己，这是最重要的妥协。在这种情况下你的信息还能传递出去吗？根本传递不出去。

王童：那要坚持呢？

刘恒：有时就要等死！只有相对的真理，应该是这样。这就涉及电影的一个艺术表达重要的技巧，就是要适度地遮蔽自己。宏观上这是一个信念，在微观上这是重要的一个技巧。没有经验的人，不知道什么信息该遮蔽、什么不该遮蔽的人，在创作一个电影剧本里他的轻重缓急是混乱的。

王童：你早期创作出来的文学作品，怎么来凸显作家的创作源泉？

刘恒：有这么一条船，你把这条船开到河对岸去，那我能加速多少就加多少，但船是被限定的。大约的目的地也基本上是被确定的，这就看你能载多少东西，你要是载的东西多了，这条船有可能沉掉了。

王童：有一个人物促使你去创作了一些作品，别的人一般都请不动你。这人就是张和平先生，他到了人艺，你就给他写了《窝头会馆》。他是怎么促使你写出那些作品的？

刘恒：这个就是一种缘分吧！至少人家是非常真诚的，而且人家对整个项目的关照、操控，都非常强，也就是刚才我说的，你要选择你的合作伙伴，你的合作伙伴是可以信赖的，而且是可以预期的。在这种情况下，跟这样的人合作，最后的结果应该是八九不离十，不会有太大的差别。

王童：还有一个问题，这些优秀影片的出现，你在国际上获得优秀剧本奖的次数多吗？

刘恒：不多。国际上获优秀剧本奖的机会并不多。

王童：好像冯小刚还获过一个。

刘恒：最近王全安也获了一个。通常是对影片的奖励，单独拿出来一个不同语种的剧本奖励，不太可能。

王童：这个剧本奖励的因素你觉得是什么啊？

刘恒：所有的奖励规律都是一样的。

王童：有时候有一种矛盾冲突很深的剧本很有可能获奖。

刘恒：这只是一方面的。有的讲艺术形态，有的讲注重反主流，有的是注重商业性，标准不一样。

王童：你早期的创作，有些反叛精神在里面，你从那种精神状态里头回归，现在是认可这种创作方式还是你自己的尝试，你怎么想的呢？

刘恒：我觉得是适者生存吧！我曾经命名过这种状态，就是一个植物它在某一个地区生长，它觉得它适合这地方的生态环境。比如说要是生长在沙漠里，这个植物的根就会扎得特别深。但是如果在一个阳光很稀少的地方，那叶片的生长要有利于吸收那种微弱的阳光。这跟生长环境是有关的。

王童：福克纳还说过作家是不需要经济自由的——我由此延伸一个比较尖锐的话，金钱的诱惑是很大的，有时候是抵御不了的。许多作家在写完剧本以后是为了还小说这个愿，对于你来说，你的经济水准在达到天文数字以后，我郑重提出这么一个问题，你们还缺钱吗？你们缺多少钱？你们挣多少才疲惫？才觉得满足？才潜心去创作自己的东西去了呢？我不知道这个问题提得对不对。

刘恒：你提的这个问题让我从哪个角度回答你呢？如果仅仅是从金钱的角度上来说的话，不是我挣足了多少去干什么事情，不是说我没钱的时候我干什么，我有钱的时候干什么，不是这么一个选择。如果写小说不给我稿费的话，我最初可能很难写下去，但在某种特定的情况下，在文化大革命时期，根本不要稿费我照样写小说。你看最主要的是什么？最主要的是他自己灵魂的那种召唤他不知道。很明显，十年前，一个剧本就那么点儿钱，你投入的时候是什么状态？你往写字台那儿一坐，你就成了你自己的上帝了。你就带上自己的翅膀飞起来了，在那个时候还在算钱吗？你太小看那些作者了。到现在也一样啊，你现在站的地位高，人家拿着钱来求你，你出了价人家都不回价，好，你往写字台那儿一坐，他承受的压力是什么样的啊？仅仅是精神的压力吗？仅仅是算我一个字多少钱吗？任何的一个创作客体是多艰难的一座山啊，爬过珠穆朗玛峰吗？你对创作的实质没有了解。你除非说我糊弄，我现在地位这么高，我一下子接八部电影，我这是糊弄谁啊？不是那么回事。

王童：马雅可夫斯基说我之所以成为诗人，是因为我的诗作和文字，他说，我的文字所体现出来的灵魂就足够了。而你的剧本恰巧最近出版了，而如果人家经常看不见你文字的体现，人们只是在银幕、荧幕上啊，舞台上啊感受到，被公认为作家的阅读感受就会丧失了。

刘恒：这个我不能苛求别人，你做了什么事情别人怎么看你，你只能随人家去。你能把自己当成一个不朽的作家去塑造吗？玩儿去吧，可能会有这样的人，但显然我不是这样的人。你的生命投入了一件事情之后必定会留下一个精神的痕迹。你如果足够伟大的话，你的想法足够强大的话，你的痕迹必定在这个世界上会有留存。它可以是一种有效的方式，而对于我个人来说，我的文字就在这儿摆着，而且不论别人怎么看我的文字，它对我永远是留存的。你是怀着文学的浪漫主义和文学的理想主义在看那部电影，而且还有点文学的艺术主义的观念来看待这件事，还觉得自己文学家的纯粹的表达在人类的精神领域里。

王童：高贵不高贵。

刘恒：很高贵，但不能当饭吃。在我写电影剧本之后，我在分析这些声音的时候，我得出的就是这么一个结论。实际上坦率地说，人类在精神世界里和物质世界里状态是一样的。物质世界里的自由者也是贫穷者，在精神世界里也是同样，精神世界里自以为自由者有可能也是精神上的贫穷者。这已经成为一种习惯了。

王童：你现在是把两者结合在一起了？你现在是哪一类呢？

刘恒：我现在属于缘分，顺着我生命的轨道自然地流淌。也就是说，在某个阶段我可能血气方刚，我心中充满了愤怒，我表达我的愤怒，当我渐渐进入老年之后，我突然平和了，我突然变得中庸了，我突然看到了这个世界的局限性和自己的宽容性，我宽容了，我看谁都顺眼了。这是有可能的。而且我反复跟很多人强调一点，就是刚才说的，你掌握了文字的表达能力，你有一定想象的能力，你有一定的智慧产生引人注目的思想，就是独一无二的思想，不意味着你非得居高临下地面对其他人的权力。严格说来，人类在智慧上，在面对客体世界的时候是平等的。我觉得任何劣势都是不可取的。但反过来说，人类的希望在哪儿？人类的进化在哪儿？人类的文明与希望在哪儿？我的希望就寄托在所谓的精英身上，如果有精英的话，精英做出各种各样的选择，有的精英爬那个山头，有的精英爬这个山头，而且两个精英有可能打起来，你认为你的是对的，我认为我的是对的。争不过的时候就靠发动战争来夺取这个话语权、大权，尽管如此，我觉得仍然对精英应该有所寄托。

王童：但是上帝只有一个啊。

刘恒：对。上帝只有一个，但上帝是眷顾我们大家的吧。

王童：所以说这是事物的两个层面，形而上或形而下；无论从哪个角度看它都是事物的两面，对吧？

刘恒：实际上我还觉得，在精神世界里的这种筛选，可能是随机的一种筛选，我觉得你可以追求自己的目的，最后你自己在精神世界里处于一个什么位置，那是精神文明的事情。现在有人夸我刘恒，说你如何如何了，这都不算数，只不过就是一种随波逐流的状态而已。你真正的贡献在什么地方啊，大浪淘沙之后你可能什么都剩不下，你随风而去，就像树上的树叶一样，飘落之后就烂在泥土里，什么都剩不下。但也有可能，你的星星点点的文字上的贡献，在事后仍然能够被人记起。

王童：但是我觉得我看你的小说和现在反差太大了。你的小说写得比别的作者深入得要狠、要强，现在为什么变成了这样？

刘恒：这只是你个人的看法，或者说只是一部分，你爱读我的小说对吧？

王童：你比如说我举一个例子，我说你的深度狠，《天知地知》那里头，两人在广播站调情给转播了出去，让人哑然失笑。电影这种微妙的关系不能表达出来吗？这样不能拍出来吗？

刘恒：这种镜头控制多难啊！你看那个演员的幽默，多难控制啊。文字和表演之间相差太大了，你完全控制不了。

王童：还有那个，人死后炸上天又掉下来，这些都很震撼，你一闭眼这样的景象就出来了，我现在就是替你害怕，你为什么要失去自己这种伟大的创作优势了呢？

刘恒：如果真的失去了也是无法挽回的。

王童：是吗？真可惜。

刘恒：如果是有可能成为作家的话，但是被后来的刘恒把前面那个刘恒给磨灭掉了，这也是自然规律。

王童：你想否定以前的刘恒了？

刘恒：这是自然现状，是上帝的选择。

王童：你感到骄傲和自豪的是小说吧，那你怎么会把这些全给否定了呢？

刘恒：我当然不能否定，我所有的创作都是我的珍藏，都是我的宝贝。

王童：我记得使馆遭轰炸的时候，大家都很激奋，但你在那个时候还是非常理智的，你说这个事件不会导致中国民主化进程的退缩。

刘恒：这或许就是作家的思考吧。

王童：这说明你当时的观点还是有预见的。你所追求的还是那种人类精神价值的东西。

刘恒：这不是简单的问题。

王童：你现在为什么变得那么谨小慎微了呢？

刘恒：我不是变得谨小慎微。

王童：我们现在面临的精神寄托的东西还有许多是吧，人们往往寄托在像你这样的人身上，当然你的身份现在是中国作协副主席、北京作协主席、《北京文学》主编、全国人大代表，成为这种功成名就的作家之后，人们指望你能够为大家说点话，能够代表一些老百姓的利益，不是老去掩饰，老去文过饰非。当然《窝头会馆》是另外一回事，这个后面再谈。

刘恒：我觉得你的认识还是太简单了，你还是有点知识欠缺，你还是觉得这种局限性是不可容忍的，就像比如说你生活在沙漠里，你觉得降雨量这么少，这种干燥是不可容忍的。但是你就生在这儿，所以我觉得你对电影有清醒和充分的认识，而且坦率地说我评价一个人的好坏，我划分的比较强，一个自私自利的孙子，他有可能嘴上挂着大公无私的口号，许诺给我们带来一个理想的世界，这个孙子他连自己的一点点利益都不愿意转让给身旁的人，这种人少吗？打着理想主义的旗号，打着拯救人类的旗号，这例子真是太多了。就是在任何意识形态的领导下，你仍然能够分辨出一个人的善良和一个人的愚蠢和丑恶，我觉得你就在这个层面去理解人类生活的复杂性就够了。你千万不要打那个标签，你打标签是没有用的。

王童：现在许多导演的创作，都落入一种这样的状态中，拿张艺谋的《三枪》来说，人们的非议很多，我觉得非议不非议，拍的怎么样那是另外一回事，只是感到他们的观点是个问题。如张艺谋就对此说过还要沉重多久呢的话？他忘了沉重的思考是哲学家、文学艺术家一辈子的事。他的合作者也说过这样的话，说人骂《三枪》是嫉妒其票房成就，这是不是又进入一个误区，你说谁去嫉妒你的成就呢？大家都在不同的层面上活着，你干你的，我干我的，谁嫉妒谁呢？你可能有票房，但是你要是把大家拉入到某个艺术状态里，评论家必有反弹，这是艺术家的责任还是作家的责任？

刘恒：我觉得每一部作品带来的争论都是正常的，说好，说坏，包括辨别，反驳，对你的攻击，或者真实的愤怒，或者由衷的赞美，我觉得所有的这些，巨大反差的这些意见全是正常的。完全没有必要大惊小怪。你要一上网就可以感觉出来，一个事情大家站在不同的角度，从自己的角度看到的这个事和别人站在另一个角度看到的事情完全不一样。大家在吵啊吵的，说的是同一个东西。而且关键是都认为自己是正确的。你说怎么得了？

王童：正确不正确但有一个佐证，我为什么说这个话题，比如说你跟张艺谋合作过很多片子，我采访张艺谋的时候他曾经跟我说过，拍《摇啊摇，摇到外婆桥》的时候，很多事情就是想不明白。到了这个片子的时候，我曾经想写一篇文章，我不是批他，我说等待张艺谋的回归。我认为他又陷入了一种想不明白的境遇，他没有把这件事情想明白，后来他自己也说了，想不明白他又匆忙地去做……现在老是拿票房运作来说事了，有时候这种票房的运作不是达到很好的一种状态，比如赵本山啊等等，他怎么就想的那

著名评论家雷达和刘恒交流意见

样呢？塑造一个假大牙，这样的问题是他的创作风格？还是他就需要这种噱头，还是怎么着了呢？

刘恒：这都是一个很具体的创作选择，你看不惯，可能有的人看着挺好。如果大家角度不同的话，对同样一个东西的评价会产生很大的分歧。你有你的视力，他有他的视力，视力标准最后确定的时候，当然会有一个你在某个时间段里头、潮流里头偏航的一个东西。即便是这样，仍然会有不同的人站在不同的角度发出不同的声音。我自己能够确认，就是设身处地，从他那个角度去想，他自己的选择是为什么。他要改变自己。他觉得这种题材轻松、简单、娱乐的话，能不能被大众所接受，如果说能，那我就试验一下。他是做这个事情。我觉得他认为的喜剧效果能在这个地方可以深化出来，但有可能在实际过程当中喜剧效果出来的不理想。但这仍然是创作上的一种摸索。仍然是摸索的探讨。我觉得喜欢，说明你被认可了，有人不喜欢，那无非是下一个创作你还得校正一下你的选择。你的选择是有缺陷的。你的选择是有不足的。我觉得你慷慨激昂地去攻击一个作品的时候真是意义不大。当然也需要这样的人。

王童：当然在别人攻击他非常厉害的时候我也是他的维护者，那他为什么和你的创作合作离开以后找不到准星呢？

刘恒：不可以从这个角度观察问题。我觉得大家只是创作习惯不同，创作的对象和合作的伙伴不同，会有不一样的一种选择。作为一个创作者来说，在某一个时间段，他的创作状态与他的创作选择是不同的。

王童：为什么总是打着试验的幌子，赵本山演的那个《幸福时光》，都试验了好几把了！

刘恒：你老对人家这么苛刻？

王童：我只是善意地说说问题，是不是又没想通啊？好多就是没想明白，到这个时候又卡上了！我想你一定想得很明白，但我回过头来看你的影片，我悟出了一个模式，你的影片的主人公大多都是一根筋的，不达目的誓不罢休这样一种人，这样的一种模式是不是也单调了一点儿？

刘恒：这就是我的局限性了。我没有办法下一步做出大胆的选择，就是在自己的模式已经成形了之后我觉得不满足，那我就选择一下，但我没有他那么大胆。

王童：像秋菊不达目的不罢休地打官司，张思德去烧炭，等等。我发现你故事里人物的脉络都是这样个性的人。

刘恒：都是在写自己。跟我自己选择的电影的方向一样。

王童：你和许多优秀的导演合作过，你认为这些导演，咱们不强求你去说什么，我觉得有些导演你选择的非常不错，有的却属于二流导演。为什么也跟他们合作呢？

刘恒：因我觉得这些个导演很不错，他很努力，也有才华。

王童：但我认为他那种才华还没有达到，大气的才华那种等等。

刘恒：这你不能小看，他们拍的还是相当不错，还是相当好的。机遇好了，选择到适合他们的题材，他们还能上一个台阶的。

王童：你等于和所有的优秀导演都合作了是吧，这些导演的特点和风格都有一些什么样的感觉？

刘恒：我觉得在很多场合我都谈过，无须多谈，凡是我合作的这些导演，应该是都不错。

王童：具体地说，艺谋和小刚的片子有什么不同？

刘恒：像这样的问题你自己都能回答。我是选择合作者的时候，有的事情不喜欢我可以不做，有的项目我喜欢我可以做。但这个项目我可以跟这个人做，也可以跟那个人做，像这个选择，人身要自由一些。

王童：《集结号》是你的选择吗？

刘恒：《集结号》是项目。项目不是自己喜欢不喜欢。

王童：《集结号》是你选择了冯小刚吗？

刘恒：你怎么老是从一个角度看问题呢？怎么叫我选择人家？这叫双向选择。你碰到一些问题的时候跟我探讨，让我生气的地方就是你老从一个角度去看。而且本来是放射性的一个问题，你就是一条线，光放射出去是反的！你把光集中到那一簇上面去了，你总是在那一簇上考虑问题，这是你的大毛病。你刚才说到的社会问题，是那么简单的吗？多复杂的问题啊。有时候你可能还是有一种年轻人的那种幼稚。

王童：但我还是想一根筋地问啊。你回答过一些导演，比如还有李少红，比如你从纪录家的角度来审视这些导演的状态，他们每个人的特点都是什么？

刘恒：说每个人的特点是一个很复杂的过程，我是觉得凡是反省能力强的导演，收获的成就和他的反省质量是成正比的。他自我反省的越准确，他最后的结局越丰硕。如果他自我反省不够的话，那最后他的成果也会平平，甚至失败。

王童：你说的反省跟自我调节有关系吗？

刘恒：也可以这样说，但是我喜欢用反省这个词。还是自我反省好一些。

王童：那反省实际上是一个反省自己错误的一个感觉对吧？

刘恒：你看，说反省的时候，刚才我指着你的弱点的时候，我就觉得你的反省能力有的地方比较弱，也可以这样说。所有人都是这样，你做编辑应该知道，你接触大量业余作者，那些差的是不是自我反省能力差啊？他不反省，或者说他反省的质量不行，还有一个是不准确。

王童：我曾经接触过许多当年你发现的一些作者，包括蒋韵啊等等都提到你，我觉得这些创作跟你当编辑都是一脉相传的是吧？

刘恒：有时候你要是过于敏感了，自我反省过度了，可能会放大自己的弱点或者放大自己的优点。

王童：比如说阿成他写了一篇回忆的文章提到你，说你欣赏他那小说，但你让他把它写到极致，这小说就好啦。那这极致跟你后面的创作、后面一系列的影片创作的人物的构成是不是也有一脉相传的地方？

刘恒：这都不好说，没有仔细地去思考过，要理智，要如何。可能只是行动。

王童：我觉得你不是偶然成功的，我觉得除了你的天赋，你的天分和敏感的东西，发现业余作者的功力，说明你的入木三分的那种眼力很毒。

刘恒：是一种天性的深刻吧！

王童：逼了你一下，还是进入正题吧，今年年初北京的艺术空间几乎成了你独霸的天下，人艺在演你的《窝头会馆》，国家大剧院在演你的歌剧《山村女教师》，电视上电影频道在播你的《集结号》，在这样的艺术氛围下，你有什么感受呢？

刘恒：不好说。也可能找不到北了。

王童：多种艺术情态的同时出现，歌剧、话剧和电影，这其中有些什么各自的特点呢？

刘恒：在我看来，就是技术上不同，至于写作的状态完全是一样的。

王童：歌剧制作在这个里头起什么作用呢？

刘恒：仍然是塑造人物，仍然是写人物的喜怒哀乐。跟写剧本时的状态一样的，除了在韵文上费点儿心思之外。

王童：话剧呢？

刘恒：话剧也一样啊。

王童：话剧和写电影剧本的感觉应该不一样吧？

刘恒：对我来说写作的状态是一样的。

王童：话剧的舞台剧场和电影的画面时空不一样吧？

刘恒：它有技巧的，当然它们的区别也不是太大吧，无非就是对话，舞台提示。电影剧本就是把舞台提示换成镜头提示。

王童：舞台提示光是对话，其实对话才能把人物的这个氛围刻画出来。我也看了几个别人创作的话剧，我觉得没有达到那种厚重，而你却达到了。

刘恒：它很复杂，你还要看什么人演出。好演员演得好，会生龙活虎一些。

王童：也就是说一个好的影片，一个好的话剧剧本，还得要借助好的演员的体现。

刘恒：对。我看歌剧的时候就很敏感，演员唱得真好！演员一投入，这个人物一下子就活了。

王童：那天跟你一起看完了我就想，编剧在歌剧上面怎么体现呢？人们记住了普契尼、比才、瓦格纳等等这些作曲家，谁又能记住歌剧的剧作家呢？

刘恒：记住的只有他们圈里的人，圈里的人能记住，别人记不住。而且如果圈里的人，恰好这个作者又是一个著名的文人，在那个国家的文学史上有过很高的地位，大家都知道，他喜欢歌剧，否则的话……像雨果，都是当时很有名气很有地位的文人，都是大作家。有的是没写成。

王童：现在呢，你对将来还有什么追求？比如说想达到一种什么高度吗？

刘恒：我达不到什么高度，因为我的制作的基础训练不足，你看我四十多岁才去电影学院学习，太晚了。快五十了，我等于赶着鸭子上架、笨鸟先飞。这帮小孩都比我上课上得晚，我每天早上都第一个到，在教室里一个人在那儿静静地坐着，他们过个七八分钟才陆陆续续地都来了。

王童：当时是谁教你？

刘恒：韩小磊，司徒兆敦。

王童：他们怎么教你的啊？

刘恒：我就在那儿听课呗，在后面悄悄地听课。

王童：你跟他们切磋的多吗？

刘恒：切磋的有啊。谢飞老师把他的那些预算表都复印了之后给我，那几个老师都非常好。讲课的风格不一样，但都非常生动。

王童：郑洞天讲了吗？

刘恒：我没有听郑洞天讲的课。他那时候好像是系主任吧。

王童：你在这些老师里头，吸收了哪些营养啊？

刘恒：他们的课讲得很实在，我那些笔记对我帮助挺大的。

王童：也就是说对你来说获益匪浅？

刘恒：对。

王童：除了导片子有帮助，对以后剧本创作呢？

刘恒：它不会有直接的那种影响，它不像数学，教给你方法你就能解题了。没那么简单。他是用他的经验来给你打开了一片新的天地。

王童：还有一个轻松的话题，你好像是一个什么事情都特别成功的人，包括你培养的孩子现在也非常出色，我觉得这里面也全都是造化，原因是父父子子君君臣臣，中国讲究修身齐家平天下，包括对后代的这种养育成功。

刘恒：这都是缘分，上天的恩赐。

王童：你将来要把他培养成什么样？

刘恒：儿子是依靠他自己，尊重他自己的选择，绝不强求。

王童：咱们私底下说，《三枪》是不是进入了一个很莫名其妙的误区啊？

刘恒：他是在做新的选择，新的尝试。一般人的性格不做这样的尝试，我觉得艺谋的这种进取心还是很厉害的。这种大的尝试，往往是娱乐圈常干的事。一般的人会选择轻车熟路，选择自己最擅长的路走。他今年整六十，属虎的嘛，快六十的人了，他还像青年人一样，尝试不同的方式，反差很大。

王童：我采访他的时候他精力充沛至极啊！

刘恒：我觉得这个是很了不起的，所以你在考虑《三枪》的时候，从这个角度去看的话，仍然有非常值得肯定的原因。

王童：但我觉得他还是有点想不明白。就像这次他和王全安参加国际电影节，最后让人家评得一塌糊涂。

刘恒：你换个角度看问题，张艺谋已经到了这个地位，他可以对人这样说，你不可以这样做，你不可以那样做，你不应该冒这个险，不应该冒那个险，你吃了老本你都吃不完，你做那些事干什么啊？但是人家反过来，我就是不把我自己加进来，我就是一个普通导演，我怎么了我。我想做的我就做了，这是年轻人的状态，这个了不起。还有，如果这个人好面子，你这个制片人让我到戛纳去宣传一个片子，去卖一个片子，我不去。但他综合考虑问题，这个片子要卖，要卖个好价钱，要有一个好的市场规划，他的合作伙伴都这样期待着他的出现，那他为什么不去呢？他为什么要瞻前顾后，还要照顾到自己的面子，还考虑那么多干什么？所以我觉得你换个角度考虑事情，张艺谋了不起，至少他这个长处是该肯定的。我的一个弱点。到了我这个年龄，在做新的尝试的时候，老是犹豫。我一直都说要找一个片子，老犹豫，我一定要准备充分的时候，万无一失我再做，我有可能把这个机会就错掉了。张艺谋则不然，一拍板就做，他六十岁的人了，我比他还小，我这一点就比他差远了。这么一比较的话，你就会看到，他身上的那个长处。

王童：《集结号》是你第一次弄的战争片吗？

刘恒：弄过没有，我都想不起来了。

王童：你应该心里有数啊？

刘恒：对，应该是第一次弄战争片。

王童：你第一次弄战争片，怎么就想起弄那么惨烈的场景？

刘恒：战争就是那样。

王童：可过去的战争片都比较像儿童游戏。

刘恒：所以才要改变。(刘恒在接爱人电话)

刘恒：我老伴今天去一个朋友家了。

王童：噢，她现在成了你的专职医生了吧？

刘恒：专职医生，专职司机，专职保姆。

王童：真幸福。

刘恒：你也好好的。

王童：现在接的剧本还多吗？

刘恒：要都接的话会排到我八十岁。

王童：我记得那次还有什么快递公司也找到了你。

刘恒：好的项目很难找。

王童：我忘了问最关键的了。你觉得在这些剧本创作当中，你最满意的是哪一部？是《野草根》吗？

刘恒：是我写得比较投入的一个，也比较满意。

王童：一直没拍成。

刘恒：投资方经费没到位。

王童：这么多年了，给对方的授权也可收回了吧？

刘恒：再说吧！

王童：你初写本子是《本命年》吗？

刘恒：是，但当时技巧比较幼稚，一个剧本写了六万多字，就用那个正规的稿纸，一个格一个格的那种。一百页的那种，用那种稿纸写的。哇，写了一大堆啊，六万多字。那个剧本真是按着小说写的。

王童：那时候还没有掌握技巧吧？

刘恒：技巧确实不容易找，你随便拉一个写小说的人，那会很挠头。

王童：那你这种循环会让你写不成小说啊？在电影里老转来转去，老接活老接活没个止境。

刘恒：这还是有个限度的，你能做的事情是有限度的，电影确实是给年轻人预备的。

王童：那你不是正相反吗？

刘恒：所以说离退出江湖的日子不远了，一定的。

王童：博戈曼不是还在拍吗？

刘恒：晚年就差远了。

王童：而且波兰斯基、斯皮尔博格他们也都在拍啊？

刘恒：对啊，都很棒。

王童：黑泽明也是年纪很大还在拍，直到去世。

刘恒：晚年也不行，也是在挣扎。

王童：你没有跟陈凯歌合作过吧？

刘恒：没有。跟他是几次合作都失之交臂了。本来有合作的想法，但后来没有做。

王童：你觉得陈凯歌导演的功力是一种什么样子？

刘恒：我觉得他拍得非常不错。

王童：他整体的把握非常棒，但我发现他挖掘演员的本事不大，本来张艺谋是他的摄影，按说他应该来发掘演员，结果却不是。

刘恒：排在前面的这几个导演，大家说的名字都是重叠的。

王童：和港台导演合作得多吗？

刘恒：合作的不多。有柯俊雄、许鞍华、刘国昌。

王童：他是导的你哪个片子啊？

刘恒：是上世纪九十年代，赵飞毅演的。

王童：这个剧本收了吗？

刘恒：全都有。我要把我的所有剧本都收集起来。

王童：出来了吗？

刘恒：还没有。

王童：那出来我能得一套吗？

刘恒：可以。

王童：这个我一定要。

刘恒：这个剧本就是成熟的比较晚。

王童：这出来得多少卷啊？

刘恒：六十多卷吧。

王童：有三百万字吗？

刘恒：不止。

王童：与张炜的长篇巨著能不能同日而语？

刘恒：张炜就是山东那个。

王童：张炜好像特别能写长篇。

刘恒：要是能抽出时间来，我建议你好好看看他这书，也给我传递一个信息。

王童：全部看完？我觉得要翻还差不多，因为要拿这么一套就挺费劲的了。长长的，作家出版社出的。问个私密问题，在这个圈混了这么久，染上什么恶习了吗？

刘恒：出污泥而不染。

王童：比如说受到各种各样的诱惑？

刘恒：有诱惑也关在自己家门里。不能出家门啊。

王童：你是特别有那种传统观念的人吧？

刘恒：没有什么观念，这都是社会的经验之谈。我觉得一定要善待别人，而且不要轻易地在第一时间把别人推出来。有一个事情之后，第一反应，咣就出去了，不要，慢半拍，或者慢一拍，冷静一下，收缩一下再做决定，这样更好。不要上来就直来直去，硬碰硬，迂回一下。你要是真想留住自己的利益，你就得动一动心思，怎么样保护自己。但你一定要知道，最好地保护自己的方法是善良。我觉得善良的信息释放出去的时候不可能失误，一定会收到回报的，真正的恶人，他不理解这个东西。一定要有怜悯的心态来看待，不要冲动，我觉得除了亲人，一定要珍惜的是老婆，这个港湾一定要善待。不可因为一些琐事吵得不可开交，除非她有这种性格。不拐弯不回头，这就比较麻烦了。

王童：你说的我都听进去了，别人说的我可能不会听，你的话我基本都听了。但还是不够，以后再努力吧！哟，下雨了。

刘恒：你用家去拿伞吗？

王童：不用了，改天再聊吧！

小 传

刘恒，生于1954年，本名刘冠军。北京斋堂人。现任北京市文联驻会作家、北京市作协主席、中国作家协会第七届主席团副主席，文学创作一级。1977年发表处女作短篇小说《小石磨》。小说《狗日的粮食》获1985—1986全国优秀短篇小说奖。此后，发表《狼窝》、《力气》、《白涡》、《虚证》、《黑的雪》、《逍遥游》、《苍河白日梦》、《四条汉子》、《教育诗》、《东南西北风》、《连环套》等中长篇小说(集)。部分小说被译成英、法、日、韩、丹麦等文字。曾获首届鲁迅文学奖、首届北京市文学艺术奖、首届老舍文学奖、第8届“五个一工程奖”、第18届“金鹰奖”最佳编剧奖、第21届“飞天奖”优秀编剧奖及第63届奥斯卡金像奖最佳影片提名奖等多项国内外大奖。

张艺谋：电影依靠文学的兴盛而强大

采访张艺谋是件非常困难的事，这倒并不是难以找到他抑或是有被拒之门外的尴尬，而是他曾被某些媒体给“承包”了。写他艺术创作的专著有，采访他的专集也引人注目地出没在一些书店里和书摊上。有关张艺谋的“神话”，亦有学者进行了纵深的剖析，其中就有这样的论述：“张艺谋成了中国电影界、文艺界乃至整个审美文化界的一位颇具神话色彩的‘英雄’。”但事实是从来没有人像他那样在获得惊人荣誉的同时，又接连不断地遭到诟病。围绕着他的非议曾一度到了不分青红皂白的地步，似乎是他在西方将国人的遮羞布给扯去了，损伤了人们的自尊。在某些人眼里，张艺谋的横空出世让有些人无可奈何。他的作品一度被称为封在“雪柜”里的佳作。美国《新闻周刊》称他为最具有叛逆精神的艺术家，洛杉矶华人也为他的影片上映而走上街头游行欢呼。的确，在世界电影史上也难以找到几个像他这样的电影通才，导演、摄影、表演他都曾蟾宫折桂，而且一度是他艺术上和精神上感应与合作者的巩俐，也因他成为了一位世界级的著名影星。乔治·卡努多在《第七艺术宣言》里，宣称电影是把“静”的艺术和“动”的艺术、“时间”的艺术和“空间”的艺术、“造型的艺术”和“节奏”的艺术都包括在内的一种综合艺术，张艺谋无疑是这一综合体里的催化剂。他也并非完美无缺，他承认自己在有限的时间里读到的书还是太少——尽管他被认为是他们那个圈子里唯一一位通读各种文学期

张艺谋与本书作者

刊的人。但如果说张艺谋是在电影领域里最执着、最敏感、最有才气的一位，却是名副其实的。然而，张艺谋给我最鲜明的印象，并非是他的那些艺术成就，而是他那超凡的精力。那天,在举行《一个都不能少》的首映式上,他从下午两点多就开始接受记者们各种各样的采访,放完片后六点多钟去陪制片人吃饭,晚上九点多钟约我在“精点蓝数码”工作室面谈。可他人一到便又马不停蹄地这屋说那屋蹿,指导着一小Mrrv和一个饼干广告的剪辑。忙乎完了,我们才找出了时间。我用眼光描画着这个在一顶蓝牛仔长舌帽下有一张不可思议面孔的人。他的眼神很清,眼睫毛很长,鼻翼两侧有两条向下巴延伸去的东方人很少见的弧形的法令纹，让人想起葛里高里·派克那张魅力十足的下巴。或许,这是一个复活了的“秦俑”,看过他主演的那部影片的人,对那个冷峻、富有雕塑力度的形象就不会忘却。我们开始了彻夜长谈,话题就从他的精力开始了。然而,在这次采访完后的若干年,张艺谋的辉煌与非议达到了登峰造极的地步。在人们对他《满城尽带黄金甲》品头论足时,我在一篇文章里则认为他是借这部令人眼花缭乱的影片进行北京奥运会的“彩排”,事实便是如此。接着他的《英雄》、他的《十面埋伏》、他的《三枪拍案惊奇》、他的《山楂树之恋》都在激起一片惊叹与哗然时,让人褒贬不一。《一个都不能少》中的女主角魏敏芝已在美国扬百汉大学毕业并成了家。张艺谋也随之陷入更大的争议中。而这时的我则躲在一边冷眼旁观这一切。回首看去,我想许多观念我们已探讨清楚了。但生活有时就是这样,旁观者清,当事者却又迷惘了。但张艺谋仍是一个充满探索精神的骑士,他就如塞万提斯作品中的堂·吉诃德那般用利枪去刺击风轮，而往往又被风轮卷走。张艺谋仍在编织着只有他自己做过的银色的梦。

王童:去年是你的本命年,用你的话来说,却破天荒地导了两部影片一出歌剧,时间安排得这么紧,你的精力从何而来,你有什么分身术吗?还是你有健身强体的祖传秘诀,要知道你已是知天命的人了。

张艺谋：秘诀倒是没什么秘诀。也许是爱吃蒜的缘故？因常在农村拍戏，怕吃不好闹肚子常吃蒜。我也号召摄制组的人多吃蒜，百利而无一害。像拍《一个都不能少》的摄影侯咏过去一点儿蒜都不沾，可这部戏跟下来，几乎成了蒜罐子了。连给我们做饭的大厨师都说他没见过有哪个剧组每天要消耗二十多公斤蒜的。但我的精力确实是比较充沛的，许多人说我脑子是个开关，一转换马上就可以从一个领域里跳到另一个领域里。这可能是一种不自觉的锻炼而养成的。我认为人脑就像一把刀子一样，越磨越快。

王童：这样看你是否成了一个工作狂？

张艺谋：有人也这么说过，但我自己认为我还不是一个彻底的不食人间烟火的工作狂。我也有许多业余爱好。只是我热爱我的工作，干起来比较投入。我拍了这么多年的电影，我认为对电影的悟性和认识是比较清晰的。按理说这个岁数的人了，有些可能会跟不上，但我好像刚刚开始，我的精力和思路有时超过年轻的时候。我感到我现在才进入一个高峰期。

王童：这其中的原因呢？

张艺谋：可能是大器晚成吧，实际上我的起步是比较晚的。电影学院毕业那年我已是32岁了。

王童：拍《红高粱》的时候呢？

张艺谋：是37岁。从这个年龄段来看我是晚来者，当时上学时我比班上的同学有的大十来岁，在全校我也是年龄最大的。

王童：可不可以这么认为，起步晚，人生阅历与艺术思索也积淀得比较深厚了。

张艺谋：也可能是这样的。人生阅历、情感阅历都积淀得厚实了一些，我自己倒没怎么分析过，但这确实很有道理。

王童：厚积而薄发。

张艺谋：也许是。

王童：看你现在这么紧张地工作，你有没有过松闲的时候？

张艺谋：有哇，但脑子从没松闲过。通常朋友约出去玩儿，打保龄球什么的。我本人也喜欢运动，除了保龄球，游泳也喜欢，只是现在时间紧，有些顾不上。但在玩儿的时候，你们最好不要跟我谈电影，只要一谈上了，我就会收不住地滔滔不绝地谈起来。

王童：换句话来说，电影已把你异化，让你成了一部电影机器。

张艺谋：可能吧。我觉得在这世界上被电影异化了的有许多人，它的魔力实在是太大了。

王童：对大众来说，你是一个谜。拿去年来说，你是怎么同时弄了那么多的事又把它们摆平、弄好，并且干得很出色。

张艺谋：就是同时做的。去年春节的时候我还和宋丹丹、述平在一起谈一个轻喜剧的题材。后来这个剧本不成熟就放弃了。严格地说，是从三月份以后开始。抓这两个题材，共用了九个月的时间，把这两个戏都拍完了。我自己也是很吃惊。

王童：这其中还插进了一个歌剧。

张艺谋：对。

王童：这很有意思。一个是洋味很浓的东西，一个是很乡村题材的电影，起码你的脑筋转换一下、情感落差调整一下，也需要一定的时间，你是怎么相反相成的呢？

张艺谋：这我也说不清楚。但有一点是我对这些已心里有数了。胸有成竹后才去接手的。当时的情况是白天在外景地拍戏。晚上《图兰朵》的美工人员拿着图纸道具驱车赶来谈歌剧。这当中要休息个一两分钟，情绪稍调整一下，转换一下便可。

王童：但我听同你合作过的人说，你对戏与镜头抠得很细。拍得很慢，轻易是过不了的，这种快慢的节奏你是如何掌握的？

张艺谋：这就是厚积薄发了。时间的合理分配是至关重要的。有些戏抠得细是必须的，但戏抠得再仔细也有一个限度，就是要有一个上限。电影是一个整体的气氛和整体的效果。如果每一个镜头都抠得过细，就会显得很匠气，很做作。现在我拍戏就抓住重点，该细的则细，该放的就放。

王童：白天你曾向我讲起，因为用了非专业演员，有时一个镜头甚至拍一百遍才成，这怎么又能说是收放自如呢？况且还有一部歌剧在催着。

张艺谋：当时的歌剧案头工作做得比较多，在拍片之前，我们用大约半个多月的时间天天谈意图。把大的意图谈定了以后就有了眉目。后来，主要是依靠中戏几个非常出色的美工营造气氛。

王童：如此来看，你是不是承认你是一个多向性的人。过去通常人们认为你拍这类山村影片是驾轻就熟的，也把你框定在这个范围内了。但实际上你是一个触角可以触及到许多艺术领域里的一个人。

张艺谋：你刚才可能已看到我工作的节奏了，我干了许多看上去与电影风马牛不相及的事——我尽量培养自己这种能力，喜欢干那些富有挑战性的工作，极尽所能让自己成为一个多面手。在这个年龄，去保守、去故步自封，是不可取的。而如果我把自己视角打得更开，视野拓得更阔，对我肯定是有一定好处的。

王童：你的这些艺术功力除了电影学院培养的之外，还有什么其他的心理准备？

张艺谋：我是一个爱琢磨的人，一些艺术的过程我都喜欢琢磨。我现在自己开车根本就不记道，常常是绕大半个圈也找不到北。往往是开着开着就想别的事去了，所以有朋友常劝我注意别出事。

王童：你现在好像变得比较平和了。

张艺谋：可能是。我知道至高无上的艺术境界我是达不到的，完美是不可能的。我深知我的精力、能力和条件怎么样。打个比方说，你切下去这一刀，你在这一刀中倾注你应有的热情和能力，它就是这个成色了。你不可能再为这一刀而去后悔、思虑，走一步看三步，等等，这样你就为它所困所累。有时，我就想，既然我为此投入了，我就认定它是最好，我就不再会把它丧失了。拿这两部电影来说，拍得都很快，每一部都是60天之内完成的，有点多快好省的意味。这两部影片很可能成为我拍的10部影片中的两部佳作。有时拍电影不见得和时间成正比——《摇啊摇，摇到外婆桥》磨了我两年的时间，可拍出来也不见得多好。有些事情要想清楚，想明白，才能做到。我现在越来越感到拍电影是一个相对需要比较长的周期、比较多的人力物力和很充裕的资金，要大量的理性分析之后筛选来的一个作品。因而我越发感悟到任何一部电影你都要想明白要拍成什么样儿，这虽然说起来很容易，但做起来却是很难的。但也可以说做起来相对要容易一些，但想明白却不那么容易。拍《摇啊摇，摇到外婆桥》，剧组那么多人，想来想去就是没想明白，这是常有的事，以后我也会犯想不明白的错误。

王童：这好像快成了一个哲学命题了。

张艺谋：事实就是如此。只不过是我们嘴硬，不承认罢了。我们在外对记者对媒体说这说那，实际上关起门来我们自己心里最清楚。

王童：《一个都不能少》我看过之后自然也很受感动，眼眶也湿润过，优点自不必说了。这或许是一种回归，回归到“秋菊”的本体里，也是你擅长表现的。但我隐隐约约感到少了点什么，也许是“秋菊”与《活着》里面融进的那种深度和浓度及一些情理交织在一起的思考。这不仅是你拍的片子，包括《没事偷着乐》及《不见不散》，好像片尾都采用简单化的处理手法来表现，戛然而止。你怎么看？

张艺谋：我倒不觉得是这样。我认为这部戏比“秋菊”要浓。“秋菊”是一个小时四十分钟，这个比“秋菊”要少十分钟，但它的容量和信息可能比“秋菊”还要大，它触及的东西也多，情感方面也比“秋菊”涵盖的要宽。秋菊只有一处可以让你掉眼泪，这里面则有多处让你触目伤怀。让观众进入多次掉眼泪的状态也是不容易的，实际上它的情感高度都比“秋菊”要强。至于说深刻，我也不认为它就比“秋菊”要弱，“秋菊”有一个高潮的戏剧性结尾。情与理的冲突。而在这个戏里，这个作品的力度、浓度，包括它的深刻性都是应该在故事进行当中完成。但你要说这部作品有多么深刻，那倒也不是。一部电影不可能承载多么深刻的命题。你要说它深刻它也有深刻的地方，说它简单，它也就很简单。这实际上触及了当代教育的一个现状，带有一种社会的忧患意识在里面。简洁是这部影片的一个特点，而简洁本身是今天影片拍摄的一个发展趋势。今天的电影很难做到具有三重或多重的主题。我主张一部电影有一两个命题就行了，这不是消解而是加强。我们从伤痕文学到反思到批判现实主义，在什么都经过，什么都明白了的时候而大彻大悟了。原因便是观众成熟了，观众的理解力及对问题的看法完全不次于一个编导。这就需要另一个时代产生另一批超前的艺术家来完成这个任务。

王童：现在回过头来看，你以往片子却带有那种沉重的思考。

张艺谋：不错。但《一个都不能少》这部影片就没动深刻那根筋，它走的是爱是关怀这条路，"大红灯笼"和《活着》就是往理性深刻上走的。如果这样来比那当然是不能比的，也不应这么比的。因这是两种题材、两个东西、两码子事。我们也不应让这个题材承担它不能承担的事，那样的话，它就给压扁了。如果你仔细看我的作品，你就会发现我有一个特点就是一根筋走到底。《红高粱》其实一点都不深刻，它是张狂。我喜欢看一些武侠小说，武侠小说中剑客在比武时，全身心的意念都集中在剑尖上，侯孝贤和我也有同感。集中力量，这一点是至关重要的。相反，你若拿出十八般武艺可能也不如这一点。与《红高粱》的张狂相比，《菊豆》则是压抑，生活在压抑状态下的中国人。"大红灯笼"就是反思，对人性、对群体和个人关系的反思，有一些寓意。同样，《一个都不能少》就是爱和关怀。白天首映式完后，一个《教育报》的记者挨到最后还在和我谈，她搓着双手很激动，她说她就是从农村考上大学的，她家就像影片所反映的一样，没有电，很艰苦。她不是在采访，她说她要为这片子做点什么事才好。这也就是这部影片打动人的地方。过去，这片子我们也放过几场，经常有人看后就找到我说，艺谋，这小学还在不？我还能为它干点什么事才心安理得。民航公司一个同志看后问我，我用不用送几车食品过去给他们。海关的一位女同志吃饭时也一直对我说"希望工程"她也捐了一些钱，现在看来捐得少了。

王童：无形当中形成了一种道德教化和道德感化的力量。

张艺谋：对，它调动了我们每一个人身上爱和关怀的原始情感。通过这片子的几场放映，包括今天，让我欣慰的是我的目的达到了，我们的一些影评常常是不去评那一剑的剑力，而是用一些套路门派来云山雾罩一番，把西方的一些时髦的理论拿过来套，以此来验证这套理论的正确性，这就很滑稽。所以现在人们普遍感觉到理论落伍于创作本身。当然，这是影片之外的话题了。

王童：类似的影视作品我们也看到一些，如《凤凰琴》。它那个视点是在教师身上，你这个更多是在孩子身上。地域环境也很相似，都是偏僻的乡村，你处理这样一个主题是怎样寻找自己的一个视点的呢？

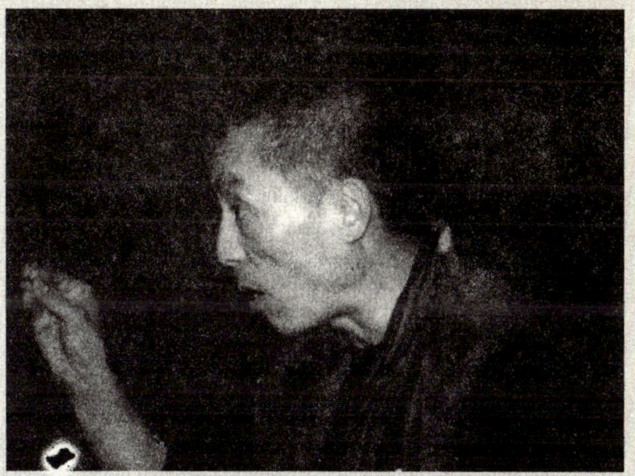
导演张艺谋

张艺谋：我们谁都不想重复自己，也不想重复他人，如果不幸撞车，那是很令人扫兴的事。所以拍片伊始我就决心不拍一个重复《凤凰琴》题材的故事。不管拍得好还是拍得差，我们都要找准自己的一个点，因而我们就一定要把重点转移到孩子身上。另外，经过了一番调查之后，我发现孩子的问题远比教师的要严重。教师无非是一个转正、提高待遇的问题，这主要还是因为国家底子薄，如果资金充裕，它只是一道行政命令的事。但孩子就不一样了，失学儿童牵扯到千家万户，也不是一道命令就能解决了的。更为危险的是，我们每年要因此产生大量的文盲，如果我们每年按照这样的速度发展下去，那后果真是不堪设想。一个现代化的国家怎么会容忍有这么多的文盲呢？但失学儿童问题又很多很复杂，有些是源于贫困，有些则是思想认识的问题，甚至还有重男轻女的现象夹杂在里面。富裕了，也不一定要送孩子去读书——读书无用。孩子小，要听父母的，而孩子因此就失去了受教育的权利——最基本的人权。而这仿佛也成了某些人的私事，管你也没法管，这是一个很严峻的问题。

王童：《一个都不能少》用的都是非职业演员，在电影史上这类拍法也曾有过，如意大利新现实主义的《骑自行车的人》、《温别尔托》等等，但它终究没形成一个流派发展下去。你现在这样拍，有些什么自己的考虑，用了这些非职业演员之后，你是否觉得可继续这样尝试下去？

张艺谋：这种方式主要还是要看内容，这种方式现在用得比较少，它不是主流方式，现在电影都讲究戏剧性和商业化。这类的方法则不容易有那种戏剧性的元素，它不占主导地位，只是偶一为之，主导性的还是那种通俗性的戏剧化的电影。

王童：他们和专业演员本质上到底有些什么区别呢？

张艺谋：区别就在于这些演员除他们自己之外，不能塑造其他的角色。

王童：如果做一种本色演员呢？

张艺谋：如果只演他们自己那没问题。但时间久了你也会看腻的。

王童：我们如果将这一话题延伸下去，由于科学的进步、技术的发展，文化素质的提高，人坐在家里就可以在网上编导自己的影片——人人都可成为导演的话，是不是人人也都能成为演员呢？

张艺谋：这是不可能的，因为我们这次选了百十多号演员，拿来测试，发现有这种能力的人还是特少。你想要当众解剖、当众表现，在众目睽睽之下若无其事地完成自己习惯性的动作、语言，没有几个能行，这你不必担心。好演员是超凡的，《有话好好说》就非要用专业演员才成。

王童：你不也是演过吗，而且还得了奖。

张艺谋：我演《老井》是靠本色，演《秦俑》这种戏比较简单，没什么特殊要表现的。《有话好好说》那只是个小插曲，更谈不上了。我的这种能力不强。首先有一点我就不行——当面哭，打死我也不行，所以我不是一个好演员。

王童：这个魏敏芝是非专业演员，却能当面哭出来。

张艺谋：这是我们千里挑一选出来的嘛。她具有塑造这一角色的能力，但没有塑造其他角色的能力，只是这一个。一个好演员，要有方方面面的熏陶，好的演员文化素质都很高。

王童：可魏敏芝要考电影学院你却不同意。

张艺谋：我是这样想的，我认为这部影片可能让她的梦做大了，有些找不到北了。我还是希望她能按照自己的初衷考师范来实现自己的理想。我非常清楚这个事，我们选来一孩子演戏，实际上是导演在那里调动，把着，孩子自己什么也不明白，甚至就是拍完戏了，她也不清楚演戏是怎么一回事。她不像夏雨，夏雨本身就是一个电影学院和中戏将要招生的一拨人里的一个，加上他的电影实践，他可能借着势头上去了。可你知道什么时候电影学院、中戏会到乡村去开一个招生点招生吗？没有。所以我劝这孩子要现实一些。这孩子功课很不错，是班上第一名，后来拍电影耽误了一些，一考试还是考了个第七名，这很不容易。现在她又进入前三名了。所以她按照自己原来的理想来奋斗的话很容易就会实现的。可如果想大发了，就有些脱离实际。

王童：如果通过拍这部电影，把她的智慧打开了呢，是不是也会有大的发展？

张艺谋：这我不敢说，我不敢带她做更大的梦。与其想入非非，不如脚踏实地一些。

王童：再有一个话题是，你是很会培养造就一个女演员的，严格地说巩俐是你把她捧成了一个国际影星。但这之后，好像就只有一个巩俐了，你用完了，别的导演也跟着用。你是否还想培养出另一个女演员呢？

张艺谋：我当然希望每部戏都能培养出一个演员来，如果一部戏演员得了大奖，导演一定是很愉快的，这从另一个侧面证明了导演的功力。但这是一个长期的目标，我想不断培养一些好演员是一件好事，演员可能通过拍片走上正轨，再者又培养出了一个明星，何乐而不为呢？中国现在是明星太少了。大家都转圈去用巩俐也说明了这一问题。当然有些时候有些导演为求保险起见，就用一个保险的演员来撑着。这必须看题材。古装戏必须靠专业演员来演，古装戏的一招一式都是按戏曲学来的，只能模仿。我们当导演都很清楚演员找好了影片就完成了一半，至于技术手段今天都差不多，如果说一部影片砸了，首推导演，再就是演员。

王童：这部影片是纪实、朴实风格的，《我的父亲母亲》那部电影呢？又是个什么样的风格？

张艺谋：那是个散文诗样的东西，画面构图很美，张力也压得很紧。是用黑白与彩色两部分拍的。演员拍得也很美，让人有一种赏心悦目的感觉，是一个很有情感的作品，影片充满了爱。也是很多义的。

王童：你所理解的爱是什么呢？

张艺谋：那就是爱嘛。

王童：具体在影视中怎么表现呢？

张艺谋：首先是要自然、真切的，这要由观众说，而不是由导演阐述来说。这一个前提就是要排除掉那种浅薄的、造作的忸怩作态。

王童：对你片子的评论一向是好坏参半，赞扬的有之，批评的也不少。包括《图兰朵》在内，也有相当层次的人认为你是在搞一些伪民俗展览给大家，取悦西方，你怎么看？

张艺谋：我不这样认为。我们不必在这里讲什么“真”和“伪”之分。何谓“真”、何谓“伪”那是历史学家所要研究的。你说时装展示会是“真”还是“伪”？它只是陈列。它在传播上是不是传递了中国的某种信息呢？这是中国的一块绸子，它的颜色很漂亮，可不可以呢？如果我们要陷在这类的考证中斤斤计较，像做学问那样、像教科书般严谨，那是不现实的，何况教科书也不严谨。民俗学上也有许多流派之争，谁又能说这是准确的，那是不准确的。如果要受这样的框框限定，那你根本就寸步难行了。在艺术创作上无一定之规，对这类的批评我是从不在乎的。舞台艺术所起的作用，是要让人们看看这个民俗的东西。它通过视觉印象宣扬了我们民族文化的一些特色有什么不好呢？如果我通过这个歌剧把它变成一台中国民族文化的博览会有什么不可以呢？因我没有必要去弘扬西方歌剧的精神，事实上我也不可能。本来这就是西方人写的一个意象性的中国，我不可能改变它，我的工作是使音乐更伟大吗？这音乐已经很雄浑了，而我不懂音乐，我能做些什么呢？我很清楚自己要做什么。我利用这次机会宣扬甚至炫耀一下我们博大精深的文化信息,让他们看看我们家里有多少样儿。我作为一个中国导演,要让他们看蒙,这有什么不好呢?我不可能改编歌剧,许多批评说我没有更靠近歌剧的内容,使内容更加升华。这是不可能的。歌剧的音乐唱段已存在近百年了,没有任何一个导演加入后就能改变它。但作为一个中国导演要有一种民族自信心,要争这口气,我真是这么想的。创作《图兰朵》,我是非常实际的——我能做些什么。现在因为《图兰朵》的成功他们又有人找我导《蝴蝶夫人》,我说首先你要改成中国情景的我就导,他们说,就是按中国的文化背景来排的,我回答,那我就导。如果有一天因为我的介入,世界上十大歌剧,有四五个变成了中国式的,那我们就太牛了。哪怕就是在歌剧里将中国这两个字传递出去,也是求之不得的。

王童:你导完这出歌剧后,是不是也喜欢上了这一艺术类型?

张艺谋:的确,我很喜欢。它的独唱、合唱其魅力都是很大的,很了不起,这确实是西方艺术至高境界的一种体现。

王童:那你想不想把一部歌剧搬上银幕。

张艺谋:我有兴趣将一部原创的、中国式的歌剧拍成电影,但必须是原创的。

王童:新发现老舍写的歌剧《拉郎配》,也许能试试。

张艺谋:这首先需要一流的作曲,能达到世界级水平才成。可我们这方面人才太缺了。但我有心试一次。

王童:还有一个问题,那就是你影片中大多反映都是一些小人物,似乎总是在一个狭小的空间里寻找出路。你可否考虑换一种人物类型拍一下。

张艺谋:我现在没去考虑那么多,我只是在看一个作品,第一感觉它打动了我,我就去拍,至于人物重复不重复,或是能不能改变我都不去想。我不可能是万能的,什么题材、什么人物都能拍,我只是在我所能企及的范围内有所变化。

王童:还有一种说法是张艺谋导了这么多片子,没有一部可以超过《红高粱》,你怎么看?

张艺谋:我认为这是一个错误的印象,《红高粱》是那个时代的一个印象,就作品而言并非就比现在的好。但如果说,我以后的任何一部作品都没有超过《红高粱》的影响,我承认。如果你不信,你现在把《红高粱》和我后来拍的一些片子摆在一起放一下,你就会看出来。有一次电视上播《红高粱》,我看了一下,发现里面有许多低级的错误。相比之下,无论从导演技法到演员表演及影像质量还是今天的要好一些。但《红高粱》的震撼力和激情,那也许只有那么一次。

王童:你涉猎了许多艺术领域,但有两个领域至今还没碰过,那就是电视剧与话剧。

张艺谋:我想在不远的将来,就都会尝试一下。拿电视剧来说,如果有一部长篇小说打动了我，电影的容量容不下，那肯定要借助电视剧了。话剧也是这样。但现在我还没有这种冲动。

王童：面对批评你是怎么对待的，因我发现在媒体里，甚至是一些著名导演面对批评都显得很脆弱。

张艺谋：我还是能够承受批评的。事实上对我的批评远大于赞扬。我之所以能够承受是和我的经历有关，因我小时比较自卑，长期以来一直被人歧视，养成了承受力。我始终能以平常心面对批评。面对批评我是很清醒的。但我很在意这些批评，经常是逐字逐句地看，只要说得在理，说到点子上我还是欣然接受的。但对于一些胡说八道，不得要领的昏话、胡骂，也根本不予置评的。批评多了，我也很沮丧，沮丧之后就去反思。你应该明白这一点，如果大多数舆论都在批评你，不管目的是什么，它都是很合理的。其实大多数的批评都是很公正的，你没有征服他，他就是不喜欢，你能怎么样呢？有点偏见的、戴着有色眼镜的毕竟还是少数。我有一个经验，一部电影放完后，如果有人激动地向我表达自己的感受，那这影片就会受到欢迎。如果不声不响或客套地说几句套话，那你就等着批评吧。人大部分都有天然的良知。

王童：你是学摄影出身的，现在却在各个门类里都有些收获，有没有一天你会导摄一体呢？

张艺谋：不可能。我学摄影完全是为当导演做准备的，摄影获奖是为当导演进行的铺垫。一开始导《红高粱》我还是不怎么太会导戏，研究来研究去弄得全是画面。后来才清楚电影表现的是人物的命运。

王童：你究竟是一个什么类型的人？像你这样的人在世界电影史上也比较少见。

张艺谋：我承认我是精力充沛而又执着的人。

王童：对爱情呢？

张艺谋：也是执着的。但我也有弱点，也有焦躁的时候。面对电影创作本体来说我很知足，比起上一代来说，比起下一代来，我觉得我还是幸运的。虽然我希望影视创作中的自由度更大一些，但现在就这个样子，这个客观现实，这个历史阶段——它就是这样存在的。

王童：下一个世纪的影视空间是个什么样子呢？

张艺谋：首先来说电影越来越难拍了，如何在有限的空间里拓展自己的视野，保持自己的个性是至关重要的。

王童：你曾在媒体上发表过对新生代作家作品非议的言论。能具体谈谈是为什么吗？

张艺谋：因为我订阅了大量的文学期刊和各类报纸经常是彻夜不眠地读，我常说现在的文学作品没什么大劲。与我有相同看法的人不在少数，究竟是为什么我也说不清楚。当然，这也不能一概而论，也有一些不错的，但总体上还是弱一些。也许是社会转型期所造成的，这些作品都多带有一种自恋倾向。我并非提倡文学非要文以载道才行，可这些作品往往不能打动人，让人不知所云，不管你是什么流派，总不能让我最原始的感情激动，那还有必要关注吗？文学越来越成为小圈子里的事那是很可怕的。

王童：你喜欢的是一些平实、朴素的作品。但如果面对一些新颖而又想象力丰富的作品呢？

张艺谋：对这些“天马行空”般的东西，它必须是在抽象意义上的真实，那我也是很喜欢，而且还情有独钟。它让我对人类命运想了很多，有了很大的启发。今天你看有好多抽象意义上的作品，但在另一层面上它又是很真实的。

王童：侃了这么多，你认为中国电影的出路究竟在哪儿？

张艺谋：首先是文学要强盛，文化氛围也要强盛才能从根本上转变。文学的强盛是一切艺术门类的催化剂。

王童：你认为这个局面会出现吗？

张艺谋：我认为中国文化在根上还是优秀的。虽然就文学的发展而言，它的低潮期比较多一些。但中国文化辉煌了几千年，只是到近代才落伍了。我相信它总有重见天日的那一天，凡事都是三十年河东三十年河西，我们不会总这样一蹶不振的。也许我们这一代看不到那一天的到来，但我相信我的直觉，它总有一天会到来的，别急。

小　传

张艺谋，1951年生，导演、摄影师、演员。陕西西安人，中国第五代导演代表人物，北京奥运会开闭幕式总导演。1968年，在陕西插队，1982年7月，毕业于北京电影学院。自1984年起，其拍摄的电影《红高粱》、《菊豆》等获国际国内多项大奖，以勇于创新的创作手法获得瞩目。除电影外，张艺谋执导过歌剧（《图兰朵》、《秦始皇》）、芭蕾舞剧（《大红灯笼高高挂》）、大型山水实景演出（“印象”系列）等其他艺术形式，取得巨大的成功。被评为“新中国60年文艺界十大影响力人物”。

冯小刚：嫁接一段新路 继续前行

在冯小刚的准自传《我把青春献给你》的自序里，冯小刚写道：记忆就好像是一块被虫子啄了许多洞的木头，上面补了许多的腻子，还罩了很多遍油漆。而他的合作伙伴，作家刘震云在这本书的代序里则这样记述：到目前为止，我与冯小刚有过三次合作。一次是1993年的《一地鸡毛》，因为王朔。那时冯导演上身穿一红色套头衫，下身穿一军裤，脖子上日夜挂着“北京电视艺术中心”的工作照。易感动，易激动，易喝大，也易发火。实际上，这同今天温和安静的冯小刚恰恰形成了一个很大的反差。把那记忆的腻子和油漆刮开，人们发现那时的冯小刚，踌躇满志，目标远大，他想借助一些文化的手臂，施展自己的艺术抱负。然而就在他崭露头角，初试身手几招过后，被束缚住了手脚。同王朔合作的影片《过着狼狈不堪的日子》遇到波折；同刘震云携手的电视剧《一地鸡毛》也遇到波折了。尽管这些片子今天回过头来看，已无伤大雅。但当时却给艺术起步的冯小刚当头一棒，以致今天谈起某些方面的话题，冯小刚仍然心有余悸。

冯小刚是不安分的，他那种天生的画面感觉与带点江湖气的野性追求，都给影视艺术注入了一股新鲜的气息。摆脱令人沮丧的开局，冯小刚今天已成为中国影圈最有号召力的导演，他影片的票房已达到了天文数字，他构织的那个梦幻世界已将无数的男女老少“骗”得神魂颠倒。他有时调侃、有时温情、有时惨烈；有时让观众开怀大笑,有时又让人潸然泪下。电影评论家宝琳·凯尔认为,如果我们是折中主义者,我们的判断就会是灵活的、相对的。为此,我很想知道十多年前或二十多年前的冯小刚与今天的有些什么不同。是的,二十多年前的他可能是一个愤青,十多年前他开始务实了,他把那些极端的追求变得折中、灵活了一些。这样,他就成了一个十足的机会主义者而把握住瞬息万变的商机。冯小刚成功了,他的折中让投资方满意,让发行方开心,也让观众看得赏心悦目。这是个皆大欢喜的结局。冯小刚同许多一度执着追求思想深度和艺术构成的导演一样,放下了身段,进入商业循环运转的系统中。这样,他就打开了一条又一条的通路,他的艺术探索也豁然进入游刃有余的空间。

当我来到亚洲大酒店见到冯小刚时,却觉得他同十多年前我采访他时没有太大的变化。还是那张带有草根文化的脸。还是那种悠然的抽烟的状态。但他脸上的白癜风却很严重,这也就似作图软件用色调均化锐化出的图像那般。前一天,他约我下午一点钟在国贸的一个地点晤谈,第二日一早,他又来电说因昨晚同他人喝酒睡晚了,临时要改到下午一点半在亚洲大酒店见面。当我因故晚了几分钟到时,他已在茶几前的沙发上坐着等我了。

他说他感冒了,不知是不是患上了甲流。他坦言因此身体发软,就斜靠在沙发上了。同刘震云描绘的他年轻时的易激动、易发火不同,对比之我提问的高声,他的回答则是慢条斯理的,有时因发声之轻,让听力不太灵敏的我,要竖起耳朵来听、来辨析,这常使我想一个成功了的人,是自然会心平气和的。他吸着鼻子,不时因后背发痒而在沙发背上蹭蹭。他要了壶驱寒的红茶,我则要一壶菊花茶。我们就这样一红一绿地交谈了起来。

王童:久违了,小刚。时过境迁,你现在的成就已是如日中天了。

冯小刚:哪里哪里,这只是机缘巧合罢了。

王童:从媒体上就得知你得了白癜风病,现在看上去真挺严重的。但我听说现在这病也挺好治的。

冯小刚:我没怎么治,随它去了。这把年纪了,就这样了。

王童:记得十多年前,我采访你时,你曾说过,这是一个喜剧的时代。同时你还说拍电影、电视剧往往要在艺术追求和市场经济之间寻找生存点。今天你还持这种看法吗?换句话来说,你还认为今天仍是一个喜剧时代吗?

冯小刚:喜剧的成分应该还是有的,但多少也有了点悲剧的因素,就如同我现在拍的

导演冯小刚

《唐山大地震》,这主要是看你用什么眼光来审视。至于说到艺术追求与市场效益,我认为还是要协调这两者的关系。基本上来说,现在的电影都是为市场拍摄的。在为市场拍摄的前提下,还是尽力找到一些有自己艺术感觉的东西。

王童:市场决定了一切吗?

冯小刚:艺术与市场这两者在我看来并不是很对立,也不是说创作者由此受了天大的委屈。我拍这些电影,主要的还是我自己喜欢吧!

王童:从十多年前采访你至今,我可以说是已退出了影视圈。但对你的艺术创作还是经常关注的。从《甲方乙方》、《不见不散》到《一声叹息》、《非诚勿扰》及《夜宴》、《集结号》等等,我觉得你是个可塑性很强的导演。特别是《集结号》拍得让人心悦诚服。这虽说不上是你的转型作品,因你以后也许还要拍那些充满喜剧因素的电影。但那些影片多多少少有些迎合市场的动机,虽说这也不是什么错事。但当《集结号》这样的影片出现,是否证明你已有了一个质的飞跃?

冯小刚:我觉得每个导演都会想有不同的尝试,艺术追求也是同样想有创新。但往往是导演的风格被定型后,投资人经常会认为你是拍这种类型的导演,而另外类型的,就去找其他导演。但同华谊合作的这部影片,我还是有很大的主动性。得到了大家的支持,反映到影片的拍摄中也就游刃有余了。

王童:除了《集结号》外,我还注意到了《夜宴》这部影片。虽说这部电影的各类元素都运用得很到位,技术手段也无与伦比。但题材为什么要弄了一个类似《哈姆雷特》这么个东西呢?请原谅,我们当文学编辑的人非常厌烦套搬人家的名著。

冯小刚:这个电影题材打动我的,其一是这个类型让我有挑战感;其二,我想给自己一个反证。因为多年来,所谓的圈内人对我的电影语言、质感、语法及视听效果等提出诸多意见。认为我的作品大多是以语言取胜。其实,他们都忘了,我是学美术出身的。对用光影进行视觉表现我还是有自己的追求的。只是过去拍《不见不散》那类的影片,不允许耍这个。这样,刚好有这么一个机会,中军来找我谈,也就一拍即合。我正好也能付诸我对影片视听画美的想法。比如说对中国古典美学格调的认识,我可能同大家惯常的审美不太一样。有这么一个东西正好把我内心深处的欲望表现出来，正是我求之不得的。至于这片子是什么题材我都没太在意。关键是我想拿来表现自己的。当时，邱刚建拿来这么一个改编的本子，已改编成型了。这样，我就借尸还魂，用这么个故事，把我想要展示的东西展现出来。

王童：由此，我想起前两天我在网上看到的一篇文章，说是中国电影缺的不是技术，而是灵魂。当然，我并不是指《夜宴》这部片子。因为这话让我回想起上世纪八九十年代，人们经常说，中国电影打破了一些禁区，但由于技术手段跟不上，拍不出来。现在正好相反。

冯小刚：实际上，现在技术手段还是跟不上。你看那《2012》片子，不用说电子工业了，其他许多方面我们都跟不上。所以，这次我拍地震这个片子，用的全是外援来做这个技术效果的。就技术而言我们同好莱坞还有着相差十万八千里的距离。当然了，说到电影魂这件事，牵扯到方方面面，这也是个老话题了。首先就是电影审查这个事，就受到了许多掣肘。审查的机构有时引申联想得太厉害，心理承受也表现得比较脆弱。好多人性深处的东西都不能碰。你可表现人性美好的一面，但实际上在这美好的另一端，就存在人性恶的一面。一部电影要是总在美好欢乐里面转悠，这肯定就会停在表面上而没什么深度。

王童：有关电影审查这个事，我记得当年，曾在报上为你们呼吁过。但今天这审查的尺度是否有些改观了呢？因这毕竟已进入二十一世纪了。

冯小刚：我觉得没什么大的改观，只是手续简化了一些。但大的思路还是那样。举例来说，电影局经常也在年底感慨地说，为什么这么多电影内容都有些雷化。这我也理解，这些影片制作人不想把片子弄成夹生饭。现实题材的不太好碰，还不如去弄一些古代的东西好过关。

王童：但我记得，你当年拍电视剧《编辑部的故事》时，里面却有许多对僵化的东西贬抑抨击之处，当时审查也通过了，是否电视剧的审查比电影要宽松一些呢？

冯小刚：都差不多。当时《编辑部的故事》出来之前也险些被枪毙了。还有人准备了许多批判的文章。后来，因为李瑞环肯定了一下这个戏，就大难不死了。假如不是李瑞环，结局也是很悬的。

王童：电影审查这个问题是不是也和评奖一样，换一拨人就会是另一个尺度了？

冯小刚：这也可理解，在一个大的指导方针、大的思路影响下，谁坐在那里也会是万变不离其宗的。比如说，电影里面要表现积极向上的东西。这样，像《一地鸡毛》这样的作品，就很难通过播出。你说这里面具体有什么问题也挑不出。但却可以给你一个笼统的评定:该影片消极。这影片一消极,就有理由把你毙了。

王童:这很难说什么叫消极。

冯小刚:对对对。比如说,你说《红楼梦》的归宿主题消不消极,《红楼梦》的人生价值观低沉不低沉,这你都可以归到这个范畴里来。当然了,除了审查的因素外,一部影片的优劣,也不能拿审查当挡箭牌。假如,审查尺度放宽,你能不能拿出一部结结实实的作品来。我看也未必。这里面包括创作者的想象力和观察人生的视角,也都是一个问题。这方面中国作家和中国导演都是欠缺的。这也就是你所说的中国电影没魂的原因。

王童:这也是我想问你的。说到要拍积极向上的东西,好莱坞恰巧也拍了很多弘扬美国精神的影片。实际上在这些影片里,演员的表演也很夸张,内容有时也虚假得离奇。如为了抢回一个机密硬盘不惜摧毁一座大楼、不惜击落一架飞机等等。但观众却欣然接受。中国导演想过这些原因吗?

冯小刚:这不能类比,咱们这从根上就不允许你这么弄。美国影片,你再怎么弘扬美国精神,也要设置一个对立面。比如说,这些影片里的美国英雄有时常常是个人,或一个小团体、一伙好汉履行为拯救美国国家的天职,不惜同一些黑暗的势力进行抗争。可在我们这里怎么拍呀!尽管我们这也产生过一些贪官污吏及腐败分子,但你很难反映。这样,就不能产生反作用力,让影片内容没有张力而呈现疲软。

王童:还有一个问题,就是你刚才说的艺术想象力的问题。前些日子,我在《晚报》上就写过一篇《间谍剧密播要让人们干什么》的文章。我的意思就是说,中国影视人拍片很愿跟风,一窝蜂地拍清宫戏、扎堆地去搞言情武打,现在又全都成了特务,有没有自己的创新呢?

冯小刚:这主要还是市场的作用力,这些片子具备了好看的元素,观众喜欢看。谍战这类片子,人物身份特殊,故事情节也一波三折,就招人看。因此各路人马就都挤上来拍,这也很容易理解。其实,我倒觉得市场自身会有它的调节作用。一窝蜂地都去弄这个那个,老百姓也就看腻了,收视率一下来,电视台就不收你这类片子了。过去我们的做法就是这样。

王童:反过来又说到艺术需要创新的问题。十多部间谍剧前赴后继地播,这恰是跟风的现象,是没有创新的。是老百姓真要看那么多"特务"吗?

冯小刚:这我不太清楚,我更愿相信老百姓的那种判断力。观众本身是有判断力的,最好还是把这个话语权交给观众。所谓的创新必须在一个繁荣的基础上。艺术市场繁荣了,自然就会萌生出许多创新人才来。过去我们常听说要抓创作。但往往收效甚微。因实际上这创作不是你抓出来的。你看那些留传下来的经典作品,有几个是抓出来的。相反,这些作品都是自发产生出来的。历史上出现的《儒林外史》、《聊斋》、《西游记》,都是在社会各个阶层中自然涌现出来的。那时,就出现了那么个人,愿写想写,就写出来了。这不存在要组织大家广泛论证、要重点推一个作品,就推出来的。要循着艺术规律来,而不是相反。

王童:可好莱坞不是在各个系统精细运作,才运作出了那些优秀的影片吗?

冯小刚:好莱坞电影的繁荣、活跃、有想象力也不是靠官方文件运作出来的。还是要具体到各个制片人和编导演在想、在制作。我们要虚心好好向他们学习。我觉得中国电影现在不是要不要创新,而是学习的阶段。

王童:你认为要向他们学习什么呢?

冯小刚:学习对观众的尊重。这一条很重要,但这一条在我们这往往是被漠视的,方方面面都被漠视。而这一条又是根本。必须很虔诚地面对观众。否则电影拍出来给谁看呢?要明白受众是谁。好莱坞这上百年间,有一套运作影片行之有效的办法。它是经过诸多的失败,才总结出来了那些成功的方法。对我们来说,就不必再去摸索、探讨了。这经验拿过来照搬就是了,少走一些弯路。比如,它们电影产业同金融体系合作的关系,还有制片厂同创作人员合作的关系,都值得我们借鉴。举例来说,好莱坞的分级制度就非常科学。你想要拍一些血腥题材的东西,那就给你一个限制级,当你要把这种画面放给观众看,那你的观众群就会减少。如果你想最大范围地放映,那就把暴力色情那些东西去掉。好莱坞每生产一部影片都非常清楚它的定位。在什么档期放映,目标观众是些什么人。为此进行一番科学的论证。

王童:至于说到票房与观众,我想这对你来说应不是个苦恼的问题。因你和张艺谋拍摄的影片都可说是中国影片票房之最了。你刚才所说的要对观众进行论证,那你自己对自己影片的观众进行过论证吗?这观众群都是些什么人。

冯小刚:这很难说清。不过有一点可以明确,就是你拍的影片要老少咸宜。这不能只针对一部分观众,这些观众大多的感受是不疼不痒的,你怎么在这些不疼不痒的观众身上做足文章就要看你的本事了。

王童:我是这样认为的,虽说你的影片还不能同好莱坞的大片媲美。但票房已攀升到了天文数字,你尝到了这个甜头,是否就会沿着这条路走下去,抑或是你还有新的追求?

冯小刚:在这个前提下,根据不同的剧本,要有不同的切入点,怎么来讲好这个故事。这是要根据题材,有不同的创作手法。比如这个《唐山大地震》肯定就是另一个艺术形态的东西了。

王童:说起这部影片,我也正想问你,你怎么有兴趣要拍这么个影片呢?是想要拍部灾难片吗？

冯小刚：还不是这个初衷。主要是之前我看过张翎写这个地震的小说。我觉得这小说很有改编的元素。刚好，唐山方面也来人找到我，只是笼统地说，要给他们拍这么个东西。书中许多情节正好就在这个故事当中，这片子就是这么来的。

王童：记得上世纪八十年代，曾有人拍过这类题材的影片，片名好像叫《蓝光闪过之后》，但很不成功。你这片子肯定不会类同你以往那些喜剧风格的影片了，要拍得惨烈一些吧？

冯小刚：以《2012》影片为例，我觉得它重点是展现人类终极的灾祸，是一种惊天动地的破坏力。而《唐山大地震》这部电影，重点是震的人心。地震对人的内心造成的那种伤害，这个余震是很长的。

王童：你刚才只说了一个侧面，我想问得更延伸一些，抛开小说这片子你具体要拍成什么一种类型的片子。表现你的什么情怀及感受等等。

冯小刚：我觉得还是拍出人与人之间的情感吧！这便是这部影片着墨最多的地方。

王童：还有一个问题，就是多少年来，虽说你的成绩斐然，但一直被所谓的正统电影圈子排斥在外。这中间的原因有很多。比如说你不是电影学院毕业的，没受过专科训练，是自学成才的等等。其实，这类排斥有时是很荒谬的。因世界上许多电影大师，包括斯皮尔伯格、博戈曼、卓别林等都是因童年对电影痴迷，才一步步走上这条路的，对此，你怎么看？

冯小刚：现在好点了。过去有。过去因我从拍电视剧的领域里跨界到电影圈，许多所谓的专业人士就有些非议，他们想当然地认为艺术就是他们圈定的那样。而我这种不按规矩出牌、野路子的人，就不被接受。但由于我们处的时代就是一个不断变革的时代。这也就自然阻挡不住了。你比如说，拿做房地产这个行业来说，原来那些人，现在都不干了。电影圈也是这样，要优胜劣汰。

王童：这就如前两天看到的一则新闻，一个新盖好开张的自由市场，一伙自以为是的人想要控制市场，把没交钱或不是这控制区的人，就往外赶，若谁要不按规矩进来，就备受刁难。

冯小刚：这种刁难是无形的，看上去，也没什么具体的措施来阻止你。但却形成了一种惯性的阻力，在舆论上不接受你或在圈子里看不上你，这也无可厚非，但事实终归是事实。

王童：我觉得这里有一个非常可笑的问题，那些阻止你的人，其实本身拍的片子有些也很糟糕，却对他人指手画脚。这就形成了一个悖论。为什么他们觉得在他们派系里才

导演冯小刚

是优秀的呢？

冯小刚：这你恐怕要问他们去了。

王童：虽说他们那些陈词滥调我亦觉得可笑，但反过来，我对你以往作品确有一些自己的看法。就是你那些影片是带有电视剧的痕迹，镜头对切一下，人物就在说话，是一种电视剧式的电影。

冯小刚：我不太认同你这种说法。电视剧也有电影因素的拍法，如潘小阳、张黎拍的那种。而伍迪·艾伦拍的电影也以对话为主。所以说，电影是没有一定之规的，要怎么拍怎么拍。

王童：拿你的《编辑部的故事》来说，可说是以语言取胜的典范。这里面渗透了一种话语空间之下的温馨的情感。联想到你拍的那些影片也都有一种感情滥觞的，甚至带有某些小资的东西，你怎么会存有那些细腻的情怀呢？

冯小刚：这是天生的吧。作为一个导演，要具备三个条件：一是你要有文学功底，有编剧的能力；第二是你要有判断力；第三个就是你要有乐感。这三个因素，不谦虚地说，我都具备。

王童：你是怎么具备的呢？

冯小刚：先天的。拿写剧本来说，我也没学过，但拿起来就能写。而好多导演不会写剧本。这就等于缺了一条腿。再有一个，判断力不行。弄一个东西，你自己认为很棒，可观众不买账，这就说明你的判断力不行。

王童：这也正是我想要问的，即你那些文学素养从哪里来的，天赋是一方面，还有其他原因吗？举例来说，你写的剧本《一声叹息》还获得了开罗国际电影节最佳编剧奖。

冯小刚：每个人都有可能把你的经历写出来的契机，关键在于要行动，而我就善于行动。比如我昨天晚上有了想法了，今天就开始写了。而好多人却老是在想，想了半天总不去动笔。还有一个就是怎么把这些素材组织起来，怎样结构。这不是我的长项。我的长项还是对剧本的趣味性。

王童：你的文学素养是不是受到了王朔的一些影响？

冯小刚：有吧！但也不止他一个人，包括刘震云在内。你看刘震云写的东西，你在他的字里行间，就见不到什么形容词。你看刘震云小说里都是最普通的语言，可写出来那东西就挺结实的。

王童：过去你同王朔合作了很多，现在又和刘震云合作了，甚至在一部片子里，还让他客串了一个角色。那么同这两个作家的合作中，你各取什么所长了吗？

冯小刚：这个，为此我写了本书《我把青春献给你》。在这书里我专门谈了震云、王朔他们身上的长处与短处，以及我从他们身上学到的一些东西。

王童：这书现在已经脱销了。

冯小刚：你可在网上搜索一下，能找到。

王童：其实，这书稿的一部分可先拿到杂志上来发表。

冯小刚：(笑)那出版社就不出这书了。

王童：这应是互不影响。

冯小刚：这图书怎么运作我就不太在行了。

王童：说到你的文学素养，我还真想约你写篇小说，而且我相信你一定能写成功，肯定不次于那些文学家们。

冯小刚：那我还不如去写一个剧本哪！

王童：说到写剧本，我想起你刚同刘恒合作了一把，让《集结号》大放异彩。刚才我们说到了两位作家，现在再加上个刘恒，你觉得刘恒怎么样？

冯小刚：总体上来说，他们这些人对生活的认识不流于表面，都是有他们深入、独特的看法。刘恒一度写了许多主旋律，而且命题作文的为多。他现在已然不怎么写小说了，主要是写剧本。他同别的作家不一样，是被逼无奈才写剧本挣钱的，以后再来还写小说的心愿。刘恒不是，刘恒认为把剧本写好了，也很牛，也很不容易。因而他在写剧本时就很投入、全神贯注。

王童：他新写成并上演很轰动的话剧《窝头会馆》，你有没有兴趣搬上银幕呢？

冯小刚：至今还没有聊过这事儿。

王童：有没有这个念头呢？

冯小刚：这主要是取决于判断观众会怎么看。作为一出话剧可以，作为一部电影就另说了，要想有票房，就要有话题性。能引起讨论的热点。有时你觉得这戏挺好，但观众没兴趣，这不成。

王童：那你怎么知道观众有没有兴趣呢？

冯小刚：我怎么知道，是因为在我当导演之前，我首先就是一个观众。比如，现在有一堆影碟放在我眼前，让我去挑，我的眼光肯定是会和老百姓一样的。

王童：说到此，我想起，不久前在文学界进行过一番探讨，其中国内发行量最大的《小说月报》的负责人就说，当下一些文学期刊的发行量下降，小说没人看，最重要的一点就是这些刊物的小说写的已不是老百姓关心的事了，因而引不起读者的兴趣了。这是否可以解释成你所说的“老百姓关心的话题”？

冯小刚：跨行业的事我不太了解，但起码有异曲同工之处吧。

王童：其实，每一个导演都想说，我要有票房，我要有观众。但究竟这个点怎样才能把握住呢？拿陈凯歌当年的影片《刺秦》来说，当年一民调公司市场调查后，认为能发行到1000万，结果连100万都不到。市场调查同具体操作完全两回事，这你怎么判断呢？

冯小刚：这个东西是个感觉，只能意会难以言说。但我看一遍这电影，就会感觉到它吸引不吸引人。这是一种直感，你叫它第六感觉也行。

王童：现在我要问你一个令你不太舒服的话题，即不久前我看过一部电视连续剧《血色浪漫——与青春有关的故事》，其中里面塑造了一个叫冯裤子的人物，对这个人物的品行进行一些反讽，当然，其中对这个人物的作为也进行一些肯定。你看过这片子吗？你怎么看待这个人物。

冯小刚：我没看过，所以也无从评价这个片子。

王童：好像是都梁、叶京他们搞的那个片子。

冯小刚：片子讲的是什么内容？

王童：大致是说，部队大院成长起来的一拨孩子，其青春萌动，从少不更事、打群架到爱恨情仇，最后到南方淘金被骗的过程吧！

冯小刚：那你怎么肯定那个人物就是我呢？那只是一个文艺创作吧！

王童：除了名字叫冯裤子外，人物造型及后来的导演身份，都同你酷似，让人一看就能看出是你。

冯小刚：那就说明大家实际上是不了解我的。

王童：这只当是个插曲吧！回想起十多年前你开始创作以葛优为主角的片子，很吸引人，但看得过多了，总觉得这成了一种模式，这模式是不是就成了你的电影风格了呢？

冯小刚：在这种类型的片子里，肯定这是一个路子，虽然我也能拍不同类型的片子。

王童：以后你还会这么拍吗？假如这些片子里把葛优抽去，你会怎么拍呢？

冯小刚：换一个人物的话，我肯定还会这么处理。

王童：假如让徐帆来演这种类型片子的人物，可以吗？

冯小刚：可以吧，《不见不散》不就是她演的吗？

王童：如果让吕丽萍那种貌似玩世不恭的感觉出现在银幕上，与葛优形成对位，会有什么感觉呢？

冯小刚：吕丽萍我没给过她银幕角色。

王童：我指的是电视剧《编辑部的故事》。

冯小刚：是。电视剧她演得很出色，可故事片没用过她。

王童：有没有过考虑要用她一次呢？

冯小刚：可以用。可她现在年龄太大了一些吧！女主角通常都要年轻一些。

王童：还有一个问题，也可能是一些八卦新闻吧！就是媒体常曝你同徐帆的关系如何如何，好了坏了等等，那么你到底同徐帆的感情如何？

冯小刚：徐帆从演员的角度来看还是很强的。在《地震》这片子里她演得非常非常的好。

王童：作为你的妻子呢？

冯小刚：那当然也没得说。

王童：徐帆作为演员可塑性是很强的，但她怎么没能大红大紫？

冯小刚：她们那拨演员同现在的不是一个时代，现在都是炒作，经常找人写点文章什么的。徐帆是比较本色、贤妻良母那种，没事爱在家待着。

王童：那时，有新闻还乱曝说你看徐帆同葛优演对手戏时，你还有点小吃醋。

冯小刚：那都是媒体乱炒作，你怎么还会信他们哪！我觉得这些八卦新闻对我来说，都不太重要。具体我是个什么人，我的私人生活是什么样，同我的电影没有什么太大的关系。这些传闻我无暇顾及。比如前些日子还传我有私人飞机，而且具体型号都有，这也太离奇了。如果为此你见到一个人就解释说我没有，那你别再干别的事了。因为每天都有可能给你编一个故事。

王童：因为你是一个公众人物，所以才会引起大家的关注。

冯小刚：所以我也就不理睬媒体怎么煽风点火了。你比如说还有人散播说我今年几月几号死，但到时我没死，人们就会觉得这话太不靠谱了。

王童：我们也不理会这些传言了，书归正传。从《集结号》开始，我感觉你的导演水平日趋成熟，堪称大师还不能那么说，但起码已达到了相当高的水准，你怎么能拍出这么动感十足又催人泪下的影片呢？

冯小刚：首先是这个小说里人物的命运值得同情。我对这个人物是有感情的。再有一个，它是个战争片，战争肯定要死人。不用说成千上万的人在战斗。就是一对一，对方手里有枪能要你命,这都让人胆寒。所以要拍一个战争片,一定要将战争的残酷性拍出来,否则就不能称为战争片,非常的虚假。过去我们拍的许多战争片就非常虚假,比较游戏,没有震撼性与冲击力。观众也感到不疼不痒的。若观众感到不疼不痒的时候,就会觉得这主人公怎么折腾都是那么回事。因而《集结号》就要拍得惊心动魄一些、血腥一点。

王童:可往往是有了好的想法,因受各种条件制约,还是不能达到目的。

冯小刚:做任何一件事,它的困难都不小,但反正你要克服这些困难。每拍一次戏都是非常非常耗精力耗体力、让人疲惫的一件事。反过来,不拍电影了,你就以为会省心了吗?也会险象环生的。只要你做事,就会面临许多的困难。我觉得我就算是顺利的了。好多导演面临的困难都比我大,经常是拍到一半没资金了。

王童:你现在是不缺资金了吧!

冯小刚:对!这个不缺资金的前提是,投资人来投资就给了自己一个赚钱的机会,所以投资人就渴望抓住这个机会。

王童:相对于二十多年前,你初发轫拍的那些片子,可谓是今非昔比了。那时,你拍的《一地鸡毛》、《过着狼狈不堪的日子》等许多片子,几乎都遇到波折。现在回过头来看,这些片子质量也都不错,但就是运气不好。那一段真可谓是你狼狈不堪的日子了。

冯小刚:现在来看,这一系列片子,通过的就是《一声叹息》。因《一声叹息》拍完时,正赶上电影局换人了。所以中国这事,常常是这样。因而,今天电影局的领导常说,这片子今天不行,但并不等于两年以后还不行。好多片子都是这样。

王童:那时过境迁,你上述那些片子都解禁了吗?

冯小刚:电影这事,过了那个劲了,还能不能把这冷饭重新炒一下,有没有这个必要。还有,持有这些影片版权的投资人,现在都下落不明了。你要有授权才行。费那精力,还不如向前走一步,向前看。

王童:《唐山大地震》什么时候上映呢?

冯小刚:明年的7月28号。

王童:那在这除旧迎新之际,你不弄贺岁片了吗?

冯小刚:《唐山大地震》这片子做的周期长,有些还要拿到国外去做。没做完,你想加入这档期也加入不进去。

王童:我跟过剧组,知道很累也很繁乱。把人的精力瞬间集中到那一刻,所以过后人很渴望放松一下,是吧。

冯小刚:它不光是累,还让人着急。有好多事是你解决不了的。但这又不因你解决不了就不拍了。这常常是弄得身心疲惫。不过,当你坐到剪辑室里的时候,你就会觉得其乐无穷。

王童:看到自己的成果逐渐成形了,会有一种兴奋感吧。

冯小刚:对!我觉得拍电影这事最好能收放自如。比如一年拍那么一部,不能急、不能赶,也不能太仓促。

王童:你一说放松,我想起来了,你还经常在自己的影片或他人执导的片子里,客串一些角色。比如这次你在《建国大业》里就又出演了杜月笙一角。记得我当年采访你就提出过,我不太提倡导演频频出镜,他应是幕后英雄,不应自恋。对此,你是怎么想的?

冯小刚:我这人比较好说话,有时朋友让我去帮一忙,我就去了。比如这次韩三平让我去,我就不会驳他这个面子。因过去韩三平给我许多方便,我肯定也会帮他的。

王童:你是否觉得你自己也有表演天赋?

冯小刚:没有真正受过什么训练,也没真正演过什么角色。尽量做得自然一些,现在许多专业演员,最大的毛病就是不自然。

王童:你对其他导演怎么看,比如艺谋、凯歌等等。

冯小刚:我认为这些导演都是干成了事的,也拍了很多优秀的片子。他们都有很多的长处。比如前两天,有媒体问张艺谋,说他的喜剧同我的喜剧有什么不同。我觉得他回答得挺好。他说我们都是同行,不便对其他导演进行评价,其实每个人都不傻,都有他自己的一套想法。要说得上的,私下里可以同他交流。其他泛泛地说,也是一些皮毛。

王童:实际上,有一阵子你好像同艺谋较上了劲,他拍一部,你搞一片。

冯小刚:那是赶上了,他不停地拍,我也不停地拍。不过,我还没有同艺谋在一个档期过。同凯歌、陈可辛、周星驰都有过。现在来看,中国导演还都挺活跃的,都纷纷想拍一些东西,整个大环境还是不错的。

王童:不过,这可能只限于你们这几个有票房的导演。

冯小刚:那也不是。你看今年田壮壮在拍、和平也在拍,还有宁浩、黄建新等。拍的人还是挺多的。你看陈国富导演拍的那《风声》票房也很高。现在比较活跃的导演还是很多的,几十个吧!这样好,不能老是那么几个人,那几部电影。这里面应隔个两三年就冒出一个新人来。这对这行业会有一种推陈出新、生机勃勃的感觉。

王童:最后,我想问问你,电影现在已成了你人生主要的一部分,你怎么看待电影、看待生活、看待自己的妻子,艺术和人生的关系,你是怎么认识的?

冯小刚:坦率地说,平常我没有考虑过这些问题。思想也不往这上走,对我来说,考虑最多的就是下一部电影。里面的人物怎样具体化,怎样再给这人物一个身份,然后再搭建一个人物关系等等就耗费了我相当多的精力，关于怎么活法，好像就没想太多。不过，我还是比较热爱生活的一个人，我不是死拍电影的主儿。我觉得生活是多面的，电影只是其中一环。我的爱好也是多方面的。比如这次我约你到亚洲大酒店来，是因为这楼上有一个画展让我来看看。因我过去是学画画的，也爱收藏一些油画。起码这画的真假蒙不了我。还有，拍地震这电影，非常累，我就常想跳到电影之外去放松一下、旅行一趟。有时，充电都不如减压重要。而电影的魅力就在于它还时时把你吸引回来，继续拍。今天就到这吧，我有些感冒，身体有些发软。

王童：好，祝你成功！

小　传

冯小刚，1958年出生于北京。中国电影导演，编剧。冯小刚作品风格以京味儿喜剧著称，擅长商业片，在业界享有贺岁片之父的美誉。其导演过的电影总票房超过20亿，是中国内地最具电影票房号召力的导演之一。近年主要电影作品有：《甲方乙方》、《集结号》、《大腕》、《非诚勿扰》、《唐山大地震》等。曾获得第十七届金鸡百花电影节最佳导演，北京大学生电影节最受欢迎导演奖，第十三届中国电影华表奖优秀导演，2011年上海电影节年度杰出贡献奖，第十九届金鸡百花电影节最佳导演，新中国60年文艺界十大影响力人物等奖项。

陈凯歌:我不仅仅是忏悔

相对于张艺谋等第五代导演风格的变化,许多人认为陈凯歌仍在笨拙执着地追求着自己人文主义的创作目标。由此,也有人称他是在努着劲儿找感觉。尽管在某种意义上可称他是第五代的主将,但他拍摄的影片似乎总不被媒体看好,他也从未像张艺谋那样大红大紫过。或许是他影片中那种背负着文化十字架的沉重感压得人喘不过气,有时会让人有些难以忍受。但不管怎么说,陈凯歌的影片仍会给你带来一连串的思索。

我从未见到过一个像他这样具有双重性格,集各种矛盾于一身的人,他渴望真诚,在“文革”中却魔鬼附体般地揭发了父亲;他常常想探索一些新的电影风格样式,却往往又被这种样式捆住了手脚;他时不时会在自己的创作中反省自己、忏悔自己,但有时又不知怎么说清楚;他对精神境界的追求,却也免不了儿女情长的世俗生活;他这个自称是反好莱坞的人,此次却拍了一部好莱坞式的影片《荆轲刺秦王》,而这也就成了媒体议论纷纷的目标。或许这是另一部黑泽明式的《乱》,但它讲的却是地地道道的中国式的杀戮与血腥。它是司马迁、莎士比亚与现代技术融为一体的混合体,同时也就成了一部令人眼花缭乱、气势非凡的影片。

我第一次接触陈凯歌是询问一个有关电影审查的问题,当时也许正赶上《荆轲刺秦王》刚浮出水面而评价又不甚理想的关口,他多少有些想法而难以回答。后来,再向他追问,就是陈红频频在电话里挡驾,这让我多少感到有些不快,我也几乎放弃了对他的采访。但当我再次见到他时,对于他那种自我批判精神的勇气,还是有些赞叹的。他身材高大,也很壮实,交接在一起的眉头,有一根黑毫甚至飞了出来,染过的头发遮住了几多沧桑感,他整个的形象看上去也有些过分严肃,不过他偶尔笑起来时,便会打破这坚冰,激起一圈涟漪般的友善。我原本约好他在另一个时间里交谈,但由于与一部影片的首映式的冲突,于是,就临时找上门去探讨了起来。多年后,他拍的《无极》与《赵氏孤儿》,内涵似乎是《荆轲刺秦王》的翻版,但这些各具特色的影片,人们总拿《霸王别姬》的成就与之对照。他的忏悔仍在不停地涌现,在台湾中天电视台,我看他和陈红接受采访时,也切入了这个话题,只是他的心情已不那么沉重了。我很不赞成他动不动就借古喻今的这种讲话方式。因我认为他要彻底地忏悔,应是把自己写的那本自传拍出来,想必那将是他最好的影片之一。

王童:众所周知,你应该算是第五代的领军人物了。但现在许多人包括新一代的导演都说第五代已经走进了死胡同,也有的认为他们自我封闭了。对此你怎么看?

陈凯歌:我想大家都知道第五代是怎么回事,称呼是怎么来的。至于说现在究竟怎么样了,还得看片子。对一个电影导演来说,只能拿片子来说话,别的都是次要的。对我自己来说,还会继续不断地去拍。

王童:那你认为作为一个整体,第五代的状况现在发展得令人满意吗?

陈凯歌:因为每个人的具体情况不太一样,拍的片子也不尽相同,因此你也不可能作为一个整体来看待。电影这事说来说去还是导演自己选择题材创作的,所以说还是根据每个人具体的片子来说的好。很难用一个整体的概念来定论的。

王童:我听知情人讲《荆轲刺秦王》是你在1980年代初就想拍的一个题材了。

陈凯歌:倒还没那么早,大约是1980年代后期就筹划要拍了。

王童:酝酿了这么多年,拍成了现在这个样子,你自己满意吗?

陈凯歌:首先对我来说,拍摄这么一个大场面的影片,是一个挑战。对我自己来讲,完成了这么一部浩繁纷呈的片子,我感到很自豪,我对整个影片总的情况还是满意的。每一个导演在拍片之前都会有自己的想法。如果这拍摄方法是按照自己的意图来实现的话,目标也就实现一半。

王童:我注意到你在片中用了一些喜剧小品的演员,这种刻意地让他们制造出一种喜剧的气氛是不是有些欠妥,也有些滑稽。实际上每一个非喜剧的演员身上也都潜伏着一些喜剧的基因，如姜文在《红高粱》中的表演。为什么一定非要让喜剧演员对号入座才显得对位呢？

陈凯歌：我从来就没有把哪一个演员当成喜剧演员或正剧演员，我觉得演员就是演员。我也不把演员分成类。一部影片里有一些喜剧的色彩，也是根据这片子的具体情节的发展而注入的。在我选择赵本山、潘长江这两个演员的时候，我完全没有考虑到他们是喜剧演员，我对他们两位和其他演员是一视同仁的。虽然大家约定俗成是那么认定的。可汤姆·汉克斯在演《阿波罗13》和《拯救大兵瑞恩》之前也演了许多喜剧。

王童：但从影片的效果来看，好像不是那么太理想，大多数观众仍把他们看成是小品里的人物而不是你这部影片里的高渐离和监狱吏。

陈凯歌：至于说观众有些什么感觉我就不太清楚了，我只是从人物的角度来选择他们的。比如说潘长江演的那个狱吏，我觉得就是那个样子。只是通常大家习惯看他们的小品，有了一个定式。可如果你把他们放在一边，先别管他是谁演的，或许感受力就会不一样了。

王童：你为什么酝酿了这么多年拍这个片子呢？为什么对它感兴趣？

陈凯歌：我对此有一些理性的思考，所谓理性的思考主要是荆轲和秦王这两个人物，他们很吸引我。我认为他们所处的那个年代没有什么规则可言，也就是说没有建立起一些思想的法统。那个时候的人是比较积极和活跃的。帝王或是百姓，其差别不是太大的，不像秦以后的历史，君臣父子的界限是那么严格。历史说那个年代能够有苏秦、张仪这样的背上行李卷就能走遍六国的人。秦后的历史几乎根本看不到这样的人和事。经过一番对话，某国君主就任命某人当一国之宰相。孔夫子也是如此，当时没有什么科举制度，那个时代选择人才是和后来的情况不同的。所以说，在那个时候，人相对是自由的，民间的意见也比较容易被君王所采纳。否则秦始皇也不会说我要书同文、车同轨，建立一个统一的帝国。

王童：大家都知道周晓文也拍过一个类似题材的东西《秦颂》，为什么你们都不约而同地对这么一个历史事件发生了兴趣呢？

陈凯歌：《刺秦》的编剧也是《霸王别姬》的编剧，当时把他的本子也给我看过，但我觉得在他的剧本里还不能充分表达出我想说的东西，所以就放弃了。后来就重起炉灶，这是后话了。但这两个"刺秦"是没有什么必然联系的。

王童：我注意到在表现秦王朝的一系列片子里，总把秦始皇表现得大义凛然、气度非凡，这是不是受了其他人论述的影响，不由自主地在艺术创作中也向他顶礼膜拜，且认同了他的帝王之气，从而缺少了批判的色彩。

陈凯歌：从观赏的角度来看，通常人们有一个定式，拍君王领袖式的人物一定要高大威猛、很有气势，特别是像秦始皇这么一个平六国、定天下的人物更是如此这般。因而当银幕上出现了另一个秦王嬴政的形象的时候，大家就有些难以接受了。在司马迁的笔下说秦始皇这人是鹰鼻子鹞眼，甚至说他还有些罗锅，身材非常矮小，说话的声音像劈柴。西汉以后，就没有说他好的。而且他有着焚书坑儒的残暴，不管他写得真实不真实吧，但起码这是一个历史真实面貌的参照物。从我的角度来看，老百姓不管你是什么相貌，他和常人也没有什么根本的差别。你在自己的创作中肯定会有自己的一些想法。就是说在权力争夺当中，开始可以说是很善意的——有一个很美好的理想。但在这个进程中问题随之就来了，这也就决定了他用什么方法和什么手段去做成这件事，这种方法和手段就决定了他想要采取的措施，演化成了另外一种专制的人格。大家应该以一种更加开放的心态来看待我塑造的这个与以往不同的帝王形象。

王童：现在我们看到的是李雪健塑造的这么一个形象，他和你当初脑子里想的吻合吗？你认为秦始皇应该是一个什么样的人？

陈凯歌：我觉得他是一个平民起家的君王，他没有受到那么严格的礼仪教化。他从小是在一个很困苦的环境下长大的，他对民间的声音应该是很敏感的，也是很容易接受的。如果不是这样，他最初的不要在各诸侯间再发生战争的愿望就不会产生。所以我就不想把它拍成一个大家约定俗成的东西，也许那样有可能和大众的愿望相吻合，但它在艺术上没有什么特色。

王童：前面我说过，多少年来对秦始皇的评价功绩的一面总是占上风，而对他残暴的另一面就谴责得比较少了。

陈凯歌：事实上，对这个人物的评价历来都是两面的。我前面说过从西汉以后，就没有说他好的。而且他有着焚书坑儒的记录，对他的否定也是有事实依据的。不过秦王嬴政之后十五年秦就灭亡了，这或许也是残暴统治的必然结果。但我作为一个艺术工作者也并不是要给历史下一个什么科学的结论。我只是用艺术家的眼光去看待这么一个帝王——他究竟对他所生活的那时代起了什么作用，更重要的是我要探讨他的人生脉络的这么一个过程。我个人认为一个好的理想和手段应该是一致的。一个好的理想用坏的手段去实现最终是要走向反面的。拿甘地来说，他的非暴力抵抗，最终让英国人感到非常尴尬——这就真正做到了他的理想和目标是一致的。

王童：秦始皇和他正好相反。

陈凯歌：是相反。所以可以说此人是开了暴力统治的先河。当然了要拍这么一个戏，不可避免会牵扯上对这样一个人物的评判。

王童：现在有些作品中对皇权进行一种肯定，你认为这是有害呢还是有益？

陈凯歌：有些戏不自觉地对皇权进行一种肯定，主要还是从宣传的角度来说的，不是对一个历史人物来进行判断，主要还是牵扯到改革、变法、新政这么一些社会问题的映照，所以我说我拍这个戏不是要重复一些历史教科书上讲的东西。你说的现象是存在的，但它只是知识界一些人士发现的，至于说究竟是有害还是有益这就又回到那个老话题上了：是英雄创造历史还是人民创造历史。

王童：你拍的影片我大多都看过。给我的感觉是，你那种文化与历史底蕴的长处是无处不在的。但有些地方总有些疙瘩，看上去不顺畅，而且你也急于想直白地把自己要表达的东西说出来，而不是渗透进去。当然，我本人还是能够接受的，但这些毛病我也能感觉到的。包括媒体，对你的风格也有截然相反的两种评述，有人说陈凯歌从《霸王别姬》之后失去了他原有的风格，也有一种说法恰恰相反，认为从该片之后，陈凯歌的电影语言运用得成熟了，你自己怎么看？

陈凯歌：简单来说，每个导演都想进步，每个导演都想接触一个富有挑战的题材而把它做得更好。拿我自己来说，我自从从事电影导演以来，一直感觉到在中国影坛出现这样那样的疑问，这是因为我们长期以来只习惯接受某种特定类型模式的结果。你比如说，在上世纪五六十年代拍摄的电影，模式化是很重的，几乎看不出什么个人风格的东西。而在一个更加开放的社会，作品的个人风格应该是越来越鲜明了，这样才有可能出现一些不同类型的影片。我是这么看的，影片的故事走向决定了一部影片的风格。我不可能用《霸王别姬》的方法去拍《黄土地》，因它在这两个故事之间有着明显的差距。但是有一点是没有变的，举例来说好莱坞的影片模式化是很重的，非好即坏、非坏即好，要么就是英雄、要么就是强盗。但我自己认为电影所做的事情比这远远要多。如果要是从商业操作的角度来说，你完全可以不这么拍。

王童：像《黄土地》那个时候的影片，人物似乎是不太重要的。重要的是影片所强调的画面的构图与音响这些电影元素的东西，到了《大阅兵》，也是在强调那种造型的力量，这样的影片价值自不必说了，包括《孩子王》在内，也都有这种倾向。后来你影片的风格发生了一些变化，你是怎么考虑的？

陈凯歌：一个导演应该尝试去拍不同的东西。有一点我和你的看法不同。我觉得《黄土地》里人物轮廓还是比较清楚的，几个主要人物都是结结实实的，在我拍摄的过程中我能感觉到这些人物相互之间的关系。但是一部散文化的作品你很难把它拍成一部好莱坞式的影片。而且那个年代有那个年代的特质，那个时候是封闭了多年以后，中国电影开始冒头了，总是要在风格上和样式上做许多尝试——形式大于内容。我想电影史最

导演陈凯歌

终会证明这一点。《黄土地》不是形式大于内容，它是发展中的新风格探索中的一部影片。它的意义应该在电影史上去定位。当时，是用35万人民币拍摄的该片，这和现在的经济环境大不一样。当时拍片是很虔诚的，是怀着一腔激情去拍的。发展到今天，你肯定是不会按照一个或一种电影模式去拍片了，你总要发展。但我拍片还是万变不离其宗。不管电影的商业色彩多么浓重或艺术内涵多么深，它里面的中心都是人——从《黄土地》到今天的《荆轲刺秦王》都是一样的。

王童：虽然你自己想得很明白，但最后出来的效果，这些人物给观众的感觉可能还是很模糊的。

陈凯歌：这还是说到了一个统一标准的问题，过去人们总习惯给规划好了。但电影有许多变数在里面。我特别希望各种类型的电影都能够在一个市场里找到自己的位置和观众群，这样发展起来才是正常的。这说起来是1980年代就讨论的一个问题——你能不能拿一个统一的尺子去量所有的电影。我认为随着时间的推移，社会精神文化的进步，这尺子应该越来越大，尺度也越来越宽。创作者有更大的创作空间——拍出自己梦想已久的东西。观众的欣赏趣味也应有所变化。我们在讲电影市场萎缩的现状，在提倡商业化的同时，你有没有想到有相当一部分观众他们虽说没有发言，但实际上他们是非常想看另外一种类型的电影，但你又不为他提供，电影市场的萎缩有没有可能同这个因素有关呢？我特别希望一些有见识的记者和评论家帮助观众打开这个视野，能够接受一些不同类型的影片。

王童：前面我提到过了，你的影片在许多精彩的地方也并存着一些疙瘩。拿这部影片结尾来说，非要让秦始皇挑开来说上那么一通"我要建立一个统一的国家"的一段话，是不是有点煞有介事呢？

陈凯歌：我觉得这和影片的自身风格有关系，其实我直白地说出来了没有什么不好。我理解你的意思，这无非是理性和感性的关系。导演是不是要隐藏在画面的背后，这要视影片的内容而定，在电影史上你可以看到许多影片都带有一种理念色彩的。

王童：影片被修改这一事实，本身就说明它有一些不妥之处，而且影片初次放映时，媒体反应也是不太好，现在回过头来看，你认为是什么原因呢？

陈凯歌：这一点有些报纸已经登过，我上次在新闻发布会上也说过，这些修改并不是违心的。去驾驭和掌握这样一部大气势的影片，你要做违心的修改，实际上是做不了的，你不知道所有人的口味是什么，你不可能迎合所有的人。你要修改时，就一定是自己认为你应该做某些调整时才能做好。否则你就会彻底完了。我满意的是在我做这些调整的时候，心态还正常。面对批评我可以心平气和地接受，但我也不能全部将这些批评对号入座。批评要有一个批评的武器。如果你对电影本身有足够的了解，那时你的批评才有分量。我注意到，在一些批评的文章里，涉及影片本身的并不多，而大多是涉及陈凯歌本人对媒体的态度。说到底如果我要对一个物理学的研究提出批评，那肯定是不着边际的，因为我不懂。所以我还是希望多看一些对影片内容的评论。怎样去看一部影片，批评的健康气氛是很必要的。

王童：我还是要问，除了那些不着边际的评论外，也还是有一些真知灼见的，这批评的原因究竟在什么地方？

陈凯歌：原因就是大家对我有所期待，这期待对我来说应该是好事，对一个电影人来说，影片看完后什么反应都没有，遗憾的同时也是让人感到很寂寞的。

王童：那你认为这些批评有到位的吗？有说得准确的吗？

陈凯歌：这要看你怎么说了，从创作者的角度来说，他永远是不会和批评家想得一致的。大家所站的角度不一样。另外一点从整个影片的制作过程，各种想法也是不一样的。但我总的态度是，我是欢迎批评的，但这批评应该是与人为善的。在与人为善的前提下对我这样一部影片，是值得议论的。

王童：这个话题我本来是准备在后面问的，但现在既已谈出来了，我就不得不提出这个问题了。你对媒体的批评有些微词，甚至还告过状，这就让人感到很莫名其妙，像你这样身份的人，何以要这样做呢？有意见，当面说一下不就得了。

陈凯歌：我觉得办报纸的一个基本的原则是应该客观公正，刊登一条消息是否属实要咨询核实一下，子虚乌有的事肆意登出来显然是不负责任的。而且你也不要把我当成修养很深的大腕儿来看待，我也有自己的个性，我现在身上也还留着当年做知青、当工人的痕迹。说件小事，我现在如要路见不平也还会和人打架的。不过现在大家认为陈凯歌是一个知名的导演，所作所为应和他的身份相符合，但在生活中我没把自己当成一个什么了不起的人物。

王童：我恰恰是从你的苦难中，也通过你的影片看到了你内心的矛盾、焦灼，包括你在"文革"中揭发父亲这种事儿，对我来说都能理解，因我的家庭也被红卫兵占领过，我也有过各种各样的困惑、疑虑，我们每个人都不可能是先知先觉之辈。但对这事我还是想问问清楚，这类走向混沌的闪失，是不是在你的身心打上了深深的烙印，促使你总在一种矛盾中进行反省，如在《霸王别姬》中，你让张丰毅倾诉那一大段言不由衷的话，是不是也是在忏悔你自己？

陈凯歌：我个人的经历无疑会对我的创作产生影响，但我个人的经历绝不代表我创作的全部。一个人不管他经历有多少痛苦，倘若他不能超越这些痛苦的话，他的作品就永远不能达到一个较高的境界。在“文革”那个特殊的年代，每天耳闻目睹所发生的事情，给了我一个教训，这教训对我自己来说，不仅仅是忏悔。我们这个社会有一个特点，在时代转变的过程中，很多人都在说是别人的错——我是对的，别人是错的，我受到了迫害，指责他人是迫害者。如果我们真的能勇敢地面对我们自己的生活的时候，我愿意承担我应该承担的责任。这便是在我所有的影片里一贯要表达的东西——这就是说不仅仅是对一件事情的忏悔，在更大的程度上说我有这个勇气承认我错了。所以我在《霸王别姬》中我所表达的情感不是我个人自私的情感，而是我对我所相信的事情做一个负责任的回答。你可以看到“文革”以后许多人都在揭发这个揭发那个，但一个民族没有勇气承认自己错误的时候，就会永远陷在一个恶性循环的怪圈里出不来。

王童：现在我们分析起来或许会找到许多可能性，但当时究竟是什么原因促使你这样做的呢？

陈凯歌：自私。我知道我父亲是无辜的，虽然我那时候幼小，我对他历史上的情况不可能有清楚的了解，但我随着大流走的。这便是“文革”给我的最大的教训，我现在拍电影之所以不愿意随大流，就是基于这样一种原因——拿去年对影片《荆轲刺秦王》的评论来说，我就没有听到一个特别特殊的声音。因此我也得出一个结论：我必须要有自己的独立思考。

王童：后来又因为什么让你在那个年代觉醒了呢？

陈凯歌：说得具体一点是温暖的情感。当我那样对待我父亲的时候，在我下乡时，父亲到火车站送我对我殷切嘱托，我很惭愧，不禁潸然泪下。古人讲知耻近乎勇——那时候我有了羞耻心，我知道我错了。至此，我想不管今天的世道怎么变化，我都要做一个诚实的人，不然的话吃亏的就是你自己。我常常想，我父亲用他宽大的胸襟温暖了我，他知道一个14岁的小孩子在当时那种情况下可能不得不做出违心的事，他以一个父亲的爱融化了我。

王童：你的这种举动对你父亲有伤害吗？

陈凯歌：当然有伤害了，自己的亲生儿子这样对待自己能不伤心吗？

王童：客观上对他的伤害大吗？

陈凯歌：这很难说，因那本身就是个莫须有的事儿，可有一点我必须承认，我自己当时是非常软弱的。经过若干年后的反思，我有勇气承认这一点，我就没有愧对我的父亲。

王童：说到此，也使我想起若干年前的一件事，有一位记者写了一篇对你很不利的文章，其中对你的个性和你的私生活都剖析了一遍，现在回过头来看，你对这篇文章有什么新的认识呢？

陈凯歌：首先我要说的是我私人生活纯属我个人的事。我跟公众发生接触就是通过我的影片，我觉得我应该去做我应该做的事，这些事不是通过媒体所能说得清楚的。至于说你对陈凯歌有什么看法，那纯属你个人的事。假若你就是说得不对，我不同意，我也会维护你说话的权利。但有一点就是你不要超越国家法律所允许的范围。后来那事发展到我准备状告那个记者，他也对我表示了非常诚恳的道歉。道歉本身就证明了他的过错。我是诚心诚意待人的，我对他的态度说明我并没有看低这个人——只是就事论事来说的。

王童：虽说私生活是你个人的事，但我又隐约感到从你私生活状态的变化，你好像已从凝重的文化背景中解脱了出来。一个庄重的陈凯歌也变得风花雪月起来了，比如说你和某位主持人的关系呀，以及后来娶了年轻貌美的娇妻呀，当然了，这就如同你说的纯属你个人的事。但是不是通过这些事理解你已从那种沉重、执着追求某种目标的状态中松弛了下来。

导演陈凯歌

陈凯歌：这就需要你自己来判断了。我不知道你提出的这些问题准备要说明什么，因你提出问题的一些点让我感到很惊讶。

王童：我的目的是想更深刻地了解你的艺术创作背景，因我一直认为你是一个处在矛盾中的人。

陈凯歌：这些事有时很难通过采访的方式说清楚。你比如说人家都写了书了，我看后并没有什么反应，也没发表什么意见，这就表明了我自己的态度——每个人都有做人的标准，不去评价它的是非曲直。

王童：令我略感困惑的是你对异性的态度和

你背负着文化十字架的过去有些不太一样了,我所说的松弛也就是看破红尘了——什么文化不文化的,还是及时行乐吧。当然了,这只是中国人的观念,总爱在两性关系上做一些文章,而在西方国家人们早已经司空见惯了。

陈凯歌:你根据什么判断我是这种心态呢?我刚才还讲到,如果我不是有一个明确的目标我就不会冒着酷暑严寒拍了七个月,没有休息一天,这话如果不是在这儿我都不会讲的。

王童:通常一些国人总把一些正常的东西纳入到不正常里,现在我们还是把它归回到原位——导演就是导演,男人就是男人。

陈凯歌:为什么要把个人的生活和他的事业决然地联系在一起呢?每个人都有自己的私生活,且不说隐私了,你不可能把你私人生活的前因后果都端给公众来看——这里面的是非是不需要一个裁判的。

王童:我在几年前的一个座谈会的记录上看到你曾讲过,中国电影的鼎盛时期还没到来。你同时认为以往中国电影的鼎盛时期是在二十世纪三四十年代。你为什么这么认为,你觉得未来中国电影的高峰会在什么时候到来,你为什么认为三四十年代是中国电影的繁荣阶段?

陈凯歌:说到底,三四十年代电影工业在上海的发展状况是有目共睹的,大家从理论和电影史学的角度来看,那个时期是电影蓬勃发展的阶段,这里牵扯到了影片摄制的方方面面,更重要的是它的大环境是非常适应电影发展的。但也不能说这是唯一的鼎盛期,在十九世纪五十年代后期也曾经繁荣过一阵。但你要是从另外一个角度来审视的话,那个时候的创作还是受到一定的制约的。我所企望的另外一个鼎盛期的到来,是我们能够把握住市场,并协调好,重新引起观众对中国电影的兴趣,电影再次走入广大观众的视野,并认为这是一个我们可以议论并参与的事情,而且我们的创作和市场的关系基本理顺,电影市场也分层次地容纳不同的影片,到那个时候,这个繁荣的时期也许就到来了,但具体什么时候到来,我没有预测,不管它什么时候到来,你都要去努力,至少从我自己的角度来说,我一直都是在努力着的。虽然说个人的能力有限,重要的是不同层次年龄的电影人都要共同努力才能促使这个鼎盛时期的到来。

王童:上周我在做电影审查那期的话题,屡次三番地问你的意见,你犹豫再三,还是避而不谈,联系到我前面问你的一些个性的变化,你这个一向执着、认真追求的人,现在是不是已变得老于世故、明哲保身了,相比之下,其他一些导演就直率地谈了自己的看法,你为什么要这样做呢?

陈凯歌:我认为我没有什么可躲闪的,我之所以不说并不是我不愿意说,而是我没有站在一个全局的高度上综观。如果我是那样的一位官员，我说出的意见就会更有价值。从我个人的角度来谈，我认为这个问题有点空，我没有办法发表出对观众真正负责的意见。换句话说，我一直是个个体劳动者，对电影审查这个问题你怎么说呢？我不是一个够资格的发言人。我只对我拍的影片负责并提出意见，实际上我每部影片出来，都不是很顺利的。

王童：我非常同意你所说的二十世纪三四十年代是中国电影的高峰期，但发展到今天，无论是技术手段、影像质量及人的文化层次都已经日新月异地提高了很多，为什么在创作意识上还会裹足不前了呢？

陈凯歌：应该说每一个领域的进步，都和社会的大环境相关，这其中的原因不是一下子就能说清楚的，但重要的一点可以这么认为，从一个大的文化社会环境来看观众对影片艺术的标准和过去也是不一致的，一方面你可以看到开放以后各种文化扑面而来的新鲜，另一方面也是我一直感到担忧的事，我们自己的文化特色其实没有了。拿北京来说，它已不是我小时候所了解、所认识的那个北京了。这不仅仅是一种复古怀旧的情绪，它里面存在的价值是无法言表的——它是我们生命的一部分，文化是托着我向前行走的内应力。国外的一些电影人之所以对中国电影还存有几分敬意，说穿了就是对我们的文化含量和我们在艰苦条件下不屈不挠地探索与追求的认同。

王童：对一些在国外获奖的影片来说，包括你的《霸王别姬》，给国人造成的错觉便是不很舒服，人物总是处在畸形状态下，你觉得呢？

陈凯歌：我想这两者的关系不要挂得那么紧，如要挂得那么紧的话，就没法进行艺术创作了。反过来说美国电影《教父》，它是反映黑社会的，为什么《教父》拍了一、二、三集都获得了奥斯卡奖，这就说明电影应以什么样的姿态面对观众。《霸王别姬》也是如此，我塑造的人物是非常鲜明的，就是以程蝶衣为代表的人面对一切非正义的不公正事物，显现出永不妥协的抗争精神。我们观看一部影片不要对它产生偏见。艺术是不分国界的，说到底银幕上的形象是艺术中的，而不是现实中的。

王童：这次戛纳电影节颁奖之后，我听到你对法国记者发表谈话，好像对此结果略感失望，其实获得的这个最佳技术制作奖也是很不容易的。

陈凯歌：我自己没有把它看得很重。虽说我也很兴奋，但全没有像获得金棕榈奖那么高兴。因我在记者招待会上说得很清楚，我到这儿来，是看看老朋友，结识结识新朋友。我就是希望中国电影在这样重要的国际电影节上占有一席之地。

王童：这个奖的获得，是不是也意味着中国电影的制作技术也达到了一个较高的水平？

陈凯歌：这是我当时拍片的一个想法。现在连美国也不怎么拍这样大投资的影片。那我就考虑，我们中国电影有没有可能拍出一部规模比较大的影片。这样一部影片在艺术上、技术上各部门要求非常高。这要搭出非常逼真壮观的场景。

王童：与此相反的是电影院那天来了一个美国电影代表团，其中制作《阿波罗13》、《泰坦尼克号》等影片公司的一个博士称，数码技术将来会取代外景地，你认为呢？

陈凯歌：我认为我们在技术上还没有这种力量，现在经常发生的事是，一些依赖电脑制作的影片经常中途夭折，这并不是我们的导演和工作人员没有本事，而是我们的技术质量不过关。技术的进程还不能完全替代影片的内容。

王童：你这部影片可不可以称之为是一部好莱坞式的影片？

陈凯歌：我自己不能这么说，这需要评论界和观众去判断的。

王童：你怎么看待年青一代导演拍摄的影片？

陈凯歌：我看到的他们的影片比较少，但总体上来讲，我认为对年轻人拍摄的影片一定要重视。因每一代的生存环境、成长状态都不太一样，你不懂不了解的东西，都应认真地去听、去看——他们为什么这样表现。我现在可以说没有资格去说支持他们，因为支持是需要具体行动的。但从道义上来讲，从一个比他们早工作了十几年的同行的角度来讲，他们一定会拍出好片子来的。

王童：你曾经说，你有时觉得自己仿佛是生活在类似"文革"年代的状态下，为什么现在还有这种直觉呢？

陈凯歌：我的意思是说，大家总认为我的影片思辨的东西太多，归纳一下便是个人的生活经历与经验对自己的创作必定造成了一定的影响，时代的情结肯定给我的艺术创作打下了一定的烙印，但我的意图便是不希望那样的悲剧再重演。

小　传

陈凯歌，1952年生于北京，经历过"文革"和插队。初中毕业后到云南省西双版纳农垦局当工人。1982年毕业于北京电影学院导演系。1984年，其执导的《黄土地》，以其突破性的电影语言，对中国电影产生了极大的影响，并为中国第五代导演走向世界奠定了基础。主要电影有《黄土地》、《大阅兵》、《孩子王》、《边走边唱》、《霸王别姬》、《无极》、《风月》、《荆轲刺秦王》、《赵氏孤儿》等。曾多次获国际国内的电影大奖，是第五代导演中的代表人物。

葛优:演出生活来

自从葛优在冯小刚系列贺岁喜剧影片中，以笑星的面孔出现在观众面前,人们在忍俊不禁的笑声里,或许把他当成了中国式的卓别林与威廉姆斯,认为他是一个充满着各种噱头与逗乐包袱的人,是一个介乎于相声与小品演员之间走边的角儿,是京剧名丑杨鸣玉和肖长华门下的徒儿。然而,在2010年底至2011年初,葛优主演的三部影片《赵氏孤儿》、《让子弹飞》及《非诚勿扰2》接踵上映时,观众在他那令人眼花缭乱的影像中,竟分辨不出哪一个是真实的葛优了。葛优自己也承认他人生的一半时间是在做着别人的梦、唱着他人的歌。这样他就很难把现实的自己同银幕上的角色区分开来。当绍兴师爷与程婴寻找各自生命的归宿时,葛优已从《非诚勿扰2》中走回到了现实的生活。已是中国影视表演协会副主席的葛优头上有着金鸡、百花奖最佳男演员的头衔,也有着戛纳电影节影帝的桂冠。在中国影视表演史上或许很少有像他那样如此的出类拔萃。但葛优似乎又是在默默无闻中逐渐显出“英雄本色”的。比起姜文的霸气,对照陈坤及年轻时唐国强的俊朗,葛优似乎都有些逊色。葛优擅长扮演生活中的小人物,是一个好“耍贫嘴”让人又好气又好笑的游侠。这一点,他同卓别林塑造的夏洛克倒是有几分相像。卓别林的流浪汉形象除了让人开怀大笑外,也还有眼泪,还有辛酸。这一面葛优在《活着》一片中已诠释得淋漓尽致。但或许没有一个观众会忘了《编辑部的故事》中有着小聪明的李冬宝;也会久久记住《不见不散》里刘元教"美国鬼子"说相声式的中文片断,这是你不得不笑疼肚子的情节,是冯小刚葛优式的幽默。

葛优的喜剧同陈佩斯形象化的破涕而乐、周星驰那类"无厘头"式的"搞笑"不同,他是内敛的,不动声色的。而观众常常会在他的不动声色中忘乎所以、笑逐颜开。也许葛优注定要成为我们这个打破现有价值观体系时代的一个"话语英雄"。他说他笑,我们也会跟着陶醉其中,这是王朔式的语言颠覆,是一个调侃、嘲讽旧时代的叛逆一代。但葛优却又是历史及现实生活里的一个复制品。张艺谋认为葛优可以胜任任何角色,陈凯歌言葛优是一个最绝的演员,冯小刚则觉得他是一个扔在人堆里也找不见的人。夏钢评价葛优能站在角色的地位来想问题,与人物合一,也就是斯坦尼斯拉夫斯基体系的"从自我出发"。的确,也正如同斯坦尼斯拉夫斯基总结出的"天性会使死的角色具有真正的人的生命"。葛优已不经意在这种体验派的体系里验证了自己。他表现了一直深藏在人们内心深处的情感、要求和欲望。这是超乎个人魅力和表演艺术范畴之外的东西。今天我们或许会把葛优放在一系列著名演员的后面:石挥、赵丹、李丁、姜文等等。而另一个被称为"千面人"的袁牧之似乎更能映照出他。二三十年代的影星袁牧之,因主演了《桃李劫》、《风云儿女》等一系列影片后,其角色变化多端有了那一称谓。而葛优正是这些前辈的传承者。从某种角度看,葛优是有其父必有其子地延续了他父亲葛存壮的演艺事业。这是一个青出于蓝而胜于蓝的子承父业。这是演员世家里结出的一个硕果,同时也让人感到宽慰和满足。在地铁里、在茶余饭后的电视屏幕里,葛优做的神州行等广告,让人感到他的影子无处不在,他构成了我们生活的一部分。

老实说,在我头脑中塞满葛优所有银幕形象时,一种从未有过急迫要见到他的念头,就时时撞击着我。他还是20年前见过的那个样子吗?我该怎样准备听他的调侃呢?说来也巧,上次采访刘恒是在风雨交加的雨夜里,这次采访葛优又赶上了北京年后的第一场大雪。北京今年过了兔年还未见雪,这让人心里多少有些烦躁。年前我就约他采访。等来等去,一直等到了大年十五之后。而这场雪却让我的脑子多少有了些清爽。这样,当葛优约我在某茶楼见面时,我按图索骥地来到他指定的地点,依然比他晚到了几分钟。茶室坐定,他摘去鸭舌帽,露出他那标致的秃头。我们握手寒暄,都说当年曾经见过。正如葛优自己说的已到了知天命岁数,的确比银幕上的他有了年轮的痕迹。但这好像给人感觉更真实更厚重了。他抽着雪茄,并不时将烟雾向天花板喷出,他说,这只是在过嘴瘾。交谈中,他经常瞟一眼窗外的景物,生怕谁发现了他。的确,当茶楼总经理从服务员口中得知影帝大驾光临,大惊

演员葛优

失色地跑上来连连鞠躬道：有什么事你尽管吩咐。随后，服务员们就接二连三地同他合影。葛优也好脾气地一一满足了他们。我想，事后这些照片肯定会被挂起，成了他们招揽生意的招牌。这样，我们的交谈也平添了许多出人意料的喜剧色彩。然而，当我在近距离观察他时，我却发现他是一个标致的男人，高耸平直的鼻翼，颌骨搭配适中的脸颊。只是头顶秃着，眼球微微向外凸起。这也是他银幕上出戏的一个重要器官。但他的“贫嘴”却远不如在影视剧里那么滔滔不绝。他经常是将一句话说到半截，又思考半天才说出下一句。他说，好演员是要演出生活来。由此，你就会自然被他拉进他那个话语空间里。

葛优：前两天看了一小说，很短。讲的可能是在肯德基一地儿，这男的带着一个孩子，女的也带着一个孩子。两人原本是夫妻，碰巧坐到了一起。男的这孩子是同保姆生的。这女的带的是他们俩生的。一看这男的生活得很不好，女的还行，这小说中的一个细节是，俩人吃饭时，这女的把她吃的菜都给这男的孩子了。我说这，是想什么呢？想同舒淇拍的《非诚勿扰2》，应是这种情节设置了，不能总是去谈爱情的事了。老了。

王童：看你如此沉浸在剧情里，让我感到你生活的一半时间都是在虚拟的演艺世界里，应该说已分不清什么是现实存在了吧！

葛优：你说是虚幻，可这又是一种现实生活。做演员就是有这点好处，过现实中没过过的生活。这挺神的。

王童：在这种虚幻中你把所有人生体验都体验了。

葛优：大概是。

王童：这次要采访你，从年前等到了年后，三部影片接踵上映，把你折腾得够呛了吧？

葛优：有一点，都说我累，其实也不尽然，一年拍三部戏还行，要是半年弄三部戏，肯定不成。现在怎么累呢，是三部戏一块放，堆挤着赶场宣传，累！这一个月就去了三趟上海，三趟广州。

王童：包括我，也在等着。

葛优：对对对，这事我妹妹葛佳和我们家老爷子都同我说了。

王童：打你手机你也没法回，太多了，常是打不通。

葛优：不是不是，我回短信是一条条回的，现在这手机都发坏了。

王童：那你就换一部吧！为电信做了那么好的广告，让他们照顾你一下。

葛优：对对对，是要换一部，现在都苹果了，可能会好一些。

王童：茶上来了，现在咱们书归正传。前些日子我同你们家老爷子聊天，他就说你从小非常怕羞、怕事，包括一些报道也说过。这常使我想起，我们小时候看最早解禁的电影，包括《平原游击队》、《小兵张嘎》等，你家葛老爷子演的日本鬼子让人记忆深刻，他同方化演的那类中国通式的松井中队长一类的角色不同，是另一种类型的鬼子。

葛优：没错。

王童：说起来，在你的光环下，我对你们家老爷子拍的片子或许更熟悉一些。除了《小兵张嘎》外，包括《青年鲁班》里的总工程师，《红旗谱》中的韩兰池、《决裂》中讲马尾巴功能的那个教授。还有同刘晓庆演的那个《神秘的大佛》中的土匪头儿，《小花》中保安团团长等，一半是阴狠狡诈的反派人物。回到家中呢？他对你厉害吗？

葛优：五六岁时，我记忆深刻的是，他从外景地回来，穿着一身日本鬼子的军服，挂着军刀，枪都带回来了。我记得是，当时他头发都没了，戴着塑胶的头套，样子挺凶的。但也不是那么怕人，我也玩儿他的枪和刀。好像从那时开始觉得他是个演员，他还带我到外景地去过。剧组里那些叔叔阿姨，包括演嘎子的那演员，其实他同我是同龄人。当时我就觉得人家是演电影的。

王童：在家庭的言传身教下，你受其熏陶，影响大吗？

葛优：这可算是老生常谈了。这影响是潜移默化的。比如说前几年，回大院里，有一个聚会，说让我参加一下，重温旧谊。这说明那些影响一直延续到了今天。

王童：在这种传承下，对你的感悟是很深的吧！特别是老爷子。

葛优：这话也说了好多遍了，人说他要不干那个，我也不会干。

王童：后来你考上全总话剧团，据说也是得益于老爷子。

葛优：他帮了大忙了。如没他，我也干不了演员这行。当时我还在插队，回来考演员考了一溜够，从什么电影学院、中戏、青艺、国防科委文工团、峨影演员剧团，几乎全试了。无一例外被刷下来。当时就准备第二天回去喂猪去了。因回去后办完回城手续就意味着要当工人去了。要走那天晚上,他的一熟人说,全总还在招生,咱有人,结果就这么考上了。

王童:说到考试这档子事,我特别想问一下,就是,北京电影学院出了许多导演摄影人才,可表演系出的尖子真是凤毛麟角,包括姜文在内当年也给刷下去了。记得为此那时还开过一个研讨会。研讨会上,时任表演系的主任们还辩白说,姜文当时来考只是个小破孩,没显出任何天赋,后到中戏看他演的小品,才觉得出色。但我当时心里就想,如果招考老师没那个慧眼,看不出小破孩身上的潜质,那你还当这个老师干吗?老师的本事就是让你从不可知中发现端倪的。

葛优:这不太好说。

王童:如果表演系连你同姜文这样的天才都发现不了,看不出来,那只能说他们老眼昏花了。要知道今天许多优秀的演员都是第一时间去考电影学院的,可他们却屡屡让其流失。而且北京电影学院表演系的教学似也有些不足之处,培养出的优秀人才屈指可数。

葛优:换个角度想,这也很正常,这里面肯定有漏掉的。人家怎么判断你呀!我不能说电影学院你不要我、中戏你不要我。因这必有客观原因。包括时代的、人意识的局限。

王童:反过来说,一般的看不出也就罢了,但像你同姜文这类的超级巨星也看不出来,那就大跌眼镜了。

葛优:那也不是。以我为例,我很清楚我当时考的情况。那年头,人的审美情趣同现在也不一样。你说,咱这样,英俊靠不上,演反派的特点也不够,用小刚的话来说,是扔在人堆里也看不出的人,人家凭什么判断吸收你呀!这事不能怪人家。

王童:也可理解,按你父亲对你的形容,比较胆小,羞怯,肯定有让人看不出、展不开的地方。

葛优:现在我也是,只不过这么多年练的,演戏这事,心里的承受力强了一些,演成了,好了一些。我在扮演角色时,必须要自信,要演的不像我,这是个特别难的事儿。但我本质上还是一个放不开的人,除了别人安排的活,现在一些活动中,我仍是躲在一边的。

王童:但我想象不出现在你走在大街上会是什么样儿,不会引发一场骚乱吧!当然,若你藏在鸭舌帽下,让人发现不了你,那就另当别论了。

葛优:这要看你在哪儿了。你若要站在大街上等人,那不行,肯定要被围观。但我也去超市买菜,人家也一愣,说他还来买菜哪!我还没到那份儿,也得生活呀!

王童:这事也让我联想起一些采访的人,没有一个像要采访你那样有一种急迫和期待感。这并不是你是什么大腕儿、笑星。而是你演的《编辑部的故事》让我感同身受。因你扮演的那个李冬宝同我太像了。爱好摄影,有一些怪点子。因而我百看不厌。特别是这剧找得话语连篇空间那个切入点,恰好也融合了电视剧这么一个载体。但听说这戏在南方收视率并不理想。

葛优:不行。这戏说起来,当时,我演完《顽主》之后,冯小刚发现推荐了我,说,哎,有那么个人。这戏开始导演也不是赵宝刚,李冬宝也不是我来演,他们开始选择的是一个挺英俊的角儿。

王童:可你怎么演得那么像啊!真像!你从事过编辑工作吗?

葛优:编辑那点事儿,还是知道一些,包括弄稿子什么的。但关键还不在这,关键还在接触的那些人。因我母亲是从事编辑工作的,因而还有一点参照吧!但这戏主要还是说的社会上的那些事。

王童:是社会上的事,可你真是演得活灵活现。这话就不扯了。现在我想问的是,通过冯小刚的系列影片,现在观众对你陷在了一个误区中,认为你就是一个笑星,一个介乎相声小品式的演员。但实际上你演过非常有深度的角色,比如说张艺谋导的《活着》。由于《活着》遇到波折,也没在媒体上宣传,因而自然对你的评析也不多。但我们仍认为《活着》是他执导得最好的一部片子,而你则是这片子中的主角。

葛优:这主要是碰上了一个好的小说,加上好的编剧好的导演好的角色,都赶上了。

王童:再加你这么个好演员。

葛优:后来我了解了一下,老谋子当时来找我是因我的性格同角色福贵还是吻合的。

王童:但他怎么一下就想到你了呢?那么多星围着他闪耀哪。

葛优:因为在这之前我演过他一个《代号美洲豹》,他有印象。

王童:那片子我看过,是一个反劫机的惊险片吧,你演一个劫持了巩俐等乘客的劫机犯头儿。

葛优:对对对。

王童:不过,那片子好像反响平平。

葛犹:那两说了。只是演完这戏后,他综合考虑了一下,觉得这人还是由我来演好些。

王童:但这两个人物反差又太大了。如用你总放不开、内敛的性格来看,福贵片中大唱皮影的片断,是需要表演功夫的。你是否拗了很大的劲儿,才改变了先前的自己。

葛优:也不是,拗这个事没费太大劲。可能还是性格接近吧!你比如说,这戏若要用姜文来演,可能他会觉得不合适,因姜文性格不会那么懦弱。这角色却是有一种绵里带针、有韧性的感觉。

王童:你却看上去驾轻就熟了。

葛优:我觉得我路子还比较宽。这么多年下来,已历练出来了。

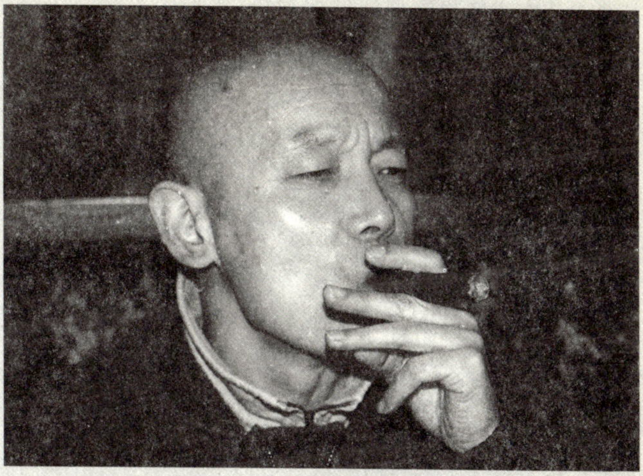
演员葛优

王童：唱皮影那几场戏，你的状态真是活灵活现，要真唱吧！

葛优：是要真唱，连脖子上的青筋都要唱出来。

王童：当时艺谋对你这个状态要出来，要求得严吗？

葛优：严倒不是。他不像有些导演，之前还要做一些小品什么的，现场就这么来。由于这之前我进行了充分的准备，一到现场反而马上就投入了。现场放唱腔录音，我跟着张嘴唱就是了。

王童：你怎么准备？

葛优：拿唱皮影这事来说，你就要看人家艺人唱，然后学着来，那些人唱起来特投入、特陶醉，声嘶力竭，我现在也学不来，但那种感觉，就需你去琢磨。找到了，感觉到了就会很自信。演戏这事说难也不难，说不难也需下苦功细思量，找准了，就成了。

王童：你演了生活底层的小人物，可塑性也很强。但如果让你演一个反差很大的角色，比如说一个科学家吧！

葛优：不行！真要是让我去演一科学家，我可要同他们生活体验一阵子才行。

王童：但你们家老爷子就有这种本事，能演日本鬼子，也能演教授，包括不久前演的画家齐白石，戏路很宽。

葛优：哎——你说这事还真是，你说他演的那日本鬼子同方化在《地道战》中的那个，都不一样，他怎么演的？我想我们没见过日本鬼子，但他可能见过。这也需要查一些资料。这也是老爷子本身的修养了。

王童：现在我们回过头来看，你几乎同国内最著名的导演都合作过。这三部影片是因赶在一块放了才引起人们关注。记得你初上银幕的是那个《盛夏和她的丈夫》。

葛优：《盛夏和她的未婚夫》。

王童：好像是同肖雄等人演的吧！

葛优：肖雄、赵越、梁同裕，当时这些人都是大腕儿。

王童：那怎么就选上你了呢？

葛优：是秦志钰导演偶然发现了我，那时他正在筹拍这部片子，到团里找演员看见了我，问，你怎么在这？我说我在这当演员。她一看说正好有一个角色适合我，就这么着就去了。这样，一个镜头单独对着我的戏第一次出现在了我眼前。那天我爸还说秦志钰导演可说是葛优的启蒙老师。

王童：第一次上镜头有什么感觉？

葛优：紧张啊！试镜头时都不敢抬头，面目表情都拧着。这戏现在回过头来看，演得还算可以，也是一个锻炼吧！

王童：对秦导你怎么看，她是已故作家张弦的妻子。

葛优：对对对，我就跟她上了这么一个戏，以后机会就少了。她有点类似男的风格，导演这行也是自学的，很不容易。

王童：这么多年下来，现在你已久经沙场了。回首往事，感慨多吗？

葛优：这同你们从事的文字工作也差不多，写完了一个又来一个新的。演员这事也是总要面对新的角色。

王童：周晓文拍《秦颂》时，你就同姜文合作了，那时的合作同今天的合作有些什么不同？

葛优：《秦颂》这片子前两天还看来着，那时姜文是演员，现在是导演，责任也肯定不同。但现在回过头看《秦颂》那片子，觉得有些地方还是撑不住。

王童：姜文人称是一个很难合作的人，脑子里老能涌现出一些鬼点子，也挺各色的。同你合作得怎么样？

葛优：我们合作得特别好。拿认真来说，他把拍戏这事特当回事，不是就为出名，玩玩儿票什么的。他特爱琢磨，这同我很像。你比如我有时准备好了，喜欢现场发挥。他不行，要事先多做小品，台词也来来回回对好多遍。这让我很赞赏他。

王童：相对于周晓文呢？

葛优：周晓文是这样的，他是导演，但他是学摄影出身的，总爱亲自掌机，动不动就自己来了。拍起戏来是很玩儿命、吃苦的一人，人也很幽默，说的一些事也很有意思。

王童：同导《大撒把》的夏钢又截然不同，夏钢很儒雅。

葛优：对，他不怎么爱说话，可人也在导。不像小刚那样吆五喝六的。所以这导演的风格真是不同。

王童：冯小刚导戏是张狂的？

葛优：张牙舞爪的，来呀！干哪！上啊！

王童：现在他是不是好了一些、平和了一点。

葛优：也不是，还那样儿，但不管你什么样能把这戏拍出来就是好样的。

王童：后来你怎么就成了冯小刚系列影片的主角了呢？是从《编辑部的故事》开始的吗？

葛优：《编辑部的故事》有一场戏是在记协门口拍的。当时小刚就对我说起《大撒把》，认为这戏我能演。

王童：当时他是这戏的编剧。

葛优：是他和郑晓龙编的。他这些戏中的所有人物都有“耍贫嘴”的这一特征，而我恰好就能将这些人物的话语熟练地说出。你比如说，人说王朔的小说不带标点符号，不太好读，而我则能驾轻就熟地调侃出。

王童：你是怎么掌握的呢？

葛优：首先是人家写的这词好，口语化。再者这恰好就契合我的某种感应，这好像是天生的。你比如说，你好，写成好哇你，你去了，去了你。

王童：按语言学来说，这叫倒装句，外国人名也常这么用。

葛优：对对对，再者人家也写得好，也特适合我说。

王童：所以说《编辑部的故事》里，就有许多这样的语境。由此我曾向小刚建议，应让你和吕丽萍再演个对手戏。不一定是编辑部故事了。

葛优：人都老了，演不了爱情戏了！

王童：演黄昏恋嘛！

葛优：演也得演年轻的。否则没人爱看。

王童：还有一个戏对你也很重要，那就是黄蜀芹的《围城》，你同陈道明这样的腕儿演对手戏。

葛优：对，那时他是腕儿。

王童：演完了你也成腕儿了。

葛优：黄蜀芹也是不声不响的导演，印象中她不怎么说戏。也就演出来了。

王童：不说戏你怎么演呢？

葛优：万变不离其宗，怎么演也没出她的框架，都在其间展示，演好了，她就说两声好好。

王童：你演的李梅亭又怎样设计的呢？

葛优：说来也不太难演，因这个人物小说已提供了白眼仁多于黑眼仁，这样，在塑造时就斜着眼看人。再者这人又有点色、猥琐，给吕丽萍吃药时，最后自己给吃了，这是情景设置的，对演员来说也没费太大劲儿。

王童：说起来，我也正想问问你演了许多卑鄙、猥琐、阴险、好色一类的反派角色，但又有《大撒把》、《编辑部的故事》及小刚系列喜剧影片里比较潇洒、不屑一顾、超脱的那类角色。这些角色你是怎么分门别类的呢？塑造起来费劲吗？

葛优:其实,主要都是剧本提供的。

王童:剧本的提供应是很简单的,还要靠你自己发挥了,你作演员自传吗?

葛优:过去有过,但现在基本不作了。因为如果你心中没这个人物,写了自传也没用,重要的是你心里要有这个角色。拿凯歌的《赵氏孤儿》来说,因他不太满意这剧本,就埋头去改,写了很多,我就要按照他的思路去调整,人物的性格也会起变化。因而我现在就不去写自传,而要尽力去琢磨要塑造的这个人物。所以我现在经常失眠。

王童:为塑造人物失眠?

葛优:是的,经常整晚整晚地为一个人物的塑造绞尽脑汁。

王童:可你塑造的人物都非常到位。拿《赵氏孤儿》来说,程婴这人物是比较经典的,特别是在历代的戏曲舞台上,已演绎过无数次,你怎样推陈出新呢?

葛优:这事是这么着,凯爷(指陈凯歌)呀,他把这戏忠义的这条线索给改了、颠覆了。我不能同他老掰扯着这改动合不合理,我就只好按他颠覆了的这版走。争执也没用,他认为观众看后会不相信这个细节。

王童:这一点我已写过评论了,我认为他自认为合理的改动,在戏剧元素中恰恰成了最不合理。因千年而来的戏剧冲突的存在必有它存在的理由,名著就是名著。可现在的许多导演,名著的基本内核尚未吃透就急着去颠覆,有些自以为是地想当然。当然这同你演员无关,你的演技在这里上了一层楼。

葛优:我也费了老大劲,东思西想的。凯爷要求就是演这个人物不要用那么大的劲。

王童:而你则费尽了心思。

葛优:现在想起,他改动这版还是适合我来演的,我也是接受的。但过去那个角色,可能有,但应是比较少的。在演这戏时,我就常常被程婴这个人物所感动。我就琢磨这人当下的心理,那个惨哪!这人儿子没了,老婆也被杀掉了。我能感受这人的那个状态。

王童:说到这里,我常想若他不把剧中程婴舍生取义的这条线索去掉,你演起来或许会更为感人。现在则造成了一种间离效果,让观众总不能进入情境之中。

葛优:我常想,若让我来演一个英雄人物,当然也没人来找我演这种英雄人物。我可能会塑造出另一种类型,也许不被通常的观众接受。

王童:你从凯歌的上一部影片《霸王别姬》始,相对于这部影片,两个角色有些什么不同?

葛优:《霸王别姬》那个袁四爷只是个配角,比起程婴来说,分量还是不一样。

王童:那片子也是你同腕儿级演员合作的,包括巩俐、张丰毅他们。

葛优:这之前因我已同巩俐合作过,因而也没什么太了不得的。张丰毅也知道一些。不过,片中的张国荣确实是个腕儿,有国际影星的感觉!

王童：说到张国荣，我也正想问问你，同你合作的两个优秀演员傅彪同张国荣，都已英年早逝了，能否追忆一下他们两位？

葛优：张国荣在剧组里，有很长一段时间给我的感觉他就是一个女的。我同他的戏也不多，就那么几场。他对角色的敬业精神，让人感到很职业，不像我们这边瞎混的那些。这样他在现场就常常激励起我要把角色演好。这样，演完之后，他就当着那些探班的人指着我说，这人戏不错。他那么早就绝命，很感惋惜。

王童：傅彪呢？

葛优：傅彪在《没完没了》之前就同我合作过两个戏，他也是个很有心机的演员，有点子有想法，那时也常到小刚工作室来寻找一些上戏的机会。是个好演员！

王童：可这些好演员却都过早陨落了。

葛优：这也让人感慨万千呀！好人好演员，你说怎么就那么走了呢？真是可惜呀！你拿张国荣来说，在他去世之前一段时间，他想要去当导演，还准备让我演个角色。后来他又说不弄了，他突然自杀的四月一日那天，我正在开车，是路上听到的。你说悲痛倒不如说是愕然。这让我想起，当年我获戛纳电影节最佳男演员领奖回来路经香港时，他请我吃了顿饭。想起他的为人真是一个榜样。头一年，他的《霸王别姬》没获得最佳男演员，第二年我因《活着》得了。这照一般人来看，肯定会有点嫉妒心理。可他不，他很大度，请我吃饭时还说，我以后还会拿呀！可笑的是，当时有人还说我拿这事炫耀自己。

王童：说起戛纳影帝这事，我常想，中国许多称为腕儿级的演员，实际上达到此高度的没有几个，好像夏雨和当年的严顺开因演《阿Q正传》得过。

葛优：他们得的好像是威尼斯电影节奖。戛纳奖梁朝伟得过。

王童：但这些奖一直不被人所知。实际这都是很大的，比金鸡、百花之类分量重好多倍。

葛优：这对我来说，是个里程碑。有自信了。这自信也包括观众对你的认可。你比如，当时走在戛纳的大街上，人们就纷纷前来合影，女人搂着你就亲。在香港也成天被媒体包围着。但在国内，只有圈里人知道一二，老百姓一般都不太了解。

王童：本来这是一为国争光的好事，亚洲第一个获此殊荣的人。

葛优：我当时也是这么想的。但后来就傻了。

王童：那你有幸还领了这奖，艺谋则连去都不能去。

葛优：我也是探亲路过去领的。去德国看葛佳，路过戛纳领的。当时我同巩俐一边坐一个，中间的椅子空着张艺谋。

王童：说起你妹妹葛佳，我想起了另一档子事，葛佳是北京大学哲学系毕业的，去国外多年，她的作品我也看过，文笔很不错，你怎么不撺掇她弄个本子，让老爷子加进来，一起演个戏？

葛优：这事过去没怎么想，现在要弄也来不及了。

王童：你看，陈佩斯拍了许多喜剧本子，都是让他们家老爷子加盟其间一展演技，并创造出了一个艺术空间。

葛优：这事我要好好考虑考虑。要弄也要找一个合适的本子，老爷子都八十多岁了。实际上我俩演过一农村戏，我妈写的。

王童：但人们印象不太深。可见这需要宣传、需要炒作才行。

葛优：对。但以后要搭班演不知还有没有这机会。

王童：关键是你要动这个心思。他不演齐白石也演得很好吗？也可让小刚插入其中帮助一下，这戏弄好了说不定还有卖点哪，父子共汇一炉，夺人耳目。

葛优：原来《夜宴》那戏，马精武演的那角是想让他演的，后来考虑到他身体，就放弃了。

王童：《夜宴》那片，我同冯小刚也沟通过了，我认为那片包装得很好，但故事套用《哈姆雷特》，实不可取。尽管你演的还是很出色的。

葛优：他也是想开辟一新路子，不能老是贺岁片一类的了。你说他想不想在国际上拿个奖，也想。

王童：你同葛佳兄妹的关系如何？从小到大。

葛优：我俩挺亲的，但表面上又不那么黏糊。也不常打电话穷聊。我爸常对我说，你妹可非常关心你。我则不太上心。亲人，不用说了，淡如水也是牵挂万千的。

王童：她小说写得不错，剧本肯定也行。只是常年在外，生活的感受都是异域的。

葛优：我说写那边的生活也行，但要有新意。

王童：你同葛佳分别遗传了一些你父母的基因吧！

葛优：怎么说呢？

王童：你继承了你父亲演艺的天赋，葛佳则继承了你母亲从事文字工作这一特长。虽说她不是写小说的。

葛优：对，是当编辑的。

王童：说起那么多优秀编导的戏，恰有一个人的戏你没上过，就是刘恒的。

葛优：原《集结号》中那角色是让我演的。

王童：那你为何不去，否则你的演技又会是一个跨度了。

葛优：我可受不了，撑不住，那戏太苦了。

王童：这很可惜，否则这又会是你的一个转折点了。

葛优：人有时不得不放弃。我刚才对你说过，我现在拍戏经常失眠，长期靠吃安眠药来缓解。吃药后，睡得晚，不能早起。比如拍《赵氏孤儿》时，我就对凯爷提出，这怎么办呢？凯爷说外景地没办法，你要克服配合。棚里的戏可按我的时间差来，因这戏大多都是下午两点拍的。

王童：演戏把你折腾的吧？

葛优：是，其实演戏这事对一个人的养生特别不利。你说不该哭的时候哭，这特伤身体。而不该笑时又笑，整个人完全是拧着的。

王童：所以我前面才提出，你可能已分不出生活中的葛优与戏中的袁四爷、福贵与师爷了。

葛优：我有时在生活中也"贫嘴"，这全是受剧中人物的感染。我自己的语言天赋还没那么溜。所以我常说我不太适合做演员。你让我即兴来一段什么的我肯定不行。

王童：这就很怪，戏中你又塑造出了各类人物。

葛优：这主要是在演别人，所以还不太怵。

王童：看了你的一系列影片，觉得你不是所有的角色都很成功。如在何群执导的片子中扮演的那个教师，就有点游离。

葛优：这主要是片中那个人物写的也不太准确。你比如说这教师必需坐着讲课，同时又找一群孩子到家中吃饭，其实这不典型。这还是那句老话，好剧本才能出好戏。东西好，演不出来是另一回事。

王童：但通常演员总希望能有新的挑战的。

葛优：这事包括小刚也说过，这演员演了二十多年的戏了，你要再让他改变戏路，实际上是很难的。那天，有导演想让我演一乐队指挥，你说这指挥又是什么样？还有人让我演一个同性恋者，这同性恋者又是什么样？

王童：按你的喜剧风格指挥可演成《虎口脱险》中德富耐塑造的那类。

葛优：我还不是那戏路。

王童：同性恋呢？

葛优：也两说。我举出这些例子，是要说明一个演员要如何塑造那些反差极大的角色。

王童：那你喜欢哪一类的角色？

葛优：这不太好说，也没仔细想过。因我每年看几十个剧本，我从中挑几个就成了。

王童：你挑的准则是什么？

葛优：要人物写得好，故事也好呗。但这也两说，你说你喜欢的角色观众就一定喜欢吗？票房好并不一定就代表是好电影。可没票房的电影你又觉得有些曲高和寡。

王童：这样你的选择也很困难了。

葛优：是。你说我现在都不会看故事大纲。导演、制片人都可看。但我认为唯独演员不能看。因演员要说台词儿，大纲里没这些。

王童：台词同期录音的话，你那种"耍贫嘴"的天赋可发挥得淋漓尽致，那后期呢？

葛优：开始演戏时，几乎都是在棚里录的，同期录音只是这几年的事儿。我就是这么过来的。对此我是练出来的，现在百分之八十也是后期录的。但有些折腾的感情戏后期录很难，这就要提醒导演，现场要录好。赶上有那么几场戏没弄好，后期录那个费劲呀！

王童：现在观众大多都陶醉在你那"耍贫嘴"的语境感染中了。你怎么掌握这语言的？

葛优：通常我对台词是非常讲究的。这话说不好不成。我力图达到口语化。

王童：确实也是，你的这种口语化看上去不经意，实际上也得到了淋漓尽致的发挥。从某种意义上来说，王朔语境里的那种东西，经你的调侃已传播给了受众。

葛优：这我还没感觉到，只是我自己沉浸在其中已忘了其他元素。

王童：比如说，你演的小刚的系列喜剧影片，《不见不散》中你教美国警察说汉语的那场戏，没有观众看了不会开怀大笑的。这是真正的喜剧元素，不是一些港台片挠人胳肢窝，挤眉弄眼的那种。

葛优：这也是小刚的艺术追求，喜剧不能总是游戏，做作那类。同时，其他类型的影片也应有这种追求。

王童：但现在一些编导总陷入一个忽悠观众的误区出不来，认为电影就是骗骗观众的。

葛优：关于忽悠观众的话，你说得太对了。这次《让子弹飞》就没走那路。我就对姜文说过，这片要让观众心领神会，而不能一味晕乎。你比如，拍《夜宴》时我也对小刚说过，《平原游击队》中，松井的戏给得多足哇！我说《夜宴》中人物也应来点，这要让观众自然投入。"子弹"这次，我也问过姜文，是你说过观众看不懂再看第二遍吗？他说：是！哪有这事呀！只有好看才看第二遍的。

王童：你在小刚片中出演了那么多角色，但恰是代表着小刚导演水平的《集结号》与"大地震"，你都没在其列，遗憾吗？

葛优：没有，因我觉得他的成就还是"贺岁片"吧！

王童：当然那些"贺岁片"也很好，特别是那种被称为"颠覆"了的文学语境借你"耍贫"也"贫"到家了。

葛优：这主要是要认真阅读这种类型的小说，从心中领悟出来。再有要常同大家交流，细心观察这种类型的人。

王童：你平常小说读得多吗？还读些表演理论如斯坦尼的东西吗？

葛优：书读得不是很多。但是斯坦尼的表演理论却是经常翻的。你知道我不是很刻苦的人，如我再刻苦一点儿会比现在更好一些。我从开始做演员，经常会听到一些著名演员有关表演的心得。比如老演员李丁就说过，要演得不像演。他给我们导过话剧，这其间一些手法，我是心领神会的。有人说，演员不要演，只模仿生活就成了。其实这不对，演员演员，还是要演的，只是表演的分寸要把握好。还有一种说法是，表演艺术要张三的胳膊李四的腿。演要演一个熟悉的陌生人。

王童：李丁是个好演员，浑身上下都是戏，看过他演的几个片子，真让人叫绝！

葛优：表演实际上是件很难的事，但这难点你通常又找不着。我平常看到一些演员的不足之处，也知道是谁谁谁，可你又不能说。说了，人就会指责你，就你能？现在一些片子和演员为此都很着急，只是赶鸭子上架式地去拍。不加研究，哪有那么容易的事啊！

王童：表演理论对你有帮助吗？

葛优：有帮助。你比如说斯坦尼的那些东西，有时我演时没太注意，事后一查就可找到出处，重要的一点就是体验派的技巧。有时戏演不好，我就很焦虑。焦虑什么呢？因为有些话，我说不出来，就非常想去看书，想一想了。

王童：实际上，每一个人年轻时都有当演员的梦，包括我在内。从你的角度来看一个好演员是不是要在生活体验的基础上再拔高一些。通俗地说就是来源于生活又高于生活。

葛优：这主要根据人物而来，你演不是你的另一个人，这就需要你吃透才行。演员是要适应表演的环境，一张一弛都要有度。

王童：咱以美国大片来举例。实际上美国有许多如《普通人》、《费城故事》这类生活味很浓的片子，演员的表演也很严谨。但一些大片，演员表演就十分夸张，情节也很离奇。但观众就接受，换成中国演员来演，肯定不是那么回事。

葛优：这些大片主要还是以娱乐为主，好看！人家各种好看的元素都攒足了。那天我碰到一哥们儿，他说《让子弹飞》好看，换成《赵氏孤儿》怎么就那么慢哪！这是他的感受。我看姜文肯定琢磨这些元素了，就是让影片的节奏快起来。

王童：为了这次采访你，这三部影片我都看了一遍。有报道称，当时这三部戏都挤在一块做后期，我就想象不出不同的角色，你怎么周旋其间的呢？

葛优：这三部戏只是录音时赶在一块了，拍时不在同时。拍的时候是一个戏拍完，休息个十天半个月才接下一个的，要全身心投入。

王童：小刚的戏你该驾轻就熟了吧！

葛优：其实小刚的戏反而不太好演。因那两部影片没什么可比的。但《非诚勿扰2》与前面同类的片子挨得太近了，不太好区分。这个戏我是硬着头皮上的，剧本写得不太好。这里的戏份不知怎么扯到孙红雷身上了。观众要看我同舒淇的事儿，可她跑了。我当时说这剧本不行，但又没时间琢磨出新招。可在拍《赵氏孤儿》时，逼得我每天都要围着这人物转，想点子。凯歌也是，白天戏拍完了，晚上还要去改本子。真服他了。

王童：凯歌肯定是很执着的了。

葛优：再执着，身体也够呛。因这时间短哪，改的时间有限，但他白天累成那样，晚上还要折腾。

王童：可你三部戏搅在一起也不轻松。

葛优：的确如此，等《赵氏孤儿》拍完了，《非诚勿扰2》又开机了。什么都来不及准备就那么上了。

王童：你刚才说得太好了，《非诚勿扰2》确实拍得不太理想，除了剧本结构散外，将两人的故事设置在一个豪华别墅里讲，也让人有隔离感。但票房好像还可以。

葛优：可以是可以，观众是冲着惯性去的，但肯定有不满意的地方。

王童：这里设置的喜剧因素也太简单，如你从轮椅上突然站起来，同《不见不散》瞎眼找钱包的细节有些雷同，不新颖。当时你没劝小刚改吗？

葛优：劝了，但是都来不及了。你说都建组了，拍摄日期都定了，我就尽量配合着用松弛的状态演吧！反正就那么过来了。

王童：三部片子中，你是不是同姜文合作起来更得心应手。因你俩都是演员出身，有点通灵犀。

葛优：这片有点捉摸头。你看两个硬汉在那打来杀去，我这师爷夹在中间，这有点意思。

王童：姜文怎么把你安排到了这么一个尴尬的境地？

葛优：当时我还想演周润发演的那角。但姜文又说，你演他，那你这角色谁演呢？没人能胜任。只能这三人，就这么定了。

王童：师爷，嘴里没一句实话，但却有点恻隐之心的善道。

葛优：实际上这是一个京剧里的丑角。三人主要是个人把握住自己的戏吧！

王童：一般观众也许看看热闹，但我看出你们三个在这里演技发挥得炉火纯青。有人说周润发怎样怎样，其实他把两个角色转换得非常出色。

葛优：演得比较充实。师爷在两边周旋，但也还有说不清的地方。

王童：姜文则老想演硬汉。

葛优：他老想演英雄。这也是他追求的。

王童：亏得你和周润发在这里，还多少压了一下他的戏，否则他就更“三突出”了。

葛优：但我觉得我这角色也有欠缺的地方，主要还是人物的不确定性。

王童：这三部戏，你比较满意的表演是哪部呢？

葛优与本书作者

葛优：我自己还是喜欢《赵氏孤儿》中人物的塑造。从表演上来说，可发挥的空间比较大。

王童：除了陈凯歌经常强加给观众的硬性思考外，对他的场面调度，演员的把握来说都是无可挑剔的。前面我也说过了，他不能总去越组代庖硬塞进一些不该塞进的东西。

葛优：这事吧，因他是导演，也只能按他的想法来。

王童：既然当演员老那么被动，那自己想不想来自导自演。

葛优：有没有这个能耐两说了，主要是那个累呀，你就受不了。再说咱也没这本事。

王童：姜文不是自己在导吗？他有导演的天赋？

葛优：有没有天赋不知道，但他起码天天在想这事。这么多年来，他只导了四部片子。

王童：可每部片子都可圈可点。

葛优：对，都有些响动。《阳光灿烂的日子》还荣获了中国百部优秀影片。

王童：他有他的想法就付诸实践了。你就是有，可能也是空想。

葛优：我这人特懒，拍戏中有时我看这镜头行了，不错，可他们还在换角度，翻来覆去地拍。换我，算了吧，太麻烦了。

王童：现在一些新锐导演的作品，你考虑过上一下吗？

葛优：这也要找到一个契合点才成。你比如贾樟柯的《小武》、《站台》、《三峡好人》等我都看过，好是好，但让我去演未必能演好。还有，王全安找我演《白鹿原》，我说我演不了，因我不太会说陕西话，这语境进不去就差了一大截。张扬也找了我四次，阴错阳差地也都没弄成。

王童：你也应该介入一下，看看什么风头。

葛优：实际上我也尝试过一些，如路学长的《卡拉是条狗》，郑重的《气喘息息》，还有何建军的《蝴蝶的微笑》。你都看过吗？

王童：没有，也不知上哪看去。

葛优:有机会我把这三张碟给你,你可了解一下。

王童:现在一般导演可能都不敢请你这腕儿级的演员了,要价太高了,请不起。

葛优:也不是,我的要价应该说都还是合理的,没不靠谱。

王童:假如你碰到一个你非常想演的本子,如要价低了也可上吗?

葛优:那要看好到什么程度。合我意,肯定不会抬高物价的。

王童:还有,你也碰到过一些麻烦事,如广告诈骗之类,你是怎么处理的?

葛优:这事该退钱就退了。而且这是我主动提出的。这里面我是弱者。因事先他们把所有合法手续都弄齐全了,出风头的是我,当我察觉这里有欺骗的成分,就主动披露了出来。所以现在我很慎重,一般的广告不去拍,特别不去拍那类有投资风险的。

王童:可我昨天还在电视里看见你为中国电信做的广告。

葛优:中国电信肯定保险系数大呀!

王童:你应明白,由于你的知名度与人缘,你拍的广告,老百姓都信。

葛优:有这问题,所以现在有关吃的广告,我就不去做了。原来做的那三元牌牛奶若换成三鹿就崴了。

王童:拍广告是不是只占用你很少的精力。不必太费神。

葛优:也不是。也要费脑筋想怎么让他们拍得更艺术一些,但最终还要听厂家的。

王童:为此你干吗不开创一个自己的公司?

葛优:有一个,但同影视圈都不沾边。

王童:还有就是你想移居香港这事。

葛优:这事有,主要是自身考虑。但办起来又有些犹豫。

王童:其实你移不移都无所谓。因香港回归了,也是中国领土的一部分,去了也属正常。

葛优:那边倒是挺欢迎的。

王童:你现在可是有了官位的人了,中国影视表演协会的副主席了,忙吗?

葛优:咳,这事是他们非让我干的。这职位原来是于洋兼的,现在我干上,也没什么事,有过两次活动,好多演员也常不来。

王童:一些著名导演与演员对你的演技都赞不绝口,你自己怎么看?

葛优:他们说的还比较合适,但这种夸人的事你就听听罢了,别当回事。

王童:你有缺点吗?

葛优:有哇,懒!

王童:拍戏不能吃苦吗?

葛优:说是那么说,但要碰到自己喜欢的“苦事”,你还要心甘情愿地去受。

王童：问你个细节，你怎么抽起雪茄了呢？

葛优：我忌烟已忌了十多年了。这雪茄抽起来不吸进去，只是过过嘴瘾。

王童：你有这么多喜剧基因，奇怪的是，“春晚”却一直没找你来演一个小品，老是那么几张面孔。

葛优：最早，我、梁天、谢圆，我们弄了一个，还主动找过他们，结果给刷下来了。现在一回想，多亏没去。否则，你看今年晚会，许多话剧演员都去了。能好吗？

王童：说起话剧，你常演吗？

葛优：演的不多，但我很熟悉。不久前我演过一个《西望长安》，看过吗？

王童：没有呀！不知道，你也不给我票！是老舍写的那个吧？写一个骗子的事。

葛优：是。没去看就对了，那戏没法看。

王童：怎么了？

葛优：这本子原本就不好排。但娄乃鸣非要当作话剧百年的一个事来拍了，演了六十多场，这出戏强行加了一些现代元素，又唱又跳的，有些不伦不类的。其实我倒很想排一部有生命力的话剧，今儿演了，几年之后还能演，像《茶馆》那种。

王童：那你就找刘恒去，他写的《窝头会馆》场场爆满，如写了一个适合你演的不就成了。

葛优：是。那个过士行正在琢磨哪，人艺的那老导演也在考虑弄一个。

王童：你演话剧没像拍电影那么成功吧？

葛优：演话剧太可怕了，你要全神贯注，不能错一点，这太要功夫了。

王童：搞一个你和徐帆能演对手戏的剧肯定成功。

葛优：这要找一个合适的本子才行。

王童：不知我判断得对不对，你适合演一个反抗一些不公现象带点反抗色彩的小人物。

葛优：还要看人物，这话剧就更要讲究台词了。等等，我给家里发个短信。

王童：夫人贺聪管你管得严吗？

葛优：她一点儿都不管。

王童：看报道介绍你们俩的关系非常和谐、非常融洽。包括你当时怎么追求她的细节都披露得很翔实。

葛优：我们好是好，但那些报道有些可是编的，别信。

王童：说你当时追她，她们家还不同意，你急了等等。

葛优：只是当时她家里对当演员的人有些看法，不牢靠。只简单这么一说，媒体就乱报道了。

王童:看来贺聪她们家教挺严的,是知识分子家庭吗?

葛优:她们家人大多都在美国。

王童:那应同葛佳联系多一些。

葛优:葛佳出去以后,我们就很少联系了。

王童:贺聪平时对你演戏不着家有意见吗?

葛优:她平时不太关心这些。也不关注我。但还是能相互理解的。

王童:这就太难得了。这么多年了,你在风花雪月的影视圈里,演了那么多爱情戏,你们俩的关系还那么相濡以沫。

葛优:我俩关系好的一个原因是经常聊天。

王童:都聊些什么呢?

葛优:什么都聊,家事国事天下事。

王童:能想象出陶醉在你的语言氛围里该是件多么开心的事。她对你的演技如何评价的?

葛优:觉得还不错还可以。没有过多地去分析。

王童:她从事什么工作?

葛优:教师,美术教师。

王童:真是令人羡慕。现在还教课吗?

葛优:早不教了,现在就操持家务了。

王童:你拍戏时她跟着吗?

葛优:去啊!照顾照顾我。

王童:那你们俩可真是模范夫妻了。

葛优:不能用这个词儿,过去一说谁跟谁谁是模范夫妻,到了肯定离。

王童:你俩真不容易,又没孩子,感情还这么铁。

葛优:没孩子这事是个遗憾,我也一直想要,但贺聪都五十多岁了,要也要不成了。这人有一得就会有一失。

小　传

葛优,1957年出生于北京,1979年加入全总文工团话剧团。1985年拍摄了第一部影片《盛夏和她的未婚夫》。现任中国电影表演艺术学会理事、中国电影家协会会员、中国电影评论学会电视部高级顾问、《中国电影电视艺术家辞典》荣誉编委等。曾多次获得国际国内的电影表演大奖,近年出演导演冯小刚的电影取得巨大成功,使他的演艺事业走入另一个高峰。

姜文:我最不认识的人就是我自己

认识姜文已经有很多年了。虽然每次见面都有一种依然如故的感觉,但我对姜文总有些吃不准的审视。有人说他狂,有人说他傲,他自己似乎也处在一种说不清的状态中。我一向认为他的思想尚未形成体系而且还有些盲点。我曾就一些观念上的差异和他争论过。但他的天才,他的敏感,他在角色里和角色外都是让人望而生畏的。如果说他有一种做演员的天生的气质和直觉,他的导演天分里就更多了一些耐心。我到他剧组的那天,他正在摆弄着一个笔记本电脑切换着某部电影的电影画面。一会儿,顾长卫也应约来了,他们就画面的时间长度切磋了起来。姜文戴着副眼镜,好像多了几分文气,看他埋头在电脑前的样子,仿佛是一个迷恋游戏机的孩子。已经晚上七点多钟了,我们和剧组的人共同吃起了盒饭,编剧述平和一个日本小演员也加入其中聊了起来。述平让我代问某位文学编辑好,我说我希望他能自己亲自写一篇东西说说姜文。这样,在各位都吃饱喝足之后离去时,姜文才同我边吃边聊了起来。他的话语和饭食咀嚼在一起有些含混不清,他的创作思路仿佛也是在一种碎片状态下,他努力想把它们整合起来,这种不停地完善自己思路的过程也就成了我们谈话的契机。说起来,姜文执导的这部《鬼子来了》获得戛纳国际电影节大奖,我应是全国唯一在媒体上大篇幅报道此事的记者,当时他从法国打来长途电话,电话里伴随着一些嘈杂声,这声音里有女人的法语对话(应是他法国的妻子桑德琳),有孩子的吵闹声。姜文说着说着就放下电话:“对不起,你等一下,别挂!”片刻他又拿起了话筒。显然,他对自己获得了最佳影片奖感到很兴奋。也许他还全然不知围绕着他影片送出参赛在国内已引起的争议。对此,姜文有些不可理解地说:这是为中国人争光啊!而且这在全世界人面前揭露了日本军国主义的真面目。况且这次日本人自己就选去了两部影片,神气活现的。我们若不能杀杀他们的威风,还真不知怎么样了呢?我们的目光怎么回事呢?话语间他流露出了某种沮丧和愤怒的情绪。我告诉他导演协会已发出了电影尽快立法的呼吁书,他听罢连说,我也算一个,虽然我本人还未加入导演协会,但我回去后一定申请加入。这便是我围绕着姜文这部影片进行的深入碰撞。从这以后,蛰伏了多年的姜文在主演了一些影视剧后,又执导了《太阳照常升起》及今天火爆的《让子弹飞》。那已是后话了。

王童:上次去外景地,有关影片的话题已经问过一些了,我也不想再重复了。现在我想问的是这片子还未剪完,就有传言说有一些有影响的导演已看过并且评价很高,不知是真是假?

姜文:这传言虽说让人很高兴,但肯定没有此事,起码是在我这里没人看过。就是在别的地方看过的话,也没有这种可能啊——这肯定是没影儿的事儿。

王童:传言归传言,但起码是人们对你这片子寄予了厚望,你自己是不是也有这个信心?

姜文:信心我当然是有了。但我并不希望人们的期望值太高,如高了的话就很容易失望。我希望是往好处想,但如果没看过片子的话就这样一传反而不好。

王童:现在有人说国产片是处于低谷的阶段,就是一些知名的大导演拍出的片子也不甚理想。在这种状态下,你这部片子是否会异军突起呢,或者说是赢得市场?

姜文:我一向不是根据别人拍好了或拍砸了来调整自己的创作心态。我拍电影唯一关心的就是我面对的这部电影。我每天琢磨的就是我这部电影,我陶醉在那种创作的快感中。反过来说,我相信在这种心态下能够经得住市场的考验。而且所谓的市场啊、票房啊,这都不过是一些表面现象。那么本质是什么呢?本质就是质量。

王童:你说的是技术质量呢还是其他什么呢?

姜文:你提出的这个问题很有意思,很长时间里人们往往把电影的技术手段——技术质量当成了全部的审美效果,而且有很多人成了这方面的发烧友。在圈子里,在评论界里经常是为此津津乐道,对观众来说则是就看这东西好不好。这菜好吃不好吃是主要的,至于说金杯银盘之类的应是次要,当然在好吃的基础上,什么环境氛围呀才会提出来。

王童：如此来看，你说的是一个整体的艺术质量。

姜文：说的是一个完整的艺术质量。包含着各个方面的因素，不能单纯地说哪一方面重要。

王童：虽说是众口难调，但你还是有你自己的口味。

姜文：我只能按照我自己的口味来拍片。

王童：那你的口味又是什么呢？好吃吗？

姜文：没错，什么好吃我就吃什么。

王童：这只是一个笼统的说法，但具体到口味上又是怎么个好吃法？

姜文：我看我妈做菜我很受启发，她每道菜都特有味道，可她就没按什么菜谱来，只是凭她的感觉，这多放一点，那少放一点，哎，好吃，但这菜叫什么名字，有什么名堂在里面也说不上来。我觉得这对我拍电影启发挺大的。

王童：照你的说法，这味道究竟是什么是说不出来的。

姜文：我追求的就是这个，追求的就是这个难以言状的东西呀！如果你什么时候把一部电影分析得清清楚楚了，这本身就是一部糟糕的电影。

王童：对你这部片子我只看过一些零星的片断，仍然是丈二和尚摸不着头脑，不知是个什么东西。

姜文：我也着急呀，我也希望赶紧弄好了。

王童：可我总觉得你好像攥着什么祖传秘方似的，对这道菜总是秘而不宣。我至今也不清楚你这片子是一个什么故事和样式。

姜文：不是什么秘而不宣，你说咱俩都认识这么多年了，真是跟你坦诚地说，我自己也说不出来。我不知道怎么说我这个故事。

王童：这又从何说起呢？

姜文：因我这个人会吃很大的亏，我很难找到投资。通常人们常说你那么大名气，怎么还会找不到呢？可我觉得这太难了，通常我见到制片人唯一想说的你赶快掏钱，我拍好片子再还给你，你再用片子去挣钱，就完了。人家要问我你这凭什么是部好片子，我说不出来。我会着急甚至烦躁——这还用说吗？这肯定是好片子，不好我还会向你要钱吗？一般我是对一个题材深思熟虑了才去找钱的，否则你拿来十块钱我也不知怎么花。但如果有人问我这片子怎么个好法我说不出来。你如果要我给你讲一个故事，我也给你讲，可往往是讲了一半我就又否定了自己——我想的不是这个呀！用嘴我没法讲出我闭上眼睛脑海里浮现出的东西。

王童：能不能理解为你是在创作过程中不断完善一部作品的。

演员姜文

姜文:还不是这么回事。就是说我闭上眼睛能看见这个东西了,但又都是不能表达出来的。

王童:只能意会不能言传。

姜文:对,我有兴趣的就是这个。我对那个能表述清楚的东西没兴趣。说句实在话,我迷恋的就是那些隐在字里行间的东西,用语言文字说不清的东西。我在演戏中追求的也是这些。如果说在表演上我和别人有什么不同之处,这或许就是一个原因。

王童:按你的说法,你是不是认同有人说演员演戏其实是件很简单的事,有人总是把它弄得复杂了。

姜文:应该这么说,具体操办起来都很简单,就像毕加索画画似的。可在这之前你究竟能演什么要演什么这个过程是艰难和复杂的。怎么去选取,怎么去分析这个人物,要想清楚、判断清楚这个人物,演他的什么特征这是需要下苦功的。至于说,想通了,上去演就是一个简单的事儿。拍电影也是如此,拍起来并不复杂,就是一个时空顺序,可前期的准备、思考都需要花费时间和精力的。

王童:你说的是潜意识吗?

姜文:好像也不是什么潜意识,是你对你要做的事,心里是不是清楚的这么一个过程。于是之说过,演戏有一种说法是心象——心里的形象。用斯坦尼的说法就是从意识变到下意识。下意识就是看上去漫不经心的。但这又绝不是胡来的,举例来说,练武术,已经开打了你再想这一招那一套根本就不行,要练到身手不凡才能驾轻就熟。

王童:你刚才讲的大多是演戏中的一些体会,它和导戏是一回事吗?

姜文:一样。我甚至觉得跟作家写作也是一样的。这种美妙的感觉是捉不住、摸不着的。但我却知道它在哪个方向——直到接近找到这个目标。反过来一看,这可能不是你的作品,而是它原有的一股引力,你是跟着它走来的。

王童:你是出手不凡的,导的第一部片子就一鸣惊人了。但我知道你当时导《阳光灿烂的日子》时候,四方寻找资料,还找一些行家来给你指点指点,你那时是不是心里没有底?

姜文：就是现在我也是心里没底。包括那时演话剧我也是心里没底，不了解的人以为我不认真。实际上那是一种状态。到底是一种什么状态呢？是我仍然在排除我不要的东西，我确实没底。我现在剪片也是在排除我不要的东西。比如说你拍片拍了50万尺，起码有四十七八万尺是不要的，留下那么两三万尺是要的。老得往外掰——剥皮呀。这个过程，我到现在也没底。

王童：表面上看你是一个很狂放的人，这样烦琐地剥皮，你是不是很有耐心呢？

姜文：我同时就是一个很有耐心的人。我在上中央戏剧学院时，可以一个暑假都在图书馆里待着。你看我现在坐在那儿弄片子，一坐就是一天，时间就这么过去了。

王童：就是说你爱琢磨一件事儿。

姜文：我在拍戏时也常常忘了时间，剧组的人常提醒我：都几点了。包括你今天来找我，我一看表都晚上7点多了，还没吃饭哪。这也许不是什么耐心不耐心，而是有没有兴趣，我有兴趣干这事，我乐此不疲呀！

王童：有一种艺术创作的狂热——工作狂。

姜文：我不能说我是艺术狂热，我只是说我喜欢这一样东西。其他的事稀里糊涂，好多事我都不知道。我觉得在现在的时代要学会不知道什么。没兴趣的事儿，我认认真真地看，我也看不进去。所以说，上学时我考试老不及格，听的东西往往也是这耳朵进去又从那耳朵出去了。

王童：你究竟是对什么东西不感兴趣呢？

姜文：好多我都不感兴趣。比如化学课，现在对我来说也是一个噩梦。

王童：到了中戏之后就没有了吧？

姜文：到了中戏也有，如形体课，我一上这课就有恐惧感，到现在这种恐惧感仍然存在。还有跳舞，我怎么也跳不好。

王童：但在演戏中，你的形体是受到赞赏的。

姜文：那是由于我扮演的某一个人物产生的效果。我觉得那不是我本人，我很放得开。我演《红高粱》时，我就觉得这人就像个牲口似的——我很放得开。如果你让我一个人单独上台去表演，我就觉得特别别扭，虽然我被人们普遍认为是一个好演员。

王童：由此来看，我们是不是可以得出这样的推论，一个好演员也有可能成为一个好导演？

姜文：什么人都可以成为一个好导演。

王童：可由于选你来演戏的人都是一些有口皆碑的著名导演，你是否也汲取了一些其中的妙道真谛——从而丰富了提高了自己的导演水准呢？

姜文:我不否认这个因素。但有一个事实你应该清楚,许多导演是日后才变得著名的。换句话说,是通过我们的相互合作而著名的。你比如说张艺谋在拍《红高粱》前他不是著名导演。冯小刚、郑晓龙在拍《北京人在纽约》之前也不是著名导演。我在给别人介绍他们时还说,这人将来可非同小可。所以说这种事是相互的。当然,我并不否认,我在合作中,从每个人身上学习到了一些东西。

王童:还有一种说法是,如你遇到了一个名气不太大的导演来拍片,往往就会本末倒置了,你就越俎代庖自己成了导演。

姜文:其实这是一种错觉。不信,你问问跟我合作过的每一位导演,每一次合作都很愉快的。我能找到我自己的位置,我没必要去过一把导演瘾。但这并不意味着我不替别人帮忙、出主意,听不听随你,反正这片子是你的。

王童:记得当年拍《龙腾中国》时,其中有一场大戏,你给改了是不是?

姜文:我拍每部片子时都给改过戏,但这都是在大家认同的前提下改的。如果你要说绝对不行,那你说说绝对不行的道理。反正至今我还没碰到过这样没商量的导演。

王童:是不是因为人家考虑到你的名气,所以也就被动地趋同于你了呢?

姜文:还不是那个原因。比如说当初拍《末代皇后》时我改过戏。拍《红高粱》时也改过戏,那时我也没什么大的名。我不是一个仗势欺人的人。只是我说得有理,大家认同罢了。我总在说一句话,我们要把剧本中的一些问题消灭在剧组内,而不能留给观众。

王童:许多不了解你的人,常常认为你霸气十足,狂得不得了。比如说有一篇文章曾说,姜文以为他动动一个小拇指就能左右什么云云,这是不是人们对你的一个错觉?

姜文:我允许人们对我有这种错觉。每个人都可以根据自己的想象去判断一个人。我也在不同的文章里看到了不同的姜文。我觉得这其中有一点是非常可笑的,你说他们是根据什么了解我的呢?他们好多人常常是通过某一个角色来判断我的。这事既让我喜又让我忧,喜的是居然他能把我演的这个角色当成一个真人的品行了,忧的是为什么这些动笔写文章的人,头脑就那么简单呢?夸我的事变成骂我的事了。我要真是那路人,就不能团结好剧组里这百十来号人了,我真是那样的人,也不可能用几年时间来拍一部电影了。

王童:你是在精益求精地拍一部片子,这也从一个侧面反映了你的为人。

姜文:是呀,你想一个如此狂傲的人,能如此精益求精地去拍一部片子吗?

王童:你有没有总结一下,你是一个什么类型的人?

姜文:没有,我最不认识的人就是我自己。我认为我是个一般的人,我不认为我有什么出色的地方。

王童：可你却是人们公认的一位好演员、好导演。

姜文：可能我在这件事上做得还很不错。因为我对这行有兴趣，如果其他人也像我这么有兴趣，他也可能干好。因而我想在此和大家说一声，你要想干好一件事、选择自己的职业，必须要以自己的兴趣为主。不要社会上兴什么，就去干什么。我有一朋友看人家开饭馆眼红，自己也非要去开，结果是开一个砸一个，他就不是干这行的料。

王童：号称中戏的三剑客，也是你的学友和小字辈们现在也都拍出了几部风格迥异的影片，包括你弟弟姜武主演的那个《美丽新世界》。你有什么感觉？

姜文：我不敢说人家是我下一辈的，其实我们也就差那么四五岁。他们的片子我看后觉得相当不错，我能感到他们对这个世界的兴趣。片子拍得好哇！

王童：你能感到他们与你片子的不同之处吗？

姜文：其实每个人和每部片子都是不一样的，除非你去刻意学某部片子的风格。

王童：中国加入世贸了，电影市场或许也要受一定的影响，你常年在国外，你怎么看这个问题？

姜文：我不知道是好还是坏。我现在不知道是要变成怎样一种状况，我也不太去关心这事，但我只知道大家要看一部好看的电影。

王童：你若站在法国人的角度上看中国电影，你有什么认识呢？

姜文：首先我不可能站在法国人的角度上看中国电影。我一直是站在中国的角度上看世界。

王童：你本人在法国的影响力大吗？

姜文：我感觉不到有什么影响力，包括在中国我也感觉不到我有什么影响力。

王童：我在报上看到过一则消息说你准备演电视剧《康熙大帝》，是有这事吗？

姜文：我可以确切地告诉你，我不准备演，这消息跟我也没什么关系。我只是跟陈家林吃过一顿饭，有人拍了一些照片，此事就这么张扬出去了，弄得我也莫名其妙的。至今我也没看过剧本，也没人跟我谈过。

王童：那你本人是不是还想演呢？

姜文：就目前的情况我是不想演的，因为我什么都不知道，而且我本人对古装电视剧比较恐惧。

王童：为什么？

姜文：太长了，我自己都不知道要演到哪儿为止。

王童：《北京人在纽约》不也是电视连续剧吗？

姜文：《北京人在纽约》相对来说短一些。尽管如此，我还是觉得比较累。而且大部分时间不是在思索创作,而是在疲于奔命。

王童:是不是人家看你的气质和帝王气质比较吻合,就来找你了。

姜文:我不知道他们为什么要来找我演,那帝王究竟是什么气质啊?要是我有帝王的气质,我不早当帝王了吗,现在不还是一平头百姓吗?

王童:银幕和历史中的帝王嘛!

姜文:那有什么用,那是我演的,和我气质没什么关系。

王童:《科诺克》之后,你还想演话剧吗?

姜文:想啊!有合适的我还想演,我是觉得演话剧挺过瘾的。

王童:科诺克这个角色你自认为塑造得成功吗?

姜文:还比较合适,我也只能演成这样了。我还想象不出在这三场之内,还有谁能比我演得更好。当然,可能也有,咱也不能把话说死了。

王童:如果你要再演话剧,你选择一个什么类型呢?

姜文:我还是喜欢传统的,我觉得话剧的存在意义就在于充分发挥了演员在一个特定的假定性里面演绎的这么一个故事。如果用太多复杂的手段在台上表现一些复杂的事情,把大家的思维搞乱,这不是话剧的强势。

王童:你想不想自己导一出话剧。

姜文:我更愿意演话剧而不想去导。

王童:为什么?

姜文:话剧导演的手段非常有限。大幕拉开,全看演员了,能不能演好就看这些。

王童:要让你去导电视剧呢?

姜文:这么说吧,如果东西好,话剧、电影、电视、广告我都愿意去搞。如果不好,我都不愿意搞,我不会去炼铁成金的。

王童:但同你合作的对方,好像和你都能折腾出一点事来,比如说那个广告也是,总有点是非。

姜文:我也有点纳闷,我们这个片子也出了好几档子事,都是不该出事的时候出的。这事都是一年以后出的,不知道是怎么回事。

王童:前两天我在一张报上看到一张你女儿的照片,孩子笑得很可爱——有关此天伦之乐的幸福是否也可让大家羡慕一番呢?

姜文:不行,这个就免了吧!

王童:孩子你是不是很喜欢呢?

姜文:哪有不喜欢孩子的父亲,不过这话你别再问我了。

王童：你很想她吧。

姜文：你也别再套我了。

王童：除了这部片子之外，你后面还有什么打算吗？

姜文：我想打算来着，可现在都是一锅粥。很模糊，方向还找不到。

王童：这片子预计什么时候能完成？

姜文：年底吧。

王童：有没有打算拿到国际电影节上去比试比试？

姜文：全都制作完了再说呗！

王童：上次在外景地咱们略微争论了一下。我不同意你在《阳光灿烂的日子》里对“文革”的视点，不知你还想不想和我争论下去，因我觉得对那是不能用肯定的眼光来看待的。

姜文：我觉得也不能用这样的眼光来看待一部作品——不能用简单的肯定或否定来谈的。

王童：比如说在你的工作室挂着马、恩、列、斯、毛的画像你是有意这样还是带有另一层意思？

姜文：难道在有意和另一层意思之外就没别的了吗？我只是拍我心灵的感受，就完了。如果有人硬要那么认为，我也没什么办法。

王童：在你拍这部抗战题材影片之际，国际上恰也发生了一些事件，如新日美安保条约、石原慎太郎当上东京都知事后大放厥词攻击中国、东史郎日记案等。结合到你这部影片，你有些什么感触？

姜文：这恰恰证明了我的预见。当时我准备拍这部片子，有人就对我说过，你拍它干吗，这种故事太老了，又是战争年代的历史题材，怕没什么观众。我当时就对他们说，历史从来就没有结束，是一直延续下来的。甚至这60年中，世界的大局都没有什么变化。我一直担心的事它在今年就发生了，而且这和影片里各类人的心态都是一样的。有些中国人太容易忘却历史了。据我所知全世界的人都没忘记，只有我们某些人忘了，说什么过去就让它过去吧。这能过得去吗？战争结束了吗？没有结束。协议书上签一个字又能说明什么呢？

王童：你这片子的意图是什么呢？

姜文：我很难用语言来谈我这片子的意图。因为什么都是人制造出来的。人们为什么会用战争来解决问题？灾难过去之后，人们不愿去探索了解灾难的根源，而是简单地庆幸灾难终于过去了，这样你就会面临另一个灾难。

王童:片子里你用了许多日本演员,你对日本人整体的心态是怎么认识的?

姜文:这难用一两句话说清楚,其实有很多资料、很多书、很多文章都有详尽的记载,不用我再来阐明什么了。只要你认真去看、去读、去思索,什么事情都会明白了。

王童:这一系列事件对你的创作观点是不是有影响呢?

姜文:也不是有什么影响,而是在深层次产生了一种思考。比方说要实事求是、要重证据、要调查研究,这是以前的话,但它确实是真理。我发现一些对中国不友好的势力,包括日本的某些反华分子,在大放厥词,否定他们罪行的时候,正是在一种所谓重证据、重调查研究的面孔下进行的。使得许多不明真相的第三者稀里糊涂地就相信他们的胡说八道。而我们也太爱感情用事,情绪化地表达自己的义愤,这对国际社会是不起作用的。这次让这些日本演员演这些角色的过程,这本身就是一个很有意义的事。从开始不接受到提出修改,直到完全按照剧本的原意演,都是很有现实意义的。如果我们能让日本年轻的一代演这些角色,也就有可能让其他日本年轻的一代接受这么一个片子,接受这么一个事实。

王童:他们的心理是如何转变过来的?

姜文:我们就讲证据、讲道理,从心理上到道理上双管齐下。

王童:是否还有经济利益?

姜文:经济利益是次要的,他们的费用都不贵。他们愿意演好作品,当他们意识到他们是作为艺术家而创作一个艺术作品,这作品对人类有所贡献的话,他们就会忘记一切的。

王童:这个转变不是很容易的吧?

姜文:是的。开始我和他们接洽时,他们给我发来一个传真说,他们不想污辱这些为国捐躯的英灵,有一些心理障碍。我又给他们写了十页纸的传真说服了他们。开始他们认为不该骂天皇,后来戏拍完了,他们全都认同了,说该骂天皇。这对日本未来的年青一代或许会有一种心理冲击。

王童:这是不是就是你这部片子所要告诉人们的思想内涵呢?

姜文:我刚才说过,有一些对我们不友好的人,经常用一种合理、合法的面目出现说事,我们为什么不能以其人之道,还治其人之身呢?我们过去拍的一些抗战影片,往往给这些人钻空子,他们经常会拿着这些片子对人说,中国的老百姓全都是游击队,我们杀的不是平民,而是在暗处打黑枪、攻击我们的人。但事实是有数不清的手无寸铁的平民被无辜地杀掉,他们老实巴交,没有什么反抗能力。在我家乡,我的亲戚就有在潘家裕惨案中被稀里糊涂地杀了的。我都希望他是一个抗日英雄,但他不是,他只是一介平民百姓，就被这么夺去了生存权。更让人气愤的是人死了以后，控诉权还被那些有着自虐心理的人给剥夺了，扭曲了。

王童：你是想从更深的层次对战争进行一番反思。

姜文：我起码还是一个中国人，我也没法改变我这中国人的精神品质。我对坏人坏事有一种本能的人的反抗。

王童：经你这么一说，你这片子的内容也略见端倪了。

姜文：拍这类片子要抱着一种严肃的态度来拍。

王童：祝贺你的影片获了大奖。

姜文：谢谢。

王童：还有一种说法说是你这部片子投资过大了，投资方也有些意见，是华艺方面吗？他们怎么说？

姜文：这不是华艺说的，董平这次领奖和我在一起来着。那是另外一家公司，他们早已经撤出了。

王童：你简单谈谈这次影片放映参赛的过程。

姜文：这一句话很难说清楚。

王童：片子在放映中受欢迎吗？

姜文：那没得说的，受欢迎，欢迎！他们这里的工作主要有三摊：一摊是评论；一摊是记者；再有一摊是评审。每一摊工作都各自独立，记者炒记者，评论炒评论，评审偷摸评自己的。在记者和评论方面我们一直处于领先的地位，属前两位。但也有人说这不代表评委们的意见，只是观众和影评人的看法，后来获了大奖后，大家一致认为两方的眼光都很相近，这也是我们这部片子唯一得到的众望所归的奖赏。

王童：以往评选是不是有过反差很大的结局。

姜文：有时候反差是非常大的，去年我来的时候，评论特别好的片子反而没有获奖，这在戛纳是一个很正常的事，一部分人很喜欢，另一部分人就持相反的意见，这次各方的意见针对这部影片，几乎都趋于一致。

王童：没什么反对的意见。

姜文：也有个别反对的，但这也是很正常的事。

王童：你得的应该说是评委会大奖吧！

姜文：这可能是我们翻译上的错误，严格地说应该是“戛纳电影节大奖”，是倒数第二个颁奖，倒数第一个是“金棕榈大奖”。

王童:这个奖意味着什么呢?

姜文:打个比方说吧,“金棕榈”带有一种外交性质,我这个奖就是单纯的影片奖,在欧洲人们都非常认这个奖。

王童:当地的评论是怎么评述这部影片的?

姜文:这就很难知道了,因他们每天有几十种杂志发表各类评述文章。

王童:主要的呢?权威一点的意见。

姜文:他们说是我们气势汹汹地就来了,而且很自信地拿来了这么一部黑白片。以往怎么说呢,对中国片都要解释一番,需要开一个扣,开一扇门才能明白,这片子不用,一目了然。主要的评述还是说对人性剖析得比较深刻,情感比较强烈,改变了以往他们脑子里认为中国影片进展比较缓慢、唯美、漂亮的美术,漂亮的服装,还有漂亮的女人脸蛋,而这部片子一反常态,什么装饰都没有,只有“干货”。正好这片子又是顾长卫拍的,人们对他过去摄影的色彩也比较熟悉,这回和姜文却玩儿了一把黑白片——是什么意思?最后人们就说顾长卫艺高人胆大呗!一般人不敢。说我们很自信、很冲。

王童:除了这个奖外,还有什么其他的小奖吗?

姜文:“戛纳电影节”总共有六个奖,除“金棕榈”外就是这个大奖,另外就是最佳男女演员、最佳导演,还有一个授予第一次拍戏人的“金摄影机奖”,还有一些短片奖,奖非常少。

王童:知道自己获大奖了,你激动吗?

姜文:我觉得挺有意思的,我和董平在一起,下午他们就来电话问我们要了多少张入场票,我第一次来,情况也不太了解,就按人头说要了十来张吧!人家就吃惊地说,那你们可能就要出大事儿了,一般的组只给三四张票。结果,我和董平在一旁对前面颁布的奖一个劲地说,千万别给我们,最后只挨到剩两个奖的时候,董平才放心地说:没关系了,这两个得哪个都成。

王童:我非常想看一下这个片子,你有带子吗?

姜文:你问一下董平。

王童:我原来看过一些片断,感觉很好。

姜文:(你等一下,等会儿,别挂。)喂?

王童:我没挂,听着呢。

姜文:我希望他们最好能好好看看这部片子,我相信他们若要认真看过后,是会认同的。这是一部对国家非常有责任心的片子。我觉得这片子这回获奖有一个意义就是西方媒体对日本军国主义在中国的兽行有了深刻的认识,因为他们过去不太清楚日本军队在中国这么残暴。他们有的人甚至问我，这样展现日本人是不是有些夸张啊？我就说，你觉得揭露纳粹夸张吗？他们就问，他们比纳粹的罪行严重吗？我说他们比纳粹严重几十倍。

王童：特别是在今天，日本极右翼势力猖狂挑衅的时候——东史郎蒙冤、钓鱼岛受侵，靖国神社里的表演，这片子就更有意义了。

姜文：说得也是，这片子在西方世界如果引起反响，除了对发行有好处外，同时还会通过这部电影让人们认识了日本军国分子的残暴。西方有一个犹太人组织，每年都资助拍一些揭露纳粹残暴罪行的片子。我们这一点就做得不太够，以至于使许多西方人不知道日本人在中国做过些什么。而且今年戛纳来了两个日本片，如果不把他们比下去，就又成了日本人说话的天下了。

王童：说起日本片，大岛渚的《御法度》不是也去了吗？结果怎么样？

姜文：什么也没得到。

王童：他们看你的片子了吗？

姜文：不知道。

王童：日本人看后的反应怎么样？

姜文：日本人的反应很微妙，他们一直在闪烁其词，我觉得他们看这片子很尴尬，因为他们不能说我拍的这片子不真实，我这又不是部宣传片。最有意思的是我这片子里有好几个日本演员，这几个日本演员也来了，这几个演员和日本代表团的那种感觉很有意思，作为艺术家他们还是承认日本人在中国做过一些坏事。但带有一些民族情绪的人就有些不自在了。

王童：会是忏悔吗？

姜文：不知道了。但片中揭露的日军残暴这一点，我认为是非常非常重要的，西方人常常问我：是把一个村的人都杀了吗？我说把整个南京都屠杀了，这又算得了什么？

演员姜文

王童：不过话又说回来了，这些影片剧本审查时不都通过了吗？也许在拍摄当中你又有了某些改动？

姜文：你说什么片子在具体拍摄中不根据现场拍摄条件改动过？这也太是一般性常识了。

王童：你的《阳光灿烂的日子》当时上映时票房就不俗，该片如若通过是否也会有很好的票房？

姜文：我有这个自信。

王童：导演协会前两天开年会时发出了一个呼吁书，提出了电影尽快立法的问题。

姜文：我虽然还没加入这个协会，也不知道怎么申请，但我从心底里赞成这种呼吁——中国的电影界应该团结起来。

小　传

姜文，原名姜小军，河北唐山人，1963 年 1 月出生。1980 年进入中央戏剧学院表演系。1984 年分配到中国青年艺术剧院，主演了《家庭大事》、《高加索灰阑记》等优秀剧目。1985 年涉足影视，其主演的多部影片获得多个国际国内大奖，近年来转行做导演，有《让子弹飞》、《阳光灿烂的日子》等作品颇具影响。

巩俐：拍电影是我毕生追求的事业

直接面对巩俐应该说是在若干年前《秋菊打官司》获奖的那一刻。当时电影局为祝贺该片折桂归来，和另一部影片一起举办了一个小小的庆祝会。那时，巩俐和张艺谋可称为还是情投意合的一对。但当时给我的感觉，巩俐的气色多少有些憔悴，以致和今天的她对比起来，却觉得她更为年轻，更为光彩夺目了。她穿着一条皮裤，挺拔匀称的身材，一副蓝色的迷你型墨镜戴在她俏丽的脸上，她经常是把剧中扮演聋哑孩子的小演员揽在怀中。此行，是为孙周执导的影片《漂亮妈妈》进行宣传时节，采访该片女主角的她真可谓是一波三折，先是在一家石化公司，她被一些电视镜头和照相机的闪光灯聚焦着、环绕着，进而又被许多记者抢来抢去的，很难让你进入一个倾心交谈的环境。每一个电视记者或是主持人都在说：抱歉，让一下，我们的工作是在为大家。后来，我好不容易寻到一个在车上和她单独在一起的空儿，她又累得不想说话而打起了瞌睡。这样，我就只好和她又约了一个时间，她对有关张艺谋的话题避而不谈，甚至对她现在的生活也只字不提，她说，她不太想谈这些私人话题。今天，据说巩俐已加入了新加坡籍。作为一个国际影星，似乎只有她同章子怡在呼风唤雨。若干年后她同张艺谋“旧情复燃”一起拍了《满城尽带黄金甲》。眼神流露出“往昔的深情”。而这情愫又该寄往何处呢？

演员巩俐

王童：那天看片子当中，看你不时地出来，抱怨放映效果不好。

巩俐：效果倒也过得去，只是我坐在门口，人老出来出去，灯也没关，对观影的人有些影响，所以我就出来说了一下。另外音响效果也许是没调好，不太理想。

王童：这片子你自己认为怎么样呢？

巩俐：还过得去吧！

王童：这片子许多人都说，如果没有巩俐撑着，也许就没多大劲了。

巩俐：不见得吧，我还没那么大能耐，换一个人也许同样会很不错的。

王童：也许就不像你有那么大的影响力了。

巩俐：总体上说片子还是不错的，所以说换了谁来演，也不会太差的。

王童：你现在应该说是被称为国际影星了，这对你意味着什么呢？

巩俐：这没什么意义，我也不希望人们这样称呼我，我也不是什么国际影星，也没拍过什么国际片子，我只是一个中国演员。

王童：但你却和其他国际影星合拍过片子，比如说《中国匣子》等。

巩俐：那也不能算是国际影星。国际影星的概念，应该说是拍了许多世界级的有影响的大片。也许在西方人来看，我在陈凯歌、张艺谋这些世界级导演的片子里扮演了一些角色，并在威尼斯电影节上获得了最佳女演员奖。因而他们就想当然给我贴上了这么一个标签，但我自己认为这个称谓不是那么容易叫的，这是一个很高很高的荣誉。

王童：你想成为名副其实的国际影星吗？

巩俐：我没怎么想过向这方面努力，就去拍自己喜欢的电影就是了，这是我的工作。你让我干别的我也不会。我只是把我的本职工作干好，没有什么具体的目标。

王童：你和艺谋、凯歌都合作过，对比起来，孙周和他们的风格有什么不同之处？

巩俐：你们觉得不同之处在哪儿？我自己好像觉得没有什么太大的不同之处。也许每个人的切入点不一样吧。有人擅长拍概念化一些的东西，有人擅长拍生活化的一些东西。如果一个片子拍出来很有味道，那这个导演的功力就会不一般，给我的感觉是这些导演都在寻找着一些自己没拍过的东西。孙周的特点，视点都是普通、平淡、很流畅、很自然的东西，比如说《心香》，在国际上也是一部很著名的片子。

王童：有一点淡淡的忧伤。

巩俐：对，让你慢慢琢磨一点味道，以这部片为例，故事也没什么意思，一个妈妈和一个孩子艰辛生活的路程，在社会上寻找着一些自己的位置和价值。这故事没什么特殊的，但在拍出来给你们的感觉却很细腻、很流畅，很容易引起人们的共鸣。一些高中生接到我在放映式上掷给他们的鲜花，便说我要把巩俐阿姨这鲜花送给我妈妈，回家后要好好孝敬我妈，这就让我很感动。

王童：这就说明这个妈妈的形象塑造成功了，你自己什么时候成为一个真正的妈妈呢？

巩俐：这无所谓了，顺其自然吧！

王童：你刚才说起孙周片子是普通人的视点，艺谋的片子不也都是普通人吗？

巩俐：他就比较广了，我参加拍摄他的片子也多，许多片子也是他为我量体裁衣拍的，因而我发挥起来也比较自如。他的视野很广，有普通人也有特殊性格的人，以后也许还会拍一些另一种类型的人，比如说皇帝呀等等。我相信孙周导演以后拍多了，视野也会开阔一些的。

王童：孙周是否是介乎于艺谋的执着和凯歌大气之间的一种东西？

巩俐：这我说不上来，我也没有分析过他们的电影。只是我拍他们的电影，觉得每个人的视角都不一样，生活习惯也有很多不同之处，所以观察事物视角也各有各的坐标。

王童：向你提问，若要刻意地回避艺谋，似乎也是不可能的。现在人们常说巩俐和张艺谋默契地合作，创造了一些很有光彩的角色，和其他导演就没那么大的功力了，你自己怎么看呢？

巩俐：我现在不想回答这个问题，我以后也不想回答这个问题。因我们现在谈的是《漂亮妈妈》。有些问题也不是一天半天能谈完的，这些事谁愿怎么想就怎么想，谁愿怎么说就怎么说，我也无所谓，我也不想从我嘴里说出什么，不想让媒体炒这个事儿，我觉得很无聊。至于说他们认为什么戏拍得好，什么戏拍得不好，这是他们的权利。我认为这只是我的一项工作，就像卖报纸、在工厂上班一样，我也没有想过究竟要怎么样，好多事情我都是不太在意的，我只是想把这份工作干好，评上一个先进就心满意足了，而不想让人们品头论足的。

王童：在凯歌的片子《刺秦》中扮演的赵姬与这部片子里的下岗女工，两者反差都很大，哪一个更好把握呢？

巩俐：相对来说，赵姬比这个人物简单。从层次上说，那个人物心理活动应该说是很复杂的，她和其中三个男人的爱融会在一起。当然，后来这个人物在影片里也不是很重要了。特别是一些镜头给剪了。当时，拍得都很累，剪掉之后你就会觉得很遗憾。对不起我接个电话（用手机回电话：到了没有？我差不多是8:50的飞机，11点多钟到吧，好，到了你打我手机好吗？能见到面，我现在不知道，恐怕我们演员都来。可以……好的好的，明天见！）你说。

王童：说起片子被剪，我想起你曾说过，这部片子也被剪了许多，有些地方看上去都衔接不上了。

巩俐：大概被剪了有十多处地方吧。包括我的一个老师看后，也打电话来说，先是肯定表演的成功之处，进而又对很多地方觉得没看出来，认为表演的走向结束得太快。但这属于中国特色的问题了，你没有办法。

王童：剪掉的东西对作品的影响大吗？

巩俐：不是太大。

王童：你能具体指出几个地方吗？

巩俐：比如把工商局的人来检查的镜头几乎剪去了三分之二，还有许多有意思的镜头也都剪去了。这种镜头是最明显的，因而人们看上去也有些感到进展得太快了，不过瘾，有些跳。重要的是这些镜头都没什么大不了的。

王童：前些日子我在电视上看过一个电视剧，那里面比你们这反映得还厉害，如工商局的人来检查、商贩围打工商干部等，可电影怎么就那么处理呢？

巩俐：这我就不知道了，也许是顾虑工商干部的形象吧！

王童：你作为政协委员在开会时没提出过有关审查的提案吗？

巩俐：提了，我们都提了，其宗旨就是希望不应因为一两条意见就将全片否了——一枪毙掉，这就太不负责任了。电影投了那么大的人力、物力、资金。如果就是审查，提出问题，也要有一个电影方面的法可依才成。

王童：提出电影立法的问题。

巩俐：要有一个电影分级制的法，多大岁数人可看，多大岁数人不可看。检查制度大家都应遵守，但要规范一些。这问题也不太好谈，就不谈了吧！不过各行各业都在改革，电影界也应当改革一下，可他们的步子太慢了。

王童：说起孙周同你的合作，这似乎是一个挺有意思的话题，因你在《刺秦》中和孙周搭档共同演戏，在这部片子里他又成了导演，两者之间区别很大吗？

巩俐：当然很大了。孙周虽是导演但他学过摄影，后又做过一两回演员，这对我们这部片子很有好处，好处就在他做过演员之后，他就很知道演员应怎么来表演——这对一个导演来说很重要。凯歌和艺谋也都曾客串过演员，他们都很自信。一个导演如果这么充分地了解表演的过程，对演员对导演来说都是一个好事。

巩俐、张艺谋与时任电影局局长滕文骥

王童：艺谋可能就更特殊了一些了，他不仅演而且还得了大奖。

巩俐：我觉得他们都有表演天赋。

王童：这样看来，对专业表演的人来说又是怎么一回事呢？

巩俐：应该说，很多表演的东西是导演给的，导演不给到这个戏份上，好演员也难以发挥，每个演员都有自己优势的地方，就看导演怎么给他一个发挥的空间，每个演员也有一个表演的死角，导演要知道的话，就会避开这个死角。我演了这么多年的戏很清楚，很多演员表演上的进步全因这个导演能发现你身上的优势。

王童：你身上的优势在什么地方呢？

巩俐：我最大的优势就是用心去演。

王童：你的气质应该是被公认的很高贵的，可你演的角色好像大多都是“贫下中农”一类的，反差都很大。

巩俐：我喜欢这种反差。这种反差并不是说你很年轻非要去演一个八十多岁的老太太才成。只是一个形象和气质上有很大反差的角色。这很有挑战性。

王童：另一面呢？比如说《中国匣子》。

巩俐：这部片子可说是个失败。通过这部片子的拍摄，以后我接拍外国戏就比较慎重了。因这两者很难沟通，对方很难明白你究竟在说什么。我拍电影喜欢那个过程。但《中国匣子》那个过程我就没有很大的热情。没有沟通，每天我都不知道自己在演什么。片子中虽说也都是一些大牌明星，如张曼玉等，男演员也获得过两届奥斯卡奖，但对我来说这是一场噩梦。以后对这种完全没有吃透的剧本，导演也没和你好好聊一聊的东西，我是不敢再随意接了。

王童：这里面是不是还存在着一个东西方文化差异的问题？

巩俐：也不是东西方，导演也是中国人——香港人嘛！他出去了一段时间，回来想拍一个中不中、西不西的东西，拍出来也真是这样两边都不靠，因而也就注定不那么尽如人意了。这片子，我觉得把我们这些好演员全都浪费了。

王童：从报上得知你想到北大去读研究生，是怎么回事呢？

巩俐：也没什么，只是想去充实一下自己，多学点总有好处吧！

王童：要考吗？

巩俐：是要考的。

王童：还有，你在家和黄先生在艺术创造上相互交流和切磋吗？

巩俐：有关私人的话题我不太想谈，不过交流也还是有的。

王童：对大众来说，你现在已不是一个单纯的演员了——你成了东方美女的一个象征。时装及化妆品也都打上了你的标签。你有没有想过在其他领域里开拓一下呢？如巩俐香水、巩俐时装等等。

巩俐：没有想过。当然成为中国人的形象特使我是很自豪的。老实说，每次出去，我都非常注意维护国人美好的形象。

王童：在其他艺术领域里有没有开拓的想法，比如说一部电视连续剧，或当一把导演。

巩俐：暂时还没有。

王童：话剧呢？

巩俐：我们学院可能让许多演员回去排一个话剧，我也可能回去演一把，会很开心的。

王童：排什么呢？

巩俐：《北京人》。

王童：你演什么呢？

巩俐：素芳吧！

王童：过去演过吗？

巩俐：没有。

王童：这么说演话剧，你认为还是很过瘾的了。

巩俐：过瘾过瘾，比拍一些破电影过瘾多了。

王童：你今天在回答美国记者时称，你终生都将献身给表演事业，以后想塑造什么角色呢，有目标吗？

巩俐：我没过多地想，我这人喜欢把一件事做完再做另外一件事，等把《漂亮妈妈》的宣传搞完了，再去选择角色了。不过，拍电影、演角色是我终生追求的事业，我会沿着这条路一直走下去的。

小　传

巩俐，1965年生于辽宁沈阳，1985年考入中央戏剧学院表演系，1988年在影片《红高粱》中扮演女主角后，又主演了多部电影，获得多个国际国内大奖。曾任世界三大电影节的评委及评委会主席，曾获联合国教科文组织授予的"促进和平艺术家"等荣誉称号，这也是迄今为止华人女演员在国际上获得的最高荣誉。

人称“拼命三郎”的冯小宁

两次去电影公司办事都迎头碰上了冯小宁，这就使得我不得不采访他一下，老实说，我一直是他影片的反对者。而对他张口闭嘴就大喊什么英雄气概很有点莫名其妙。不抱偏见地说，对他的吃苦精神以及影片中某些气势的营造也是多少有些赞叹的。但我一直弄不明白，这么多年来，他的影片怎么总是基本没变呢？他影片的优点和缺点都是那么的明显，两者连到一起就成了一部很难让它落在哪一种的类型中。说好了，这是一种创新，说糟了则是不伦不类。但冯小宁内心的激情确是非常可贵的，曾和他在一起合作过的影人就说过，在摄制组里他总是吃苦在前，享受在后。我首次和他接触，是在《战争子午线》刚刚拍竣。让我困惑的是这部被认为还不错的影片，其中的音乐与插曲竟让他陶醉在其中而难以自拔。以后，每当他拍摄一部片子，他都陷在这种亢奋的兴奋中。他的精神状态由此就经常被人称为是一种情感的类型。然而冯小宁毕竟是用很少的资金拍出了一部部“大片”，这就不得不使人有些折服。也许，他的影片还需要时间来检验，也许在不久的将来，他一定会拍出既叫好又叫座的影片。于是，我便对他说，到那时我会举起双手赞赏你的。这前后，他拍了一些影视剧《红河谷》、《北洋水师》、《大空战》、《举起手来》、《嘎达梅林》等。他又当上了政协委员。经常能听到他慷慨激昂的发言，这些发言同他当初同我交谈的思想脉络是一致的。

导演冯小宁

王童：我和你认识已经有很久了。但我也直言不讳说，我不太喜欢你的影片。因为你的影片里老出现一些不合理的地方，这些不合理在每部片子里都有。具体来说是你的艺术构想我不太能接受，你为什么每次都要拍得那么粗糙呢？

冯小宁：这部片子属于商业性的片子。发生的事情，肯定在生活中是不会有的，但在理论上讲又可以出现，所以构成了一个故事。我觉得好莱坞这类影片中这种特色都比较多，跑到火车上、跑到汽车上、飞到天上，转瞬之间出现在了山涧和河边，都是在生活中不可能出现的，但它形成了一种观赏性，这种观赏性便构成了一种影片的特色，当然了，我觉得我的影片有些地方还比较粗。

王童：不单是粗，而是不合理。这里我举出一个明显穿帮的地方，飞机把小孩炸了，炸得无影无踪了，掉出的长命锁则纤尘不染。还有大兵挂在山崖上，小孩怎么能拉他上来，都没有认真交代，就这么简单地就过渡过去了。为什么你要这样处理呢？

冯小宁：我不知道你注没注意，长命锁上有好多血在上面，还有好多土也在上面。还有，孩子把绳子捆在柱子上把他拉上来，也有一个交代，大概你没有看清。

王童：我认为孩子不可能拉动一个大人。

冯小宁：并不是孩子把他拉上来的，是他自己挣扎着爬上来的。这些地方并不是影片的主要部分。我觉得就是一件表层的衣服吧。

王童：你的影片有它的优点，比如开始开得很好，开头气势造得也很足，可一到转换的时候，就把开始的气势消解掉了。还有那些战争场面，在今天来看，日军当年的作战能力是一种什么样的能力，大家都很清楚了。你的影片好像游戏一样。比如孩子被抢救过来了，又被敌人给抢过去了，然后黑子舍生取义地硬给抢回来，来来回回的，怎么就那么简单呢？

冯小宁：这个地方是有一个问题，其实我拍战争片拍得比较多了，我还是比较追求一种真实性，但在这里有两个地方可能比较掣肘，一个是我们在战争的真实描写上不大敢残酷，不像“大兵瑞恩”和苏联的许多片子都直接描写了许多残酷的场面，而我们就不太敢直接描写这些东西，因为无论我们中国审查机构也好、我们观众心中也好，不太容易接受。第二个是关于情节的合理性上，像你刚才说的最后那场河边的戏，我最初写剧本的时候是写那些人在一个山口，有点一夫当关、万夫莫过的气势。对面是一片开阔地，背后是黄河，但当我们摄制组投资批准之后，已经进入到十月份，如果不赶紧开机的话，下河的戏就无法拍了。这就要把摄制组赶紧拉过去，结果没有时间选景，这个片子在没有选景的情况下就下到黄河边上，我一边拍一边在黄河边上转悠，那时候只要阴天了，我就到处找，老想找到这个场景，当时和摄制组商量，这个片子不找到这个合理的场景的话，故事没法演绎。拍了这么多年电影我觉得是一学习的过程。刚才你提到孩子的问题，故事好像还是能够连下来的。悲壮的人物就是欧文和黑子，还有宁静扮演的那个女孩。因为他们的感情是由这孩子凝聚到一起的。

王童：我认为人的悲壮不到万不得已是不会动不动就用炸药包和手榴弹与敌人同归于尽的。人如果到了这样一个视死如归的状态下，像《莫斯科保卫战》那样，没有了退路才迫不得已的。而你的片子总是好像煞有介事地表现这些。引不起人的共鸣。

冯小宁：但我觉得我在情节构制上已经把它们逼到了悲剧的边缘。要不然活要不然死，在情节设置上基本都有，只是有不通顺的地方。

王童：当然了，每个影片的风格都是不一样的。你即使在大悲大喜当中，也要一个行为逻辑。我很早就观看了你的片子，我认为你片子中的缺点和优点都是非常明显的，最致命的是你把一些影片最基本的东西忽略掉了，首先是一个剧作的问题，我认为你的影片《战争子午线》比较好一些，梁晓声也跟我谈过这个片子，其实是他的构思。但你好像总不知道问题在什么地方。每一部影片拍完，你都有点沉溺在自我陶醉的状态中，缺乏清醒的认识。当然这同你身兼数职也有关。电影发展到今天，科技含量都很高，每一个门类都需要有很高的造诣。如张艺谋是学摄影的，如果他也在影片里身兼导、摄，岂不是更有说服力吗？可他没有这样做。他在认真干自己的导演。你可能连一些基本的东西还没安置好，就把所有的东西揽在了自己身上。

冯小宁：至于说到兼职这样的问题，这么多年来，我也希望有好的电影剧本给我，但现在很难找到好剧本。但是当我发现有一两个好的时候，它早就被别人选中了。

王童：拿《嘎达梅林》来说，尽管你还没有拍成，但同名小说人民文学出版社早就出了，你认真看过吗？

冯小宁：我听说过，但没看过。据说是一个武侠类的小说。

王童：我觉得你有点孤陋寡闻了，那是著名的蒙古族作家扎拉嘎胡的优秀作品，可见你对文学阅读的欠缺。

冯小宁：它是一个传奇故事，和我的创作有点冲突。另外你刚才提到兼职的问题，我觉得这倒不是主要的，主要的还是编剧和剧本的问题。

王童：我觉得电影和电视节目不太一样。电视节目可以身兼数职，国内外都差不多。但电影则不是这样，电影是一个工程。一个好的导演，应该调动起许多人的积极性。

冯小宁：我在实践中试过，试过以后觉得比较痛心。因影视界的一些人素质本来就不太高，聚集在你身边，也是因为有利可图，所以你就要辨别是非，有些好的构想，大多都实现不了。从《北洋水师》到《大空战》，我的资金都是特别少。许多人都说这点钱肯定拿不下来这样的片子，但我最终把它拿下来了。我是不善于向有关方面去要钱，因为钱少，就招不来一些有才华的人。所以我就只好发愤图强，知难而上。

王童：我认为不是这样。因为我当年在青影，就《战争子午线》一片已领教过你。你自己什么都做，连报纸宣传都要插上一手，最后弄得不伦不类。

冯小宁：过去的事我们就不必再谈了。拿这部片子来说，不到四百万的投资，人员的组合肯定要成问题。我请不起一些特别有造诣的人，但我的优点就是拍得比较快。而且由于我是搞美术出身的，对画面的构图、光线掌握得也还比较好。所以索性就自己来干了。

王童：我认为你的片子总体的气氛是出来了，但具体到每一个细节上，没有把它雕刻出来。所以对你的片子很难做出一个定论。比如说某一个地方很精彩，但突然间就又塌了下去。这可能还是一个兼职的问题。

冯小宁：这里面对摄影来说还是过得去的。但可能有时和我的构想有些冲突，我的组一般都是比较苦。但我还是比较重视大家的意见，也重视集体的智慧。

王童：这一点我是毫不怀疑的。你拍片子很能吃苦，所以人称你为“拼命三郎”，但有时我想是不是为了吃苦而吃苦？必须显示出一种吓人的状态，在一个平面上也可指出高山的感觉，又有何不可以呢？

冯小宁：我们有时候也经常这样做。并不是为了吃苦而吃苦。

王童：我对你的影片非常关注。总希望能拍一部是一部，但现在看来正好相反，比如说在《黄河绝恋》中，宁静洗澡，站在黄河边，浪漫一番，有学习其他电影的嫌疑。这细节也太老套了，太有点小儿科了。你自己难道不觉得吗？再有，你的影片当中，总爱弄一些黄河啊、长城啊，总想要刻意地说些什么，把这种地理和历史的东西搞一些什么寓意，也太简单了。

冯小宁：倒也不是这个意思，只是长城、黄河拍进来比较好看。比如拍长城，有一个地

冯小宁与黄建新

域的特点，让人一看就知是在华北拍的。黄河本身的意义是比较深的，并不是想要怎样，观众看后也多少有些同感。包括宁静，在黄河边伸手的镜头，也是一个女性想要展示自己的精神现象。

王童：你多次提出要拍出一种英雄气概的影片，但据我所知，你的这种英雄气概，是建立在某种状态上，比如说，你的影片每次拍出来不是观众和舆论先说好，而是某些官员先说好。由此就让其他舆论不好说话，不能有批评意见。

冯小宁：这我倒还不太清楚。拿这部片子来说，首先是上海永乐公司提出来要拍，也提出他们的意见。并不是根据一些官员的意见来拍的，而是一些影院经理让我拍的。他们首先觉得好看，第一次看这个影片是一些专家和记者观看的，看完之后他们热烈鼓掌，然后才推荐给领导的。这次我没听说过有任何官员在任何场合说过这部影片好，但领导喜欢这部影片也不是我的过错。

王童：可通常是某些官员一肯定了你的影片，大家就必须要说它好了。在这样一种状态下，观众评判意识已完全丧失了。你通常说的英雄气概在这样一种气氛下不就是表达起来不完整了吗？英雄按通常的定义来说，是反抗黑暗、反抗压迫、追求正义的一种化身，而不只是歇斯底里地狂呼乱喊。

冯小宁：这就牵扯到一个对英雄定义的问题，我认为有两种：一种是批判性，敢于向黑暗势力挑战，我从不否认这一点；另外一种类型就是通过作品去赞赏那些真善美的人物，以及他们身上地英雄气质。

王童：我认为你这样拍完全可以，拍就拍了吧，何必非要挂上一个英雄的面孔，而煞有介事呢。

冯小宁：《战争子午线》、《红河谷》以及《黄河绝恋》里面的人物都在反抗。他们在反抗什么大家也都知道——侵略者。以前我比较强调这种英雄气概，现在我则比较重视人物的刻画了。如果这些人物出来以后给人一种英雄的感觉，那是我的追求。

王童：前面我已经说过了，你影片当中一些悲壮的东西搞得很多。悲壮如果泛滥了就不悲壮了，这悲壮的情感是不是应该更合理一些？更水到渠成。

冯小宁：这是必然的。每一部影片情节的设置都应该更有合理性。一部影片观众的层面是比较多的，现在来看这部影片引起了许多观众的共鸣，但并不是每一个观众都喜欢。现在观众看了许多国外电影，他们都有自己的判断能力。

王童：我觉得你的影片根本不能和“大兵瑞恩”这样的影片相提并论。如果你硬要这样类比的话，那只是你自己“只缘身在此山中”，难以看清自己。如果你将来真拍了一部大家交口称赞的影片，我一定要大加赞扬一番的。

小　传

冯小宁，1954年生于西安，他的作品都是集编剧、导演、摄影、特技、剪接、制片人于一身，成为中国电影的一个奇特现象。代表作《战争子午线》、《北洋水师》、《红河谷》、《举起手来》等。其导演的影视作品，曾获得华表奖、飞天奖等多个奖项。

冯小刚“光环”下的徐帆

冯小刚称徐帆为帆子，徐帆叫冯小刚为小刚冯。冯小刚作为导演和徐帆的第一次合作是《一地鸡毛》，但这影片并未让冯小刚脱颖而出，反而成了他个人的滑铁卢。但冯小刚同徐帆的爱情之花，却从那时盛开至今。1991年，冯小刚作为影片《大撒把》的编剧之一，似也留住了徐帆的影像。虽说这部反映留守人士的片子是夏钢执导的，但徐帆与葛优的合作由此也步入了冯小刚嗣后的光影中。见到徐帆时，过去鲜有被媒体关注的她，现在却因“大地震”的震动也震动了影坛，对她的采访也接踵而来。这样，我就常把十多年前冯小刚领着的她与现在的她进行了对比。她变化不大，似消瘦了点。素颜的如邻家女孩的她穿一袭白色衬衣，茶色镶米色边的裙子，平底黑船鞋，朴素，家常。因未化妆捯饬，她没让拍照。而整个人的气息就似在《永失我爱》、《紧急迫降》里扮演的空姐那般翩然走来。徐帆患了鼻炎，不停打喷嚏。她说起话来，也常用手捂着嘴在说话。在冯小刚的工作室里，我同她打开了话匣子。徐帆坦言她同冯小刚的关系，她从不掩饰是夫唱妇随。当台湾金马奖出人意料地没授给她，而给了同冯小刚一度争论不休的孙海英的妻子时，冯小刚也毫不隐晦地表示了不满。后来当徐帆获得了亚洲电影节影后时，我给他发了一条短信：失之东隅，收之桑榆。的确，徐帆用她的演技征服了观众。而鲁迅文学奖获得者写的那首《致徐帆》的诗也引起了人们莫大的争议。但徐帆还是徐帆，她在为家庭琐事操心时，也常常不忘她要在舞台和银幕上扮演的角色。也许每一个优秀的女演员，内心深处都有当贤妻良母的愿望。这样，在她呵护自己的孩子时，也总不忘在汶川灾区捐助的那些孤儿们。但她对那种想要不劳而获就去占人家便宜的说辞，则甚为愤慨。的确，当一个一分钱都不捐赠灾区的人，却大喊爱呀爱的人，你信吗？当一个连自己父母都不认，谎称孤儿四处骗捐的人，你认可吗？而徐帆同夫君冯小刚献出爱心斥巨资捐献灾区学校，有人却指责他们在用《唐山大地震》消费灾难。徐帆由此对部分国人那种畸形心理的反感是理所当然的。好在《唐山大地震》赢得了票房的同时也赢得了人心，徐帆也由此形象更深地走进了观众的视野。

王童：常听人说徐帆是个演技派演员，但没有能像章子怡、巩俐那样大红大紫。对此你自己怎么看？

徐帆：我不这么认为，我觉得好多事情不用特别急躁地等待别人的认可，我是属于那种要慢慢的，靠时间来认识的演员。那种一下子大红大紫的状态，好像和我不对位。

王童：是这样，从十多年前我认识你时，你似乎还是那样不紧不慢的，很像学戏曲的板眼。

徐帆：我出生于一个戏曲世家，但其实戏曲只学了三年半。

王童：所以《青衣》那剧简直就像为你量身打造的。

徐帆：这个剧，我觉得，我能演出来编剧和导演要的那个劲。

王童：《青衣》如何打动你的？是你学的戏曲本身吗？

徐帆：倒也不是，我想得更多的是技术上的东西，我可以做到。因为戏曲团体中那些人的心理上的那些纠结我能够摸得到，但不能说别人摸不到，她也能摸得到，就是她是用纯戏曲还是纯话剧的演员，它只是在结合的问题，可能有的演员会比我演得好，但她戏曲的部分可能掌握不好，或者有的是戏曲演员肯定能做到的，但是她生活中的状态可能又欠缺一点，所以这需要一个综合、混在一起的东西。

王童：行家常说，戏曲和话剧是夸张的东西多，说银幕上是一种反映的，舞台上是一种动作的，那你从戏曲转行过来，是怎么把握的呢？

徐帆：这是很早之前的事了，我拍影视剧早已不存在了。都已经打磨得没什么问题了。

王童：你是怎么打磨掉的？

徐帆：我觉得自己要有意识。有的人可能很欣赏自己这点，觉得我学过戏剧，你没学过，他把这个优势太强化了，太强调这个优势的同时，你身上这部分东西就会少。我身上本身有戏曲的底子在这，那干别的也丢不掉这个，但在一定时间内要把这些东西彻底忘掉，和没学过一样。因为你要不从这个极端走到那个极端的话，就是东西没有两头都是好的，不可能。所以你先学戏曲，功夫学得比较扎实。你又改学戏剧，你就要彻底把戏曲的东西全部忘掉，忘得一干二净。必须从最基础的东西一点点开始做，哪怕没有原先的底子。现在很多人可能夸你说，你这样多好啊！他可以这么夸你，但你自己可别当真了。你要说自己身上有这功夫，然后觉得自己肯定没问题，其实一定会有问题的。所以你要客观冷静地把这些东西适当去掉一些。你要是老记着这个，你就会有别的问题。

王童：你初上银幕演的是……

徐帆：我初上银幕是在田壮壮导演的电影《大太监李莲英》里扮演珍妃，姜文演的李莲英，刘晓庆演慈禧。

王童：这类古装戏也许很适合你戏曲演员的身份。

徐帆：我从没把戏曲功夫弄得有多重，不管戏曲功夫也好，舞蹈也好，是内在的东西，它们带给我的训练是内心的节奏。戏曲也好，音乐、舞蹈也好，这些都是节奏，你听得见看得到的，但是戏剧影视，这些节奏你是看不见的，但是它也有，节奏在心里。

王童：你等于在戏曲、话剧、影视三个艺术领域里熏陶过，这三个行当有什么不同呢？

徐帆：我没觉得有什么不一样。戏曲里我唱的是青衣。戏曲是很特别的。但话剧和影视我除了觉得观众不一样，一个是现场，一个是后来看的，其他真没觉得不太一样。因为现在话剧已不是概念里的旧式话剧，一说话就舞台腔那种，尤其是北京人艺的话剧，没有那样的，那些演员都挺生活的。

王童：你不是北京人，而人艺的话剧以反映老北京气息的东西多，你如何驾轻就熟的？

徐帆：我在北京待了20年了，那些东西我平常注意一点就行了，很自然的在排练的时候就能放出去。我觉得好多事情不用临时抱佛脚，它是你长期的积累，到你演戏时候，就不累。你要因为要演一个角色，开始临时抱佛脚，那个劲你使不了多少。

王童：有些演员很有实力，如在《南征北战》中演我军师长的陈戈，演技非常棒，《抓壮丁》也演得出神入化。但普通话就是说不好。如让他这类有南方口音的人演老北京，肯定不行，而你这地道的湖北人却能驾轻就熟。

徐帆：我在武汉戏曲学校学的是京剧，所以京腔不成问题。你像语言的问题，我是有30年舞台生涯的人，应该说，这个基础打得很牢了。京剧，韵白一定要普通话，后来转武汉话剧院，又转中戏，我一直没有离开普通话，只不过武汉普通话，用词的逻辑重音不同于北京这么正规。我又是一个演戏的习惯跟别人不太一样的人，如有很多演员从拿到剧本的那一刻起，就什么都不管了，只管人物了。我看剧本，撑死看两遍，就放下了。非做一些和这个人物一点关系的事也没有，我也不知道为什么。这是我的习惯。看剧本是

演员徐帆

一个字一个字看的,看完了不会什么都没有，我可能很久都不想这个人物,但一到拍戏,我这种东西就自然而然在身上了。我不愿意把一个演员归到哪一类里,我认为演员就是要遍地开花,就是在任何领域都应该能施展身手。适合做什么就做什么,演员重要的是抓住自己身上的特点。

王童：这可能就是演员天然的素质。话剧的台词量那么大,怎么能掌握到不打嗑奔儿?

徐帆：我觉得这是天生的,我只会背台词,背诗都不行。怎么也背不熟。台词分为几个段落,它是环套环的事,我觉得不费劲,只要把事理解了,我就能说。但朗诵诗不行,前一口儿跟后一口儿完全不在一个点上,我就领会不了。一行就是一行,真是讲专攻,不是全能。有很多人说你去朗诵一个,主持一下,他觉得你是话剧演员,这些都可以做,其实不是这样。我是玩票主持过,但真的不好,主持那工作完全又是一个功。

王童：你演过贤妻良母,还有一些小女人之类的人物,你怎样抓住这些角色的触击点的？这回又演了这么个大悲大喜的角色,跨度大吗?

徐帆：具体来说还是离不开演员本体吧！还是从以往的积累与体验出发的,任何角色都是一致的。

王童：你现在总在小刚的影片演,人们会不会认为你是在冯小刚的光环下成了某种类型了?

徐帆：我不知道别人怎么认为,我也无所谓别人怎么认为,其实,我别的工作也做得挺好的。

王童：这种夫唱妇随会不会把你的艺术类型给框住了?

徐帆：我真的无所谓,只要你让我演我的戏,我觉得演出来不偏离人物就行了,我的起点要求就那么低,没有太高的要求。别累着自己。

王童：人家都说你沾了冯小刚的光,否则没戏。

徐帆：这没什么,沾了就沾了,他是我丈夫,理所应当的。但不沾也没问题,我们有六年没在一起工作,我也干得挺好。

王童:在"大地震"首映式上看你一直强忍悲痛,这和你过去在小刚的片子里不太一样,那些片子幽默的为多,但"地震"这片子有很悲情的东西,它是否让你特刻骨铭心。

徐帆:这片子是写一位母亲,它把母亲写足了,在这之前我演的那些母亲,总是有这事那事,把母亲的称谓给模糊了。虽然演的都是孩子他妈。但并不是孩子他妈本身。这个戏演得就是母亲本身。我觉得传统的母亲的东西已经很久没有见到了。

王童:这同你现在真实的母亲身份是否有某些呼应的东西?

徐帆:对,我特别喜欢传统的母性。我这年龄往上走的母亲,都是为了孩子能够把一切,甚至把命豁出去的。可现在我这个年龄做母亲的,却经常说,锻炼孩子,我不知道锻炼孩子以后意味着什么。从前那些母亲,所有心力全呵护我们。作为我,我和我母亲的心就连得很紧。我就不知道,老锻炼孩子的母亲,孩子以后跟她的心是否也会连得很紧。什么样的教育,出来的结果会不同的。我不想评说它好与不好。

王童:你觉得孩子需要宠爱。

徐帆:我觉得孩子是要宠爱,但原则是,教育是要教育的,但还是要呵护。比方孩子做错事了,是错了,但任谁都批评,那孩子就该没有自尊心了。

王童:但现在人们常说,现如今独生子女家庭的孩子已越来越脆弱,应对生活能力差。

徐帆:这就是这个社会一切都要简化的结果。宠是要宠,但看你怎么宠,我们的父母长辈也宠我们,但该做的事还得让你做。现在是宠得没有度,方式不同。

王童:你是否同意给孩子以物质奖励的教育模式。

徐帆:我不赞成什么都拿钱,拿钱的方式太简单,我觉得什么都要投入情感在里面。现在大家都把自己的情感看得太吝啬,包括父母对子女,什么都拿钱来说,钱太容易了。我不认可。所以我特别喜欢传统的母亲,看似什么都不管,其实什么都在管,她拿心在管。

王童:照此,李元妮这个角色是不是挺难演的。

徐帆:我没觉得难演,是因为从我懂事起,我的母亲就是这样的,所以我觉得自己以后也应该是这样当妈妈的。

王童:你和杨立新演对手戏很默契,精彩,这常让人想起,他曾是你的伯乐,心有灵犀,所以默契。

徐帆:我们演戏就是演戏,不掺杂其他。我觉的《唐山大地震》这部戏里,所有的演员都很棒,演员很整齐,不是将就的那种角色,每个角色都一个是一个,包括群众演员。

王童:这让我想起《不见不散》那些演员,那些美国警察说"为人民服务",真妙,这些人哪儿找的?

徐帆：主要是当地副导演称职，你需要什么样类型的演员，他就按照要求找来。但现在咱们拍电影，可能就找来民工演警察了，凑个人数。

王童：国外的人就很敬业。

徐帆：对。《不见不散》在美国的餐馆拍打劫那场戏的时候，就请了很多美国群众演员。那时我们特有感慨，这些群众演员真的棒，一个七十多岁的老太太，你让她跪那，跪三小时，你让她起来，她都不起，她就跪。说，不，我就是在这儿。群众演员感觉一对，整个都对了。

王童：这些细节取决了整部片子的成功。

徐帆：什么事都怕认真，认真了就是不一样，认真比不认真强出一百倍。“大地震”的演员都是唐山人，他们经历过这样的事情，所以他们心里是有依托的，我们演员是带着戏上场，他们是知道的，他们做的是什么事情，而且他们觉得我们都在帮着唐山，是有着责任感的。

王童：但当年我问起唐山人，说那时人都是很麻木的，因死的人太多，来不及痛苦了。

徐帆：麻木是这样的，你是没人提，如果你家来了一个亲戚，你肯定不是这样的。

王童：这部戏把你扔到一个矛盾的交合点上，让你选择，产生最后的矛盾，选择孩子，真让你选择怎么办？

徐帆：我可不做这种假设，事来了再说。这种假设太痛苦了。这不可能。瞬间根本容不得你想。

王童：拍这戏你们体验生活吗？

徐帆：这需要表演的积累，这真的要求演员要有自身感受才行。

王童：演前同当地人谈过那时的感受吗？

徐帆：没有，我不太敢问，戳人伤疤。我就是看了钱刚的报告文学《唐山大地震》，而且没看完。我感受到那里面的气氛，比如地震那瞬间。因为它有很多的，比如农村，比如医院的，厂子里的，那一瞬间的人。我记住这些就行了。剩下的我自己体会。

王童：仅靠惯常的积累就行了吗？

徐帆：对，我觉得这些东西就跟长在我心里似的，这种情感的东西，我随时都有。我不用特意体验生活。

王童：记得演《龙须沟》的郑榕就说过，老舍让他演泥瓦匠，他就真去体验一番。斯坦尼斯拉夫斯基的理论也是这样的。

徐帆：我觉得不一定必须去。你说这个事情，我可以做别的，也不影响这个事情。你让我把思想放松，我有很多触及的面，我可以演出来去丰富这个人物的，你要是一根筋地去做这个事，比如纺织工，职业可以在舞台上带出来，你可以去做，带不出来的情况下，可以不做。因为整个环境氛围已经足够了，你就不用说了。你说的斯坦尼的东西，要化在血液里，但不能成为条框限制你。

王童：影片开头，你骑车用了个伸手的动作，让人有一种在秩序中生活的场景。

徐帆：骑单车伸手拐弯，这是我从小养成的习惯，是我想的。

王童：但下意识给人的感觉，是遵守秩序，似乎喻示着这城市井井有条的感觉。

徐帆：可能是。但我不去想，我只想这个人物，我只带着人物，不带着社会因素。导演要觉得多余，我也可以不用。我觉得好看规矩，帅气。但第二次出场，我也骑自行车出场，我就没有设计这个动作，是觉得，年纪大了，两手撒把有危险。两次出场，我要区别一下。别人分析可能多一点，但分析不在我演戏范围内，我不去管它。别人感受什么就是什么。

王童：你的这些设计可说是为下面的特技效果打下了伏笔。

徐帆：这个戏我觉得最难的就是特技演出。当时拍的时候，也会有一点点东西砸下来，但大吊车倒下是没有的，是后面做的。演的时候，不能只演那一点点感觉，要多得多，我第一次拍这种戏。不存在沉浸或不沉浸角色中，是纯演技巧的，那个分寸把握很重要。

王童：这怎么用惯常的经验，是该喊该哭，怎么把握呢？

徐帆：我只会演戏，说不出来到底要怎样把握。你要能喊就喊，能哭就哭。我知道你写这个东西是要介绍给大家听，但我特别不主张借鉴经验，反对借鉴，我主张自己琢磨，你琢磨得出来就能出来，琢磨不出来，你就自己熬着吧！没办法！我就是这么出来的。借鉴没有一点创造力。

王童：可你刚才还说创造力也应该在体验或积累的情况下出来的。

徐帆：我还有想象力。我不是说活在别人生活里，我不知道。

王童：想象不会是凭空的吧！人常说做演员最大的幸福或者挑战就是能扮演不同类型的角色，你说你更多是按照自己的感受和体验来演戏。但人的类型太多，人也很复杂，你有没有碰到自己无法体验感受的角色。

徐帆：这个还没有，因为我接角色，是要有80%的把握去演好的，我才能接受。达不到80%，我不会接。

王童：有没有你接受不了的角色？

徐帆：那我就不接受。

王童：碰到过吗？

徐帆：有！比如农村戏我就不行，因为看着不像。我不相信演员什么都能演，说行，完全是瞎掰,愣往上贴。演员是做不到全能的。什么都要求全能,其实做不到。

王童:那你要挑战自己呢?

徐帆:为什么呀?

王童:体现演员的可塑性强。

徐帆:你非要显示,想听骂,有多少人要骂你。这挺毁演员的,一点不帮助演员的。有好多演员听这话还挺高兴,我觉得这人傻吧,真是傻。因为每个人都有你的特质,你发挥你的特质就是最好的。你要跨越你的特质,似像非像的,还不如让有特色的人干。这样演员的类型还多,品种还多呢!为什么就愿意永远那么两三个演员,这么大的国家这么多人,就两三个演员,也不合适,比例都不对!

王童:这也是我下面想问的。

徐帆:农村的戏我演不了,怎么靠近也不像。我就不费这劲了。我就觉得演员有局限性,只要把自己能做到的事情发挥好了,不就行了吗?我想的比较简单,没那么复杂。我不是老喜欢挑战自己的人。

王童:现在人们议论多的是该片植入广告的问题,当然,这可能不是该你回答的。但还是想听听你的看法。

徐帆:那你说我们喝不喝酒,喝不喝水。开不开车,骑不骑三轮。这不就得了吗?外国人干什么都成,咱们这儿干什么都不成。(激动)还有的说,要免费放,那人家投资方凭什么免费啊?人家也花了心血,也出了资的,即便是唐山人出了资,也不会免费吧?这个要求我不明白,什么都想要不要钱的,为什么呀?中国的东西都不值钱吗?就包括人也不值钱吗?当然,国外也有免费的,但人家的范围要求都是有限的,咱们是无限的,我觉得奇奇怪怪的,占便宜没够吗?

王童:问你个私人问题,你同小刚的生活状态与以前有什么不同吗?

徐帆:为什么不同?

王童:因小刚现受白癜风侵扰,形象不佳了等等。

徐帆:他过去也不是英俊小生呀!为什么要跟以前不一样呢?所以说这话的人就是外人,不可能是我们家里的人。所以我说,家里人永远是家里人。那有什么吗?有什么不得了的吗?这不是事,这在我的家里不是事,认为是事的都是外人。

王童:这么多年,拍了这么多戏,有满意的角色吗?

徐帆:如只选一个,我觉得《唐山大地震》肯定是一个,之前《一声叹息》也挺好的呀,还有《结婚十年》、《青衣》都挺好的。

王童:《永失我爱》也曾让妙龄女郎泪沾巾!

演员徐帆

徐帆：在《永失我爱》之前，咱们国家没有一部纯粹的爱情故事，所以看起来觉得还挺清新的吧！

王童：有关孙海英炮轰小刚的事，也不该是你回答的，不过我还是问一下你怎么看？

徐帆：我没怎么看。

王童：这片子看完后，我写过一个评论：复活死难。我的观点是说，这片子看似天塌地陷，但涉及的家庭悲剧，也只死了一个丈夫。女儿死而复活，结局应该还是大团圆。

徐帆：这在开始时未知啊！结局设置还是让大家觉得温暖些！

王童：给女儿下跪的情节是你设计的吗？

徐帆：是。我觉得常规意义上是晚辈给长辈下跪，没有长辈给晚辈下跪。我觉得下不下跪是次要的，关键是这种歉意，你是真的还是假的。你要真觉得自己错了，那你诚恳歉意的方式要找个什么样的，可能每个演员处理不同。我就找到这样歉意的方式。因为，只有这样才能表达，我真的是对不起你！

王童：是即兴的吗？

徐帆：我一直在考虑，在那天要拍时，才大致觉得要跪下来，但具体怎么跪，怎么拍不知道，只有这个想法，就和导演说，您能不能把机器摆好，最大限度的位置在哪里。你帮我把最大量留出来。其实演戏，即兴的时候比较多一些。因为不可能把每个动作都想得那么死，那么死演的就只剩下动作了，也没什么激情了，没意思。

王童：演完这个角色，你从演戏的角度来思考人生，有怎么样的感悟了？

徐帆：演完了我就要忘掉她，因为我要开始后面的工作，下一个角色。从工作角度是这样的。但这部戏给我的感悟是，没有什么比家、亲人更亲的了。要珍惜自己家里人。我没有因为演了这个戏要更爱谁，我传达的是，我一直以来都是这样的爱。我的生活习惯也好，创作习惯也好，我不擅长临时抱佛脚，我注重每时每刻。就像抽签一样，这一盒子的签永远都是满的，你随时用，随时抽，我永远是满的。

王童：有的演员因为演了某一类型角色，他的生活做派也变了，变成角色的了，比如某些特型演员，就脱不开一种模子。你会吗？

徐帆：我没有特型演员的经验，我在导演一说停，我就迅速走出角色，就成我自己了。我没有完全沉浸其中不能自拔的状态，那不是我的风格，我能迅速进出。我能有更敏锐的触角去碰，如我就禁锢在一面上，演出的戏会特死板。

王童：你和小刚相恋时，他并非大红大紫，其间还有很多坎坷，你怎么就看好他呢？

徐帆：我就觉得他好，他很善良。

王童：善良能当饭吃吗？

徐帆：我觉得善良就可以当饭吃，因为我们谁也不需要靠对方养活。我不管他走不走背字，一起分忧，一起做事就是分忧，就是排解。

王童：从前小刚很爱发火，但现在小刚很平和。是不是人成功以后就平和了。

徐帆：我觉得他可爱就可爱在这点上，是因为他是真的，他用不着虚头巴脑跟谁都和颜悦色，其实心里恨着呢！他不这样，这就是我喜欢他的最根本的东西，他是真实的，他不用去隐藏。有的人跟谁都和颜悦色，和事佬，笑面虎似的，其实心里极其阴暗。他是心理健康的不能再健康了，太健康了。你跟一个心理健康阳光的人待在一起，你不知道有多快乐。心理健康不是幽默，天天说段子，那不是一个正常生活的人，我觉得这是我们一块生活的状态，我就是这样，我就是因为这个选择他。

王童：现在你们聚少离多吗？

徐帆：我们是聚多离少，只是不在一起工作而已。

王童：媒体现在报道很多，关于他前妻，孩子，包括你们情感的事，这些微妙关系你怎么处理的？

徐帆：这个我肯定不能跟大家分享。这完全没有必要，是太个人的事了。我处理得好是我的本事，仅此而已。谢谢大家的关心，我谢谢了。

王童：用微妙的处理方法吗？

徐帆：不用太微妙，你特坦诚就行了。

王童：前面提到就那么几个演员是否太单调了？这也正是我要问的，现在女演员拔尖的是不是太少了？

徐帆：这不是我应该想的事，我们每年角色限量而出。从学校出来，从没什么名开始，就一直限量，到现在。我就是量力而行。

王童：现在你还投入慈善事业。是怎么想的？

徐帆：这是一个计划，是一个关爱儿童心理健康成长的。因为现在一说起孩子，都在埋怨这不好，那不好的。其实我觉得孩子的不好，有很多方面都是家长的引导和教育，包括学校和老师，这些环境的东西。现在孩子压力很大，他没有一个倾诉的地方，于是他的心理慢慢开始扭曲，我挺怕孩子带着恨，走过这一辈子。孩子要是带着恨走过这一辈子，他的眼里就是谁都不是好人，那以后会产生报复人类的心理，会很可怕。我希望孩子能带着爱生活，我没往大里想，就觉得他这一辈子会很愉快。

王童：在这个行动中，你投入了很多的精力吗？

徐帆：因为做了妈妈以后，才有了这样的感受。没做妈妈之前，当然也想过，只是很肤浅。因为我很关注孩子的心理健康，这是长期的事情，不能立竿见影。没有长期的做法，你肯定见不到效果。

王童：以后具体怎么做？

徐帆：现在就是通过孩子的绘画来了解孩子的想法，这个绘画不是在家长和老师的指导下，是由他们自由发挥。我们还要办画展，现在画展在跟着他们一块儿巡回，然后出画册。

王童：小刚在出现地震水灾等灾祸后，都捐款了。你也跟着一起去了吧！

徐帆：对。

王童：在地震灾区，你的真实感受怎样？

徐帆：当时我们去汉旺，看到整个镇子在一瞬间就没了。那个镇子在我们去的时候，当作地震遗址围起来了，没有公开。你就看这些炉灶，熟食都在，缝纫机还踏着布，可是房子垮了。这些都是在动作进行当中，房子就没了。这种灾难真的不可预知。我们拍的地方是最中心的一个点。他们说是医院，当时在医院旁的小广场上有两百多个老太太扭秧歌，一瞬间就彻底改变了。

王童：你演灾难，也目睹灾难，这对你的心灵打击是不是挺沉重的？

徐帆：我恰恰因为看到这些，才觉得要珍惜现在的生活。我不主张什么事别提别提，因为，你不提，就意味着永远别忘。

王童：也有舆论说你们拿“大地震”赚钱。

徐帆：这些东西我都懒得去理。我不说大话。你就拿人来说，为什么要心理医生？因为有心理医生，是不是你和她说你的不愉快、委屈，你倾诉出来，是否心理会舒服一些。《唐山大地震》这部电影在一定意义上，它是有心理医生这个位置的，它去疏导了你的心情，你为什么不从这方面想呢？而且有一个人说是这样，于是千篇一律都是这些，为什么呢？我觉得都没创意。人是要带着爱的，是要有善意的，你善意地对待别人，之后别人也会循环的。为什么我特别喜欢唐山人，是因为唐山人受过别人的救助，其实那时受的救助很少，比汶川差远了，但人家有感恩的心。所以现在有什么天灾什么难，人家都有救援队，自发的就去了。他知道感恩，他不是用嘴说，是真有行动。其实四川受的捐助比唐山多，怎么到了那儿就开始怀疑李元妮的坚守？就是过时的呢？这让我们不解！我真接受不了。我常想人是要有爱的，如果没有爱心，你做出的事就是狠事，说出的话就是狠话。所有东西都由心生。

王童：小刚的影片现在有票房保证，因而有人也说小刚有私人飞机了，是否因为这些才有此奇谈？

徐帆：我觉得这些人挺可笑的，连玩笑都听不出来。

王童：财富对一个人成长的能力，做善事的能力，还有平和心的能力，都是相辅相成的。饥寒交迫的人与你们怎么对待生活，怎么对待人生是有区别的吧！

徐帆：是，心理不一样。他受到救助，感恩会多一点。反而那些条件更好的，突然受灾，受到救助，感恩会少一些。我无法百分百揣摩他们的心理。

王童：你下一个角色是？

徐帆：回剧院排话剧，在《原野》里扮演金子。

王童：这可应该是个挑战了，金子的角色好像更狂野一些。

徐帆：这样一说，我现在在想影视与舞台剧的区别。区别在于国家固定的戏剧团体，他就固定那么些人，演员演戏就需要创造力了，也许有些是不适合你的，但它就那么多演员，你就必须演，这个时候就需要你的创造性。所以刚才说的《唐山大地震》，包括所有的角色，就是得益于话剧舞台。比如胡宗温老师60岁了，让她演十几岁的少女，这就不是本色了，就靠创造了。所以话剧舞台给演员很大的创造空间。若你演得不好，就挺没面子的。单位就那些人，连食堂的师傅看的戏都比你演的多，谁都可以评判你，都能说得出好坏。舞台剧演员大红大紫的没有，因为它不是舞台剧发展所需要的速度。大红大紫当然好，但要因人而异，可能这样不利于我。像我现在这样这么平稳的走，是有利于我的，因为这样能把我练得结实。我在这方面没什么要求，我觉得现在很好！我觉得演话剧影视都一样，都挺过瘾。这么多年了，不再注重这些表面的了。两边走走，对你的表演没什么坏处。我特别庆幸自己是在这么松弛的环境下成长的演员，所以我不那么死较劲。正因此，一个松弛的环境对一个演员是多么重要。因为松弛了，你观察的触角就多。就像螃蟹、章鱼松弛着，它铺开的面大。包括演戏，包括你的心理、思想也好，都放在松弛状态下，把创作当作一种习惯，平时再注意点，在演戏的时候，就不会那么费劲。要学会观察生活。有的人出了校门就把观察生活忘了。而这恰恰是最重要的事情。这根弦没有，就别做演员。

王童：自己看自己的作品是一个什么感觉？

徐帆：我看自己的电影也会哭，很感动的时候，我会忘记是自己演的。

王童：对国外的演员比较喜欢哪位？

徐帆：我主要看人家的演技。比如乔治·斯科特，《简·爱》里的罗切斯特，《巴顿将军》、《墨索里尼》的不同角色：巴顿将军和墨索里尼都是军人，都是秃瓢，多近啊，外形上一样，但他演的就是两个人。所以厉害的演员就是能把最相近的区分开，他演得特别有个性。女性，我喜欢梅丽尔·斯特里普，她不是个明星，她是个演员。明星不是不好，但有时明星太在意自己的外表，看得会让人有距离。

王童：你也很在乎呀！因没提前打招呼，不让我拍照(笑)。

徐帆：这是公司包装的要求，我也起码收拾收拾(笑)。

王童：演员随着年龄的增长有心理障碍吗？

徐帆：我不在乎年龄，年龄没什么关系，我演这个年龄的戏就行了。我每次演戏都和从没演过戏一样，不能总把以前的经验攒着来对付下部戏，我觉得不成。

王童：你是一个看上去让人感到特别舒服的人，其实人们也在追求这种舒服。

徐帆：我就是挺舒服的人。这种舒服不是你要做给人看的，挺累的，你要懂得享受这东西。我不适合竞争，快节奏的生活，就是特别不适合考试的人。这个状态是个习惯。像每天刷牙洗脸，你不会因为忙就忽略。之所以这么做，演起戏来，你就会有新鲜感，你要是老特别较劲，演戏就成为一种负担了，那是件挺可怕的事，我还是很喜欢这个工作的。

王童：现在演员更像是一种急功近利的职业，能保持你现在的状态，坚守很不容易。

徐帆：是，因为你越这样做的话，你会越觉得做得实。

王童：你是属于有良心的演员。

徐帆：反正能对得住自己，能拿出的手艺吧！我不清楚这个职业要具备什么素质，但任何职业都要具备这个心态，这不会差到哪里去。我从小就是这个想法，所以觉得轻而易举。但现在年轻人这么做，可能有点困难，因为年轻人需要闯荡啊，我是个没什么需求的人。我这种人在我的职业里，要是老见不到家人，就会不行，就会吵架，见到面什么事都没有了，这是每个人的性格不同。

王童：小刚在海南同我通电话，说他在筹备新片。是《非诚勿扰2》吧！

徐帆：是！

王童：有你的角色吗？

徐帆：没有。

小 传

徐帆，1967年出生，1979年就读于湖北省艺术学校京剧科，专攻青衣、花旦；1987年考入中央戏剧学院表演系，1991年分配到北京人民艺术剧院工作；现为国家一级演员，国家特殊津贴获得者，北京市人大代表。曾出演多部话剧、电影获得第五届中国电影华表奖最佳女演员奖等奖项。

赵本山:苦涩的笑

在中国,赵本山的名气也许比任何一位领导人都大。当他频频出现在“春晚”时,他那带有东北味的机智语言或调侃或揶揄讽刺,都让观众无不开怀大笑。而他在《幸福时光》、《男妇女主任》等影片中塑造的那一系列生动人物,也让人过目难忘。他有自己的二人转剧团,有自己的飞机,有无数的粉丝与追星者。有人说他俗,有人认为他有乡土气息。但不管怎么说,他那张能挤出无数戏份的脸已成为了中国演艺文化的一个符号。但银幕同舞台下的他则是另一个形态了。他肚子有些凸,说话也不像舞台上那么逗人了。

当影片《幸福时光》在全国上映之际,有人说,这是一部冯小刚式的影片,也有人说,这是一部难以找到张艺谋的影片,但在电影院里你似乎还能听到那种笑声。在这笑声的背后,赵本山说了一点自己心里的话。

王童:你一开始在艺谋的片子《有话好好说》里扮演了一个小角色,这回则实实在在演了一回主角,与上次演的小角色有什么不同呢?

赵本山:上次是一段戏,没有上次也没有这次。我们之间的认识有这么一段戏,首先是张艺谋承认了我的表演。我的小品他就很喜欢,后来我们交了朋友,我也很有压力——他顶着压力,我也是在顶着压力,他说,你不要觉得自己像什么,你就演自己,他将我了解得特别透。你就演你的优势,我的优势就是演小人物,自嘲自讽,不要玩儿深沉。其实他说得也对,要我在一部电影里演深沉,那就不对劲了。

王童:但是在影片《刺秦》里你却玩儿了一把深沉。

赵本山:那不是深沉不深沉的事,《刺秦》本身对我就不太对位。我对那个古装戏和那个故事都不太了解,只是按照导演的意图来演的。陈凯歌用我也是想发挥我的长处,可我一出场观众就笑,这就起了相反的效果。

王童:在这部影片里你是否想让观众好好笑一下呢?

赵本山:这部影片就是应该让大家笑。有一种苦涩的笑。看完这部电影不是像小品那样的笑。

王童:就是一种苦涩的笑吗?

赵本山:也不全是。情节到位了,按人物走下来,情节包袱比语言的包袱抖得还高级一些。

王童:你现在演电影的次数已经很多了,那么小品的演出相应来说是不是就要减弱一些了?

赵本山:我过去不演电影,小品一年也就上一两个。

王童:就是说你很用心地去演小品?

赵本山:是这样。我对小品下的工夫比电影还要大,一个小品要两三个月,虽然那个在舞台上只有十几分钟。

王童:演电影呢?

赵本山:说实在的,演电影80%是导演的事,小品则是个人的。

王童:是不是在小品里更能发挥?

赵本山:这是两码事。

王童:你是否是最优秀的小品演员?

赵本山:我自己不能这么看。

王童:小品和相声究竟哪个更受欢迎呢?

赵本山:这些年相声在创作上有些枯竭了,没有一个很好的创作队伍。

王童:你演完这部电影,是不是在表演的层次上有些提高了?

赵本山:在我心目中电影表演和小品表演是在同等位置上的。

演员赵本山

王童:但通常人们看小品觉得它比较夸张,电影则比较更生活化一些。
赵本山:但现在回过头来看,市场则在小品上,你又该怎么说呢?
王童:你所说的现在是小品的市场,那么是否是说现在中国的电影市场被小品替代了呢?
赵本山:没有那个意思。电影市场更多的是被电视冲击掉了。这和一个民族的兴趣有关。
王童:一个民族都这么喜欢小品,是不是搞得这个民族素质非常浅薄了呢?
赵本山:你这么说也不对,每一代都有每一代的审美变化。也不能说哪一个国家的人民都喜欢看电影,那么那个国家人民的文化素质就上去了,说喜欢看喜剧档次就下来了。我们要逐渐培养观众对电影的兴趣、感觉到电影的魅力。你比如说在俄罗斯,就是再穷,电影院也还是满的。
王童:那你这番话恰巧就证明了我们这个民族在某种程度上是缺少文化的。
赵本山:你不能用人们欣赏啥就代表他有没有文化,这是不对的。你比如说我过去刚在沈阳出山的时候,许多人都说我的小品是没有文化的人去看的,后来我出头了,走到北京了,家喻户晓,大学生、教授都欣赏,你说有没有文化?
王童:你说现在小品该向哪个方向发展呢?
赵本山:小品要切忌"洋化",老想把自己打扮得有文化,就显得不伦不类了。
王童:比如说有一届你演的《红高粱模特队》的小品,用拟人化的手法,相对来说是不是就是一个失败的小品?
赵本山:那是不同形式的一种小品,我自己挺喜欢。这是在大家都希望突破的情况下产生的。
王童:还有《赶车》的小品,也不是很成功。
赵本山:这主要是和一开始的初衷背离了。演演就把主题破坏了,成了一个宣传的东西了。老百姓就不喜欢了,他缺乏可信性。
王童:演完这部电影你是不是就把小品和电影充分结合起来了?
赵本山:我倒没想那么多,赶上什么就演什么得了,我活得比较实际。
王童:但是在世界电影史上产生过许多著名的笑星,你作为中国的一个笑星,是否想过要达到一个什么样的目标吗?
赵本山:人的这一生应该有几大步骤,拿我来说,过去在农村的时候就想进城,进城以后当了演员,当了演员就想出名,这时候别的都不太重要了,别人尊重你是最重要的了,像你说的那个问题就让历史来证明吧。
王童:但我觉得你的喜剧天赋是天生的。
赵本山:一个人的天才是不可否认的,这些年来我最感谢的是我过去有那么一段痛苦的童年，这对我来说是一笔财富。

王童：你过去曾公开说过你是农民的儿子，要保持农民的本色，你现在经常出入一些豪华场所，开玩笑说也过着一种比较豪华的生活，你的农民本色是否还保持着呢？

赵本山：农民的本色就是朴实和善良的一面，这一点我还是保持着。

王童：你说的善良、忠厚都是优点，但另一面农民自身所带来的那些缺点呢？你是否也会不自觉地流露出来？

赵本山：这我倒没有感觉。正因为我跟农民感情深，所以我就最烦有人说"这个人像个农民"，如果能像农民那样踏踏实实，心地那么善良，那么单纯，那有什么不好呢？

王童：有人曾这样说过，中国人不管多么洋，骨子里都是农民意识，你是否同意这个说法？

赵本山：我起码80%同意这个说法。

小　传

赵本山，1957年出生于辽宁铁岭开原市，著名演员。在中国春节联欢晚会上享有极高声望，被誉为"小品王"，曾经蝉联十余年春节联欢晚会"最受欢迎作品奖"得主。创立本山传媒集团，任董事长。现为辽宁省铁岭市民间艺术团国家一级演员、中国曲艺家协会理事、辽宁省曲艺家协会副主席等职务。

张元访谈:平静是必须打破的

记得当年张元在电影学院上学的时候,他为看一场电影,竟因为座位问题和同学吵了一架,几乎大动干戈起来。后来毕业后,他和王小帅等一些新锐导演没有工作,便合租了一间房子,开始了他们艰难的探索。当他第一部影片《妈妈》上映时,人们在为朴实的情感挥泪的同时,又深为他窘迫的拍摄资金而叹气。从那以后,总听说他在拍某某影片,却又总难以看到这些影片公开上映,人们也就开始通过其他方式去寻找这些影片来看。

曾经通过一些国外的媒体,知道他哪部影片又获奖了,也同时会听说这部影片已经在内地禁映了。这样,当他执导的《过年回家》携威尼斯电影节最佳导演奖的光荣,重新出现在大家的眼前时,浮出水面时,人们就会在一阵惊叹中把视线集中在这个有些卷毛狮头的导演身上。张元也学得老成,碰到尖锐棘手的问题时,他也会巧妙地说简单的是或不是了。但若干年后张元却卷进一桩吸毒案件中,让人甚感意外,这也成了他事业上的滑铁卢,他能否重新站起来呢?毒品曾夺去了无数天才艺术家的才华,张元是否也如其列,人们将拭目以待。

王童:现在你的影片可以和观众见面了,对你来说不知意味着什么?

张元:对我来说很重要。那么多年,观众几乎看不到我的影片,应该说是一件很无聊的事。拍那么多年的影片,没有机会和观众交流,我自己也感到空虚。

王童:人们通常总说你是拍地下电影的,由此也就得出一个结论,你是一个异类。实际上我们知道地下电影作为一种影片的类型,在法国已经形成了一个群体。

张元:在国外对于很有品位、有风格的影片,但又没有机会发行的,都是这么称呼的。这样来说称为“地下电影”也不是什么坏事。但1998年7月电影局下了一个规定,认为将来再这么拍电影就是违反规定,也就是不合法了,因而我还是要做一个合法的公民。

导演张元

王童:其实你拍的第一部电影《妈妈》是堂堂正正的主流电影,为什么从那之后你就转入地下了呢?

张元:这并不是我本身的意愿,也是我意想不到的,由于种种也可能不符合规定的原因吧,就出现这种状况。

王童:但你还是渴望这些影片能够得以发行的,只是由于种种原因,才这样的吧?

张元:对,说得非常对。

王童:你当初在选择题材的时候只是按照自己的意愿来选,而没有过多地去考虑市场因素。

张元:的确是没考虑,包括《回家过年》我也没怎么考虑。我觉得拍电影和搞写作弄绘画一样。不一定非要去搞一个畅销书。导演也是作者,就要对自己的作品负责任。

王童:那你怎么看待作家电影、作者电影这类影片?

张元:电影发展至今已经有一百多年了。许多定性过去也没有那么界定的,只是随着事物的发展才出现的,但任何事情总是有起伏的。比如说在法国和意大利,相当长的一段时间是有一些很艺术的影片也很有商业性。这也就说明电影的品种是丰富多彩的。但今天许多人非要把艺术影片和商业影片截然分开来看,这只是说明今天观众欣赏能力的衰败。

王童:你曾对冯小刚说,哥们儿将来拍最商业化的电影,这又是什么意思呢?

张元:这是两种期盼:一是我是能拍出卖钱的电影;二是也希望观众对电影的艺术品位追求得更高一点。

导演张元与演员合影

王童：看你的影片，总有一种逆反的情绪在里面，好像是要突破某种封锁线的状态，你是怎么想的呢？

张元：我总想看问题的视角更广一些，这样就会更有力量。

王童：你的影片经常出国参赛，国外评论界怎么看待你的影片，或是通过你怎么看待中国影片呢？

张元：中国影片种类很多，有张艺谋、陈凯歌的影片，也有谢飞的影片，也有我们这些新锐导演的影片，种类很多，很难去论定。但中国电影受到国外电影节的重视，我们是看到的，可中国真正被国际市场接受的影片还不多。

王童：对你的影片怎么定论的？

张元：他们不只是一家报纸，他们的媒体很多，很难一概而论。

王童：可为什么你的影片总会受到西方舆论界的关注呢？

张元：这问题说起来复杂了。因总有一些西方的电影节和评委，他们的眼光在某种程度上代表了一种选择，从而也影响了一些舆论界。

王童：这么多年，你总是处在这样的状态，自己是不是感到很压抑呢？

张元：压抑倒没有，我有我的幸福，我有我的快乐，生活也不仅仅只是电影。

王童：具体谈谈，除了电影，你还有什么呢？

张元：我有我的家庭，有我的孩子，有我的亲人，有我的朋友——有我们今天晚上的聚会，这不都是一个人的幸福所在吗？

王童：你的作品是很富有挑战性的，你本人好像又很传统，是这样吗？

张元：倒也不见得，但亲情很重要。

王童：你对一些敏感问题的探索，是有你的哲学思考吗？

张元：模模糊糊有一些，因这个世界太平静了，应该让它丰富一些，否则就会太死气沉沉了。

小　传

张元，1963 年 10 月生于江苏，1989 年毕业于北京电影学院，曾被《中国青年》杂志社选为将影响下世纪的 100 位青年人之一；被《新周刊》和新浪网联合评选为全国十大新锐青年。1999 年其作品《过年回家》获威尼斯电影节最佳导演奖；2001 年被授予联合国文化和平奖等奖项；近年来拍摄了《绿茶》等有影响的电影作品。

张暖忻:逝去的银幕之光

张暖忻导演已去世多年了,她一生也只拍了三部影片,但这三部影片在新时期中国电影史上却起到了承前启后的作用,它同郑洞天的《邻居》一样,开创了中国影坛的新天地。如果说,"第五代"导演的影片展开了一个历史性的画面,那么张暖忻的影片则是这个画面的催化剂。虽然,今天回过头来看,张暖忻的影片尚存在时代烙印的痕迹,这就如夏衍当年阐述的:任何一个人不可能不受到时代和社会的制约。但如同法国的"新浪潮"与意大利的新写实主义一样,都不会让世界影坛忘却的。同样,如你是一个有鉴赏力的颇具慧眼的影迷,那么一定会将《沙鸥》、《青春祭》、《北京,你早》这三部摄制于上世纪八九十年代的影片称为上品的。虽说那已是二十多年前的事了,然而,以这三部影片为代表的画面则吹响了纪实主义风格的号角。这三部影片一扫昔日中国影坛的虚假、造作、程式化的表现手法,取而代之的是以贴近生活使观众耳目一新。当我们今天津津乐道张艺谋纪实手法的影片《一个都不能少》及《千里走单骑》时,张暖忻等前辈影人早已进行了这方面的探索。至今,人们仍忘不了《沙鸥》伴随着中国女排的腾飞给国人的冲击、振奋;《青春祭》里让同时代人感到震颤的悲情;《北京,你早》中生活流般一幅幅画面也常使人们在寻找着她的名字——张暖忻。她是一个女性、一个上世纪六十年代毕业于北京电影学院的女导演。可是,拍完这三部片子之后,她却英年早逝了,让人甚感惋惜。她的名字也逐渐让人淡忘而销声匿迹了。让我感到意外的是,在我整理旧稿时,竟发现了当年对她专访的手写稿,这让我颇为激动。当时,我是在她的影片《北京,你早》初步完成双片时,采访的她,由于客观原因,这稿子未公开发表。但这里面所涉及的中国影坛的发展,却是难得的史料。张暖昕执导的影片《北京,你早》中的男主角王全安今天已成了崭露头角的青年导演。当张暖昕在另一个世界的天堂电影院里,看到这个她当年的学生因《月蚀》、《惊蛰》、《图雅的婚事》获得莫斯科与柏林国际电影节奖时,她会怎么想呢?用她当年扶掖年轻人的观念来看,她应是该含笑九泉了。也许不只是王全安,她的作品应是启迪了一批中国电影人的观念。波布克认为电影本身就是回首往事的。那么,对张暖昕的追忆也许还并未时过境迁,起码,我们今天的电影观念也没有多少超前,这样,与张暖昕当年的访谈就弥足珍贵、殷鉴不远了。尽管,这已是往昔岁月的事了。

王童:记得美国著名导演科波拉拍过一部叫做《对话》的影片,您看,我们也把这篇采访称为对话怎么样?

张暖昕:行吧!可以吧!

王童:自从《沙鸥》、《青春祭》之后,观众已有五年的时间没看到您导的影片了,大家都很关心您。您这段时间在干什么呢?

张暖昕:哦,这五年当中,一是我一直没找到合适的本子;二是1985年我作为访问学者到法国巴黎去学习了一年。

王童:是在修身养性、积累经验吗?

张暖昕:也可以这么说吧。在法国的一年,我考察、参加了各种电影节、观摩了不少影片,收益很大。

王童:我从一份材料上看,您的影片《青春祭》在戛纳电影节上映时,受到了人们的广泛好评,鼓掌达好几分钟。

张暖昕:有这事,当时影片是作为观摩片,没有参赛,是在蓬皮杜文化中心放映的。

王童:那可是一个大雅之堂哟!

张暖昕:是,是一个档次很高的地方。

王童:听说您在法国还导了一部片子。

张暖昕:是的,名字叫《花轿泪》,由姜文和秦怡主演的。

王童:这部片子国内好像一直没有上映。

张暖昕:听说最近中影公司已经进了此片。

导演张暖昕

王童:但愿有一天能看到。评论界的许多人认为,新时期的中国影坛第一次向传统电影语言发起挑战,没有深入展开,您是否想再次运用纪实手法,将其拓展一番呢?

张暖昕:从新时期的新电影运动来看,那个时候提出纪实性问题,是针对当时的中国电影虚假的现状而言的。“四人帮”时期,中国电影在所谓“三突出”的误导下,滑向了完全虚假、可笑的地步。观众对国产影片产生了极大的反感。所以我们感到最突出的问题就是把人物的脸谱化拆穿。过去正面人物、反面人物、英雄人物都按照一些框架来设定的。影片已丧失了电影本身的特性,成了一种宣传品。那时迫切地提出纪实问题,强调新时期是让电影恢复到现实主义的道路上来,使之还回它本来的面目。但进入了二十世纪九十年代,电影本身的发展不一定全是纪实性,纪实性也不是电影发展的唯一标准,它仅是众多样式的一种。电影本身的特性是丰富多彩的,如我导《青春祭》的时候就没像《沙鸥》那样特别注重纪实,而是注重了影片的诗意和抒情色彩,当然这里也有纪实性。我的意图是想将中国传统美学中的意象诗学融入。从二十世纪八十年代中期,电影界出现了很多流派,比较突出的是第五代导演。虽然我对这种以年龄来划分的提法持有异议。他们注重意象而不注重现实生活本身,走的是浪漫主义的道路。

王童:那么,《北京,你早》是否可以称之为纪实风格的电影呢?

张暖昕:准确地说,应该是现实主义的产物,这同纪实风格是两个范畴。

王童:您刚才说了,沉寂了这么多年,您没找到合适的本子,可为什么《北京,你早》这个学生作业却受到了您的青睐?

张暖昕:说来也是很偶然的,这个本子是文学系学生唐大年的毕业作品,但本子好就好在虽然写的是小人物、小题材,但折射的却是时代的一个大主题——在商品经济大潮的冲击下,国有经济被分割成了集体、个体并存的经济实体,有些走运的人发了财,而更多的人则面临着考验。剧本所展示的正是这些普通人在这种背景下的生存状态,并且站在他们的角度来看今天改革中的中国现状,是很有意义的。

王童:前几天,我们看到了《北京,你早》的双片,感觉非常流畅、自如,颇有生活情趣。

但这好像一改您以往的风格，几乎看不出导演的痕迹，一切似乎都很纯熟。而您过去的影片则是非常讲究画面构图的，如《沙鸥》一开始女排队员疾步向前走的长镜头，就使电影界人士经常津津乐道的，而这部影片，您好像躲起来了。

张暖昕：可以说我是有意这么做的。我觉得标志着一个导演的水平，是应当不露痕迹的。现在回过头来看我过去导的片子，虽然很有锐气，可还有稚嫩的地方。但在当时那个特定环境下，百废待兴，人们急于要出一口气，影片拍出了一些诗意，也很刻意，有一种矫枉过正的激情。当然，大家也是认可的。

王童：不过，那种花哨的手法也是那一阶段许多新锐导演常用的。

张暖昕：一般的新手初露头角，都是想把十八般武艺全都用上，唯恐力度不够。当然，新锐导演有他的锐气，但也有不成熟的地方。往往是很外露，很多东西都浮在面上。所以我觉得趋于这种时髦，在这之后，我认为导演的艺术构思应该掩盖在一个整体里，浑然天成。导演的作品里看不到导演而导演又无处不在。一部影片的成功应该是整部完整的影片，而不是指影片的某一方面。观众在一部影片中会体会到潜移默化、渗透出的艺术感觉，而不是硬性塞给观众的那种。

王童：但那种讲究形式的处理在"第五代"的许多影片里，可以说比比皆是。

张暖昕：所以说这一方面显示出了他们的才华，也表现了他们的某些缺陷。年轻的导演往往是才华横溢，但有时把握不住分寸感。我也有过那个阶段。直到完成这部《北京，你早》之后我才觉得自己成熟了。这就如同一个人在年轻的时候，一点事就要感慨一番，有了人生阅历，观察生活和艺术感受也都不像年轻时候那样外露了。

王童：不会是看破"红尘"了吧(笑)？有些超脱了，不总那么长吁短叹了。

张暖昕：这个影片是社会的一个缩影。让人们了解在干好本职工作的同时，怎样挣钱、怎样捞外快，这里面没有任何一个人能够逃避的事物。因而，看上去只是经济上的变革，可对人们生活的大冲击，并不比政治运动小，这恰是二十世纪八十年代后期，中国社会面临的主要症结。所以，我很喜欢这个本子，它写出了城市老百姓普遍关心的问题。再有，这个本子的分寸感掌握得比较好，几个人物的开掘都是各具特色，都有一定的代表性，可以说，在某种程度上按住了时代的脉搏。所以，我选择了这个本子。我觉得我能将自己对生活的观察、体验真实地融进去。

王童：这也是您作品的一个特点，似乎总想把握住时代的节奏。

张暖昕：这是我所努力的。迄今为止，虽然我只拍了三部影片，但我想，它们或多或少代表了新时期中国人心理上的三个阶段。比如说这部影片就不像《沙鸥》那么昂扬，也不同《青春祭》那样沉重，因为大家现在都很困惑，想来想去，也找不到一个圆满的答案。你说是倒爷跑一趟买卖赚的钱多，还是教员挣的钱多呢？这里显而易见的，这种脑、体倒挂的存在，这种社会分配的不合理性已成为现实生活中日益严重的难题。中国人从上至下都在思考，都在寻找，但都未找到一个十全十美的答案。同样，这部影片要得到答案也是不可能的。孰是孰非，并不鲜明。是邹永强选择的对呢？还是艾红选择的不对呢？我对他们每个人都抱有同情，对他们的心态、追求以及对生活的态度都是理解的。比如说邹永强，公家出钱培养他成了一个合格的汽车驾驶员，他想调离工作并开出租车去赚大钱，但良心上又过不去，只好老老实实干他的。艾红这样的人同样也不能遭到指责，人家都在那儿花花绿绿的，你怎么能要求这样一个女孩子"出污泥而不染"呢？何况她的追求也没有什么了不起的，想了很多法儿，最后也不过嫁给了一个"假华侨"，还要背着大包小裹为生活拼命。这些人物我都是带着一种感情，一种爱，一种理解去对待他们。今天在街头巷尾练摊的人也都是挺不容易的，有的人能吃苦，脑子转得快一些，就想方设法地去挣一些钱。有些人则老实、本分，也就老老实实地去做自己的工作。但是，他们也各有自己的苦恼。你说邻居富了，自己能没有压力？所以影片就用这种眼光去表现他们，这样观众也才会喜欢看，因为他们会发现这是他们自己的事。他们的朴实，他们的追求，他们的苦恼。这一切也都是时代的产物。

王童：您前面曾说过，您现在的表现手法已不像年轻时候那样外露了，可您却选择了一个青年人的题材来拍摄，而且摄制组也完全是初出茅庐的青年人所组成的，您这是出于什么考虑呢？

张暖昕：首先，艺术贵在年轻，何况这又是个反映年轻人的影片。年轻人需要扶掖，每到这个时候，我总在想我也有第一次拍片的那一刻，如果没有提携，也不会有今天的张暖昕的。所以我拍的三部片子，都尽量启用年轻人，虽然他们是新手，经验不足，但他们的优势是艺术感觉好，有冲劲。因而我在家里，与孩子的关系也尽量是平等的。遇到年轻人的问题就向年轻人请教，特别是电影学院培养出的年轻人，都有很好的艺术功底。

王童：如果所有的电影人都像张暖昕导演这样器重年轻人就好了。记得几年前我在采访意大利著名作家莫拉维亚的时候，他就说过同样的话，他认为要进行艺术创造就要永远保持精神上的年轻。但遗憾的是，现在许多用人单位都视年轻人为洪水猛兽，例如许多高才生因此也就被"窝"在那里，这是为什么呢？

张暖昕：(笑)这恐怕不是我能回答得了的。

王童：您刚才谈了许多影片思想上的东西。现在您能否具体地谈谈在拍摄过程中怎样考虑和处理的呢？

张暖昕：影片描写的是一些生活琐事，本身并没什么强烈的戏剧冲突，只是一些人际关系的小矛盾。影片中的主人公也不过是普普通通的三个男孩与一个女孩的故事。所以，我并不是把笔触都放在交代这个故事上，而是展现普通北京人日常的生活，其中有一早晨起床的戏，原剧本没有，是我加上去的，我了解到女孩子一般都要在三四点钟起床，起不来怎么办？只好依靠闹钟。这样，这些细节就齐了。整部影片中一点一点地串联起来，使熟悉北京生活的人觉得很真实，是我们经常身临其境的，不熟悉北京生活的人也可以一点点地去窥视北京人是怎样生活的，使他们看到，在这样一个生态环境里产生的这种思想是可以被人们理解的。那些有益的细节，环境，日常生活中的种种行为和有血有肉的人物就构成了影片的主题，这就是我要达到的生活流的味道。比如说，女孩子觉睡不够，要爷爷敲敲打打地起床，这些貌似无关的生活细节，人们看了对北京的生活也有了感性认识，情趣也就在这里。再比如说两个家庭的描写，艾红和爷爷相依为命，孙女担当起家里的一切，整日地上班，星期天还要给家里运煤、买东西。为什么要把这些加进去呢？因为只有这样，观众才能更好地理解她为什么那样企望生活的改善，渴望自己能够调到一个好的工作单位并指望自己的男朋友去多挣点钱，让日子过得好一些，确立自己的社会地位，这不是我们每个人都有过的想法吗？那些细节的东西看上去好像跟主题线索没有什么关系，但通过这些现象，以后人们才能慢慢地理解这些人物——小人物。这些小人物也就随之站立了起来。邹永强的父母都是老工人；老父亲和青年人之间有代沟，即使这种家庭也有。年轻人有自己的想法，跟老年人有些格格不入，有些锋芒外露的人可能会和父母吵架，但邹永强不会，他那么本分是与他的家教有关。他喜欢拉京胡，弹吉他，和他所生活的环境有关。父母的唠叨、邻里的非议等等。在这里我所讲的是北京普遍的、极其有限的居住环境和空间给人们造成的压抑感觉。

王童：那么，这个环境和公共汽车的环境是相吻合的，因为通常那里是一个非常拥挤而又狭小的场所。

张暖忻：公共汽车上虽然大多是属于那个阶层的几个"窗口"，社会上形形色色的人也都能碰到。这些人同乘务员本无关系，也交织不起来，正像我们坐多少次公交，除了买票不会和他们有更多的交往一样，大不了不过是在一旁去看一看。人家有钱、用外汇券买票，他们只有羡慕，路过那么多大饭店，而自己却从没有机会进去看看。总之，就是要真实地表现北京普通老百姓的生活。当然，公交车的拥挤程度也往往使我们心烦意乱。

王童：看上去，纪实风格的痕迹仍有一些。

张暖忻：有一点，但又不全是。纪实手法是纪录性。如《Z》这类的影片。当时，我们提出纪实风格的口号大前提下是统一风格的，但每个人又有每个人的特色，如《沙鸥》和《邻居》就不一样，具体到每个人身上，便是各走各的路。《黑炮事件》和《黄土地》的意象，《红高粱》的浪漫主义开拓。而《北京，你早》的样式则必须适应现在的生活流式的风格。

王童：您一向是很推崇法国影片的，而深造了一年，回来之后，艺术上有些什么想法呢？

张暖昕：我很喜欢法国诗意现实主义的作品，很想探索一番。

王童：这和中国的传统美学也是一致的，如唐诗的那种意境。

张暖昕：这便是人类文化相互贯通的地方。但是中国在世界上影响还不大，唯一能在世界叫得响的便是成龙，特别是《警察的故事》，很受欢迎。

王童：那些在国际上获奖的片子呢？如《红高粱》。

张暖昕：当然，这是一个成果，证明中国人在艺术上一点都不笨，也使得国外艺术圈子关注着中国，但中国进入国外的商业市场则很困难。这主要是我们的制作跟不上，还有欣赏习惯等一些问题。

王童：要改变这一现状该怎么办呢？

张暖昕：一是要国富民强，二是要解放思想。

王童：您导的片子总是非常贴近现实生活的，很受人们欢迎，据说《北京，你早》已作为亚运会期间的重点影片推介，大家对这部片子寄予很大的希望。

张暖昕：真是有愧于大家的厚爱。不过说到贴近生活倒是我的追求，我不想拍那些离现实生活比较远的题材，如乡野草舍之类的故事，好的艺术品应当是真实地反映现实！

王童：您今后还有些什么打算呢？

张暖昕：想拍一部中国留学生到美国去留学的影片，是查建英写的，名字就叫《到美国去》，但现在是资金的问题，也许还要熬上几年才能开机。

王童：但愿您这部片子也能如愿以偿，谢谢您接受我的采访。

张暖昕：谢谢。

小　传

张暖昕，1940 年出生，1962 年毕业于北京电影学院导演系。以《沙鸥》一片获 1982 年金鸡奖导演特别奖。又拍摄了《青春祭》、《北京，你早》两部影片。张暖昕是纪实美学最早的实践者。

李瑞英坦言

晚7点整，黄金时间，李瑞英走进了全世界收视率最高的演播室，或与罗京，或与张宏民、王宁搭档向亿万观众发布着新闻。詹姆斯·赖斯顿说："十九世纪是小说家的时代。二十世纪是新闻工作者的时代。"

不摆谱

如今，中央电视台《新闻联播》早已成为人们生活中不可或缺的部分，有谁不知道李瑞英呢？1993年，她随江泽民主席去西雅图参加亚太经调组织会议。游亚马孙河时，她和总书记聊了起来，他们谈起了音乐，又说到演讲。她对总书记说，演讲时最好不要看稿子，因为这样不吸引人。她还抱怨总书记占用了她要采访克林顿的时间。总书记问她若采访克林顿会不会紧张，她甩动了一下头发："怎么会呢？采访您我都没紧张呀！"总书记靠在船舷上感慨地告诉她，来游亚马孙河他非常高兴，因为毛泽东主席曾有过这个愿望而没实现。过后，李瑞英看到她和总书记的合影，发现俩人都笑得那么开心。一次，她要出差，排队到购机票的窗口，售票员一脸惊讶："你不是李瑞英吗？怎么不早说？"李瑞英眨着长睫毛的眼睛说："来这里排队买票的人都有事。如果我一来就跑到前面喊我是谁谁谁，人家可不理你那套。谁谁谁排队去，你瞧这多让人恶心。""如果有急事呢？干你们这行是经常有急事的。”“那就找人订票。何必要去摆这个谱呢？”

家庭美满

李瑞英说，当时她是和同学们起哄去考广播学院的。谁知歪打正着。小时候她非常想当一名作家。提及自己的孩子，李瑞英脸上掠过一丝母亲的自豪。“她很好玩儿，两岁多了。”“你工作这么忙小宝宝谁看呢？你爱人？”“哪儿呀！他比我还忙，他在社科院工作，博士毕业，是搞世界史理论研究工作的。一上班小孩就送到我妈妈那里去。”“那你们可以在事业上相互取长补短了。”“也许吧！”李瑞英绽出了一丝微笑。“他是有学问的人，学有所长。过去他还有时间耐心地向我推荐一些书目，现在也顾不上了。我们也有争论，我认为学的目的在于用，学而不用只能成为一个自我封闭的精神贵族。他常发牢骚说，现在搞学问的还不如卖白薯的。我就对他说，那你去卖呀！没人拉你，你要放下架子去卖，肯定不会比他们差。想挣那份钱，就不要顾面子。”

审视自己

李瑞英说自己一向很清醒、很理智。“我一直认为我从相貌到声音上优势并不大。现在我当播音组组长，每天总是第一个到单位。罗京见到我总叫：‘李瑞英，你太要强了。’我回答：‘我这叫笨鸟先飞，如果我有你那么帅的音容，我也会优哉游哉的。’”“你很漂亮呀，怎么能说优势不大呢？”“相对而言，还是有某种缺陷的。”李瑞英自谦地审视着自己。“因此我就一直在分析、理解稿子上下工夫，对自己的形象并不太过分注意。因而，一上荧屏就能很放松，很自如。而另一音容都很出众的学生因为太注重自我总紧张，杂念太多就失败了。我后来写了篇论文讲的也是这个理，电视播音员不能太以自我为中心，还是要客观一些。”

假如有一天

“你有没有想过有一天功成而退呢？”

李瑞英稍加思索了一下道：“确实，干我们这行的成名很容易，因这本就是个露脸博名的工作。但我更佩服那些老师、售货员，他们平凡、默默无闻地奋斗，更令人尊敬。我们这工作很风光，也很紧张，不能有一丁点差错。我有时要连续应付好几个活动，朋友结婚、过生日、某公司发行股票、某联谊会联欢。别人不去可以，你不去不行，都是朋友，求上了，就这么一次，咱这人又不爱摆派，能不答应吗？随着年龄的增长，总有一天是要退居二线的。近来，我常想将来，怎样把编采合一融会到一起去，干些事。对工作，你要总保持一种新鲜感是不容易的。过去，我的那种新鲜感就很强烈，劲儿好像一直在往外冒，人也总处在兴奋点上。现在就不同了，说成熟了也好，说疲倦了也罢，总之，是不如过去了。”“可有些国家的节目主持人年龄对他们来说并不是至关重要的。”“没错，他们跟我们不同，他们的节目主持人一般都要求在三四十岁以上，重要的不是年龄，而是阅历、经验、内涵、智慧。像大名鼎鼎的宋毓华，因报道‘水门事件’出色，就被提拔成了主持人。”“如果你要搞写作，你愿写什么类型的文章？”“我自认为不擅长写琼瑶那类小说。我喜欢三毛那种具有原始情感的文字，如《撒哈拉沙漠》。”“作为名人，你有没有过痛苦？”“痛苦很多，站在一座高山上，上又上不去，下又下不来。年轻时出名，是很幸运的，但又很悲哀。当然，你也可以去登另一座山，但那就要一切从头做起，难啊！”她叹了口气，“如果你一定要问我还有什么心里话，我可以直言相告，我是不希望别人了解我心中的秘密的。我内心中隐藏的那个世界，干吗非要让其他人进入呢？过去我从未和其他人讲过这么多，真的。”

小　传

李瑞英，1961年生于北京，《新闻联播》节目播音员，中国传媒大学教授，中央电视台业务指导执行主席。走上播音岗位二十多年，她参与了多次重大新闻事件的报道，多次随党和国家领导人出访，现任央视新闻中心副主任，为多届全国政协委员。

清澈的李修平

英文中采访与会面是同一词

与李修平会面总觉得她和电视上那个著名的播音员有些不太一样。荧屏下的她多少带点矜持，甚至有些羞涩，特别是当你向她问起感情问题时，她就会赧红着脸颊，极力想把自己隐藏起来。她属兔，星座是一个人从罐中倒出一股水流，便有了的宝瓶座。由此你就会在与她的交谈中，觉得这种情形是多么的贴切。如果不是摄像机几乎每天都把她的音容细致入微地捕捉到荧光屏里，走在大街上，你或许会把她当成一个女教师、女医生。当年考大学时，她报考的第一志愿是师范学院，但她却过关斩将地考上了广播学院，这一点连她的双亲也感到诧异，兄弟姐妹四人，只有最小的她离开了理工科。李修平的身材如同她的名字一样，长得修长、匀称，尽管穿着平底鞋，一米七四的玉姿，看上去仍比一般的男人高出一头。当她把此身材折成一个如同电视里播新闻的图像时，你或许会在任何一本“妇女风采”手册中找到那种温柔、贤淑、理解、责任感的注解。她的五官比起常人来，并没有什么特别的地方，但由于非常得体地搭配在一起就润饰出了阿奎那所说的和谐的美。这美是清丽的，并深藏着一股菊花含苞的秀蕴。回答你的提问时，她经常会下意识地将中指或无名指努出来，在此与彼之间划着传音达意的弧线,那样子很像是向小学生耐心解释、说明一道难题的老师。这一刻你就会忘了她电视播音员的身份。你会接着她的话茬去问,后来呢?

从云冈石窟到莫高窟

敦煌莫高窟始建于前秦建元二年，其作品是公元四世纪到十四世纪的艺术缩影。李修平就出生于这沙里藏金艺术宝地的首府甘肃省兰州。但她父母的祖籍却是遗有云冈石窟的山西。“小时候我记得我还回去过,穿着背带裤。家门口有一条铁路,经常过火车。街道很窄。我父母的乡音至今也未改。”李修平眨着双眼皮线条分明的眼睛回忆道。“那你一定也很能吃酸的了?”我笑着问。“是的,酸的、辣的都很能吃。父母后来支边到大西北,这里的口味风土也是以酸辣为主。”李修平呷了一口咖啡继续说,“上广播学院,是我父母无论如何也想不到,甚至从某种意义上来说也接受不了。因为他们一直希望我能去学医,我们兄妹中,两个姐姐学的化学,哥哥是学理工的,只有我学了文。不瞒你说,当时数理化也学得不好,学文也是迫不得已。我父亲是个桥梁工程师,家庭整个是和文科对立的一种氛围。那时,广播学院来招生,也就随心所欲、漫不经心地去考了一下,到电台试了音。当时还只当碰碰吧!我已准备好去考别的师范学院。”

考试紧张

“考试时你紧张吗?”我问。“那还用说。没承想,试完音没多久,就让我五月份进京考试。当时我自己也非常矛盾。你想,七月份全国高考,五月份就入京专业考试,时间很紧。当时我就想如考不上,再返回去复习功课,考别的。那是我第一次来北京,考试时,特别紧张,加上水土不服、反胃、不舒服。文章也念得干巴巴的,自己都不知是怎么念的,连在甘肃电台录音时都不如。自己觉得发挥得也很不理想,只当是一种尝试,也早就有刷下来的思想准备了。后来,通知说我的专业分数过了,我自己都有点不相信,直到这时我才突然意识到我将要成为这条战线上的一员。接着,就全力以赴地投入全国的高考,因为我从小的文化底子较好,也就一关关地过来了。”

四年寒窗的得失

“老实说,上广院学了四年,不管从哪方面来说,收获都是很大的。”李修平若有所思地说,“因为我是在那样的环境和那样的家庭氛围中长大。我的家庭教育是很传统、很规范的，甚至有些刻板，连每天几点起床、几点吃早点都规定好了。而我自己的性格又有些内向，待人接物也是清淡如水，属于那种渗透型的。上了学以后，就多多少少打破了那个有点自我封闭的圈，从性格到其他方面都有些拓展。四年中，所学的东西专业性很强、很严谨，确实是获益匪浅的。但现在回过头来看，这种学习与训练的方法也有一定的局限。从某种角度上来审视，有些不适应现代电视节目主持人杂糅并蓄、灵活多变的要求了。它比较单一。但现代的节目主持人则不仅需要单纯的声音，还需要形体、表情、知识的多层结构等等。但我们对声容限制得比较死，除了《新闻联播》，对其他文体就不太熟悉，而要在这方面加强自己的厚度，就需触类旁通地去学习别人的长处，比如说某一个演员的表情及其所掌握的分寸。播音员要求具备知识真是太多了，这些知识并不一定很专业、很深，但面一定要很广，是综合性的。除了业务素质、政治素质也一定要高。对稿件理解得要透彻。要知道，你每天面对观众都是一个掌握第一手材料的人，人们应从你脸上的表情读出某种东西来，但这一切又不能太过，要有一定的尺度。”

进入中央台前后

“那你毕业后，就分回甘肃台了？”我问。“是的。”她答。“后来又是怎么调到中央台了呢？”“是这样的，毕业实习时，我就到中央台《经济半小时》去实习过四个月，有幸的是，《消费者之友》这个栏目就是我首播的。实习完后，中途他们又把我要回去干了几个月，当时我们就相互很熟悉了。他们也很想要我。毕业分配时，因我是从大西北来的，原则上是哪儿来哪儿去，如果我不去，就会分去另一个。那又何必呢？回到甘肃，当时台里只有我一个从广院分来，他们也比较重视，对我也很好。苦活、紧活都不让我干。在省台，我施展的机会也比较多，新闻、专题、文艺，几乎所有的节目都涉及了，可以说，这段时间，对我的锻炼是很大的。当时，我主持的《社会之窗》栏目收视率是很高的，这是我比较得意的。后来，中央台调整，需要充实队伍，他们就又想到了我。但当时甘肃台是无论如何也不愿放的，调令来了半个月也没通知我。当然，他们的心情我也能理解，谁也不会让自己的人才外流的，特别是在这急需人才的大西北地区。后来，台长就约我谈话，问我愿不愿意去中央台，甘肃台对我好不好。老实说，甘肃台对我真是不错。谈完话后，他们还是不太想放我，直到中央台的台长助理及人事处的同志亲自来后，才同意借调三个月，并嘱咐我要去就要争气，不要给甘肃丢人。老实说，我当时还真有点背负重任的感觉，自己也有点忐忑不安。你想，到了中央台，上有赵忠祥、邢质彬，下有李瑞英、罗京等资深力厚的行家，自己真不知怎么干才好。在甘肃台，觉得干起来得心应手、游刃有余，这里不仅肩负重任，而且节奏也非常快。过去在省台里，根本没有国际新闻。现在每天直播的次率还这么多,错还那么少,真想不到。”我多少有些惊讶。“是呀,直播都已开播两年多了。我当时来的第三天就跟班了,是邢质彬陪着我去的。”说到此,李修平自己也叹了口气,好像她自己也才从紧张的气氛中缓过劲来。

学人所长

除了讲述自己的经历外,李修平更多的是谈论她的同行的优点:讲邢质彬的功力,说她对任何大稿子都不怵,经常是不打嗑奔儿地一贯到底。讲李瑞英的刻苦,讲罗京的庄重,而她自己觉得从他们身上都学到了许多东西。她说,她喜欢读余秋雨的《文化苦旅》等散文。过去也常写点小感觉的东西,并经常记日记,现在一切都是通过形象的画面,手也懒了,但她答应有机会也还会写点浪漫情趣的东西。她认为人的修养是一种慢功,要循序渐进。而且一个女性要浓妆淡抹相宜。她自称并没有多大的灵气,只不过是笨鸟先飞。

观众眼中的李修平

如果说某人收看李修平的播音,所患的病有所缓解,那一定会认为是无稽之谈。但一位观众来信却就是这样写的,他说他病中的母亲,每当收看到李修平的播音,精神就会好些。而另一观众又因家人患病而向李修平写信求医问药,她很快给对方写了回信,详细告知了医治的地方和电话号码。对此,这位观众非常感激,称他家人的病虽然没有治愈,但却治愈了他们的心。但李修平却认为这是一件很简单、很正常的事,自己每天就在和观众进行交流,举手之劳的事能办就办了。在众多的群众来信中,大多都认可李修平是含蓄、真挚、没有世故的、具有东方女性的韵味。每当她走进演播间时,她总会想起自己第一次播音的情景:头发梳成个马尾,在邢质彬的陪伴下,在一种游离状态中,惴惴不安地念着那些由文字组合出的天下大事,这盘录像带她至今还保留着。

小　传

李修平,中央电视台《新闻联播》播音员。1963年生于甘肃兰州。1987年毕业于北京广播学院,随后在甘肃电视台工作。1989年来到中央电视台,主持《新闻联播》节目至今。荣获2009年中国播音主持“金话筒奖”。

文学篇

文学篇

文学篇

文学篇

铁凝:文学要给人以温暖

在青创会上见到的铁凝，你很难把她和那些风华正茂的青年女作家区分开来。因为她是那样的年轻,那样的美丽,在一些媒体时下狂炒一些“美眉——美女作家”的时候,铁凝的美貌似乎早已划过了文坛。如果不是她的有些作品,是产生在需要让人回忆的上世纪八十年代,在现在的青年作家群里,你会认为她是其中的一员。诚然,铁凝的创作青春也和她的生命青春一样保持着旺盛的活力,近几年来，她的作品一个比一个叫得响而引起了人们的关注:《玫瑰门》、《永远有多远》、《大浴女》,并频频在一些文学奖项和排行榜中占有一席之地——这也就像我曾采访过的已故意大利著名作家莫拉维亚说过的那句话:“只要精神年轻就会永远年轻。”对铁凝的《大浴女》,评论家曾评论道,她是在呈示、在展现、在裸露,铁凝也是力图通过这些作品向世人辐射出自己的心灵阳光。对铁凝近期的文学创作,有人说,这是一种近乎商业般的流行小说,也有人说,这是一种痛苦而又辛酸的感情沉淀。铁凝似乎是想在她的作品里寻找到某种选择的合理性。威廉·詹姆士(实用主义哲学家)说,“我们的感情本性不仅有权可以,而且必须在各种主张中做一个选择,只要这是一个真正的选择。”铁凝对文学的选择无疑是对的,也许很难有哪一个女作家会像她这么成功——她在描绘着自己的内心世界;她领导着一群作家和一个庞大的作家协会。她会为省作协大楼的兴建而东奔西跑。她那隽永、天真的笑容往

作家铁凝

往会使人受到感染。在爱情的路途上，铁凝曾长久地等待着，这也就像她的中篇小说的名字一样——《永远有多远》，她还在寻找着自己心灵归宿的遥远的目标。她说她的文学创作要给人们带来一些温暖。从那以后时过境迁，铁凝又写出了巨著《笨花》并当选了中国作家协会主席，而且也有了自己爱情的港湾，这让人感到欣慰而又有些失落。而她就任主席后写的第一个短篇《咳嗽天鹅》便是由我来责编的，随后她的《春风夜》也交给了我，我在感到受宠若惊时，也常常会为她小说那绵密细致的构织而感叹。回想起早年我朗读她的《哦，香雪》时，眼眶竟会湿润，我常想她作品里有些什么东西让人感动呢？一些人今天会莫名其妙地把她的作品与她的官位画等号，好像她当今的一切文学成就都是成为什么人之后的产物，这是不公的。因为铁凝的文学成就恰是早在很久之前就让人侧目而视了。读铁凝的作品有细细品味的过程，虽说这过程有时会平淡无奇，但回味过后，则如饮甘露，渐渐融化在心。这些年，在一些文学活动中我还时不时同铁凝碰面。人们称她为铁凝主席，我却一直尊她为“铁凝老师”。我喜欢这称谓，这让我感到有一种亲和力。铁凝本人也富有这种天然的凝聚力，她凝聚着作家也凝聚着读者。相信在人们的期待中，她会捧出一部新的杰作来。

王童：回想起来，新时期中您创作的小说，让我记忆犹新的仍旧是《哦，香雪》与《没有纽扣的红衬衫》。而这类小说反映的是现代文明与传统观念的冲突，您自己也这么认为吗？

铁凝：可能吧，因为许多评论家也都这么说过。

王童：但延伸到您今天的创作，我发现这一脉络几乎是一脉相通的——而且不仅是您，包括你们河北作家的创作群体，这一创作烙印也是非常明显的，这其中就有谈歌、关仁山、何申等“三驾马车”的创作轨迹，不知这是不是受到了您这位主席的创作意识的影响？

铁凝：还不能这么说吧，我觉得没有什么人受到了我的影响。

王童：也许是潜移默化吧。但您创作的起因是什么呢？为什么您总是从这个切入点切人呢？

铁凝：你问的是一个很大的问题，这看上去很简单，但实际上也很难用一句话就概括了。我创作的起因，许多年来，被人也问过无数遍了——没什么特别的追求。首先就是自己感觉到有话要说，具体说话的方式就是小说要表达你对这个世界的基本看法。经过一段时间的创作，似乎仍能证明自己的创作意识与实力，也就这么写下来了。

王童：虽说您的小说风格有一定的变化，但其内涵的东西从昨天到今天变化大吗？

铁凝：我是这么看这个问题的，比方就拿前面提到的《哦，香雪》和《没有纽扣的红衬衫》来比较我以后的作品，许多人都说过有很大的变化。前面那些作品那种清新、天真、单纯的东西发展到今天就慢慢地复杂了起来，我自己觉得从表面上看可能是这样的。如你到了四五十岁再故作一种天真状，别人和你自己都会感到不舒服。一个作家要不断地打倒自己，要有勇气面对自己。你刚说的创作观念没有延续下来，我想应该是要有一种超越吧，虽说这也非常不容易。

王童：我个人认为您的创作意识并没有太大的改变，虽说表面上有一些形式的变化，尽管写得也丰富多彩和成熟了。我记得我在一本时装杂志上看过一篇您的专访，同时还配发了您一张很美的照片。那么，这样一篇专访加上这样一张照片又发在这样一本杂志上，给我造成的印象仍旧是富有青春气息的。虽然您说随着年龄的增长，已今非昔比了。但如果要是从心理学的角度来分析，一个美丽的女性如果仍是单身一人，不管年龄有多大，她就仍然没有心理断奶。因为要评“老舍文学奖”，给您的小说写评论，我曾经就认真拜读过您的《永远有多远》，虽说这里面也有许多变化和层次，但说到底还是没有改变您纯真向往的初衷。

铁凝与本书作者

铁凝：对对对，这也就是我一直坚持的，我希望我一直能这样做下去——也许这也就是人们常说的灵魂的东西。至于说到变化与不变化，你经常

铁凝与郁达夫女儿

就可以听到两种声音：一种就是觉得变化得很好；另一种就是希望重新回到原有的创作轨迹上去。我觉得一个作家要是总不变，那也是可怕的，包括你的解释，你所描写的对象、叙述本身，你对世界、对人的灵魂开掘的程度，生命走向的把握，倘若要是总在一成不变的状态中，那也是很恐怖的。所以说变化还是好的，至少可以说明了创作活力，但这只是问题的一个方面，如果一个作家要是善变，是需要很大本领的。反过来说，一个作家要是在世态的千变万化中守住自己一方净土，也是需要智慧的。变与不变都是辩证的，我现在的创作意图就是希望读者能够注意到在我表面上的变来变去——叙述的故事、叙述的人群万变不离其宗。

王童：另外一点我也注意到，您的创作视点都是放在小人物身上，再有一个就是女性叙事的方式也一直渗透其内，您有没有想过要换一种叙事方式？比如说疯狂一点，张扬一点。

铁凝：如果你的小说需要你疯狂你可以疯狂，不过到现在我还没有碰到那种需要我做出那类状态的小说。所以我认为写作还是需要一种老实的情感。那天我和一个作家聊天就谈到了，我看到了一些小说就常常提醒我自己要保持清醒的头脑。现在我想把前面说的变与不变的话说完。我希望在有些读者看来，在我前后反差很大的作品中，能看到骨子里最本质的东西。这种情感也是我现在一直追求的。我认为文学还是要给世界带来一些温暖——要有体贴人生的成分在里面。

王童：确实如此，看完《永远有多远》，我一个突出的印象就是您所说的那种情感。虽说这里面也有许多挫折、失望、辛酸的泪水，但那种浓厚的生活氛围、浓郁的人情世故，读罢都给人一种很亲切的感觉。但在一些研讨会上，也有学者提出，说您的这些小说，包括《大浴女》在内，实际上是一种流行通俗小说，您自己怎么看？

铁凝：我不准备对任何评论发表看法，我认为作家和读者交流最好的方式就是作品本身。

王童：还有一点就是《大浴女》出来之后，人们众说纷纭，包括对这个书名也百般推测了一番，有人说是呈现、展示，也有人说是裸体。您自己当时是怎么考虑的，抑或就是看了塞尚的那幅名画后产生的联想。

铁凝：这部小说原本写完后没有名字，因我经常喜欢翻一些画册，我本人也是非常喜欢塞尚的画，过去我看到他的一些静物比较多，他的人体画我看得并不多。后来在那一阶段，我就集中看了他一系列这样的组画，《大浴女》只是其中的一幅，当时给我的直观感觉就是很好。他画的人体都是在自然当中，男人女人都是很健康，很茁壮的——我觉得特别感染我，就这么简单，就把这个名字定下来了。

王童：不是出于一种商业上的考虑，要起一个让人想入非非的艳名。

铁凝：没那个必要吧！当时如果真要这么想，也许还会有别的名字吧。

王童：过去您写了许多乡村题材的小说，人物也经常处在一个城乡交界的点上，现在写了一些带有北京胡同气息的小说，您是否想在京味小说创作尝试一下呢？因您本人是在北京长大的。

铁凝：没有。我没有什么特别的想法，我只是在某一个时期把自己内心贮藏的东西写出来罢了。包括这个《永远有多远》，我当时也不是特别为北京读者写的。我尊重我自己内心的情感，其实这个故事在我内心也存在多年了。这小说意外获得一个奖，小说本身的故事也牵动了许多在北京胡同里长大的女人们的情感。

王童：所以说，我当时给这个小说写评论觉得和刘恒的“张大民”真有点异曲同工的地方，甚至连两个男女主人公的名字都不谋而合——白大省、张大民。怎么你们都同时想到了这么一个载体呢？

铁凝：这话说起来就又说多了，因小说就在那里摆着。许多人看过这个小说，总有一种怀旧的感觉，说这个女孩子多么善良，多么让人同情。同时又有一些惆怅、辛酸的情绪。由于这类环境使然出现的情感，将随着胡同的消亡而消亡，就有一种说不出的滋味，当然通过这个人物也表达了一些这种情感的转换。这个小说我更想表达的是人改变自己的一种可能性。白大省这个人，实际上她很不满意自己这么善良——你这么不女性、这么不妖娆，和西单小六的反差是如此之大。这个善良的女孩子，应该说是有点缺心眼儿。她的心情是没有人能理解的，大家都希望她一直就这样下去，无须改变，只有你自己不改变，一切才是美好的。没有人顾及到她的追求，她的理想，而她要改变自己的那个愿望实际上是合理的，我们现在就是不承认这种合理性。这样，这个悲剧就产生了——每个人似乎改变自己的可能性都是很小的。

王童：您为什么这样认为呢？

铁凝：至少在这个人身上是这样——在许多人身上也是这样。

王童：在您身上也是这样吗？

铁凝:那当然了,你不是一个孤立的人,你是一个社会的人,是和他人相处的人,每个人的内心深处应该都有一个似我非我,或是将自己命运重新开始的念头。比如白大省就是这样的一个女性。

王童:从另一个层面上来看,我在这篇小说里还读出了对男人失望的感伤,换句话来说,您自己是不是也对男人感到很失望?

铁凝:我倒不这么认为,我不失望。我认为一个女性不应不加掩饰地就宣称对男人失望,或是对女人的失望或是对整个人类的失望。我觉得在男人身上存在许多问题的同时,女性自身也存在。所以说文学的魅力就在于此,它可以探讨、演绎、分析一些故事,触摸人们的心灵。男性在我的小说里可以退居二线,但这并不等于说我对男性失望。

王童:我这么说是完全基于您自身而言的。因您这样的才貌双全,这样的美丽,又有这样的社会地位,为什么对婚姻问题迟迟未决呢?可见您对男人失望的程度。

铁凝:这我就要听从上帝的安排吧!有些事不可强求的。冰心老人跟我说过一句非常智慧的话,她说你不要找你要等。这个等,想也不是消极的,在她这个等里面包含着两个意义,一个是自然的,还有一个是命运的,特别是情感的问题你也用不着去强求,那太费气力了。

王童:可在一系列中外文学作品里以及人们是是非非中,几乎都浓墨重彩强调着伟大的追求——您自己是不是认为大可不必这样?

铁凝:在对待爱情这个问题上,人类的情感大致相同,有的只是一些细微的差别。

铁凝与澳大利亚驻华大使在一起

王童:但在情感的纠葛上是不是会产生许多误会、谎言以及诽谤所导致的扭曲。

铁凝:可能吧,但我们现在最好绕开这个话题,因这太像家庭婚姻杂志提出的问题了。还是谈文学吧。

王童:我想,我还是在这个话题上谈开吧!因搞文学的这些情感也肯定附着在您身上——否则您作品中就不会反映出那些美好

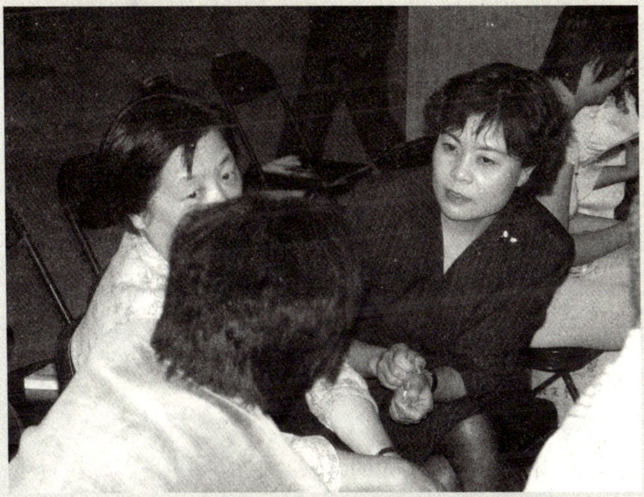

铁凝看望汪曾祺儿女

而又辛酸的爱情故事了。简单地说，您要选择一个什么样的人呢？您要等待一个什么样的人，什么样的人适合您？

铁凝：（笑）我不能回答你，抱歉。我能不能不回答这个问题吗？

王童：《永远有多远》现已拍成了电视剧，你认为拍得理想呢？

铁凝：不知道，因我还没看到片子，看了几集东西编剧的本子。

王童：您的几部作品都被拍成了影视，除了《永远有多远》，还有《没有纽扣的红衬衫》及《哦，香雪》。《哦，香雪》好像汪流还参与了改编。

铁凝：但我要告诉你那全是我写的，汪流非要挂上名字。

王童：您的作品频频被拍成影视，说明它们有很强的故事性和画面感觉——比如“香雪”就很隽永、很有诗意、很有味道，也获了国际奖，但这些片子好像从来没大红大紫过，或是说让张艺谋、陈凯歌那类的导演选中推出来，也没有像刘恒改编的那些影视剧引起巨大的反响。您认为您的这些作品里存在着一些什么问题吗？

铁凝：我认为这问题不能这么简单地认识，我也不认为一部影片没有让类似张艺谋这样的导演选中推出来轰动一时，它就没有价值或是存在着问题。

王童：您还想介入一些影视创作吗？

铁凝：没有，没有这个想法。《永远有多远》和《大浴女》我只是卖了版权，编剧我是不参与的。

王童：现在我还想回到前面的那个话题重复一下，就是河北作家群那种传统观念与现代文明相互撞击的创作意识很浓，除了刘燕燕那种个人化式的宣泄外，其他的作家是不是或多或少受到了您的影响？或是和石家庄这个地域有关系吗？

铁凝：我首先要把这话分开来说，他们从来没受过我的影响，虽说是河北作家群体，但每个人还是有每个人的特色，相互所叙述的故事、所掌握的素材也不尽相同。比方说，你提到过的“三驾马车”，他们都同时出来，他们的创作特点都是快速敏锐地反映我们现实生活中一些迫在眉睫的问题，他们很勤奋，作品也写得很多，在社会上也引起了很大的反响。但他们三个所选取的故事题材，所描写的角度还是不一样的。而且在“三驾马车”之外，另外的一些河北的作家，其创作更是各有千秋的。所以说你要将对河北作家笼统的认识再细划分一下。我们现在还有一些更年轻的作家，比如说阿宁，还有刚才你提到的刘燕燕，还有另外几位，一个是李浩、一个是刘向东，还有王秀云等等，他们的作品都在《花城》和《收获》、《人民文学》上发表过，备受关注。他们也不是局外人看河北那种小说的样子。

王童：他们这些作家的异军突起，是偶然的吗？按传统观念来看，河北作家应该是很有生活、是讲故事的高手。

铁凝：他们也有生活啊。我想他们的出现还是一个大的环境造成的——我们现在对生活、对文学认识的视点取决了这类作家的产生。今天文学的视野应该是很宽泛的。

王童：要按照您的创作观念来看，您可能是排斥这样的东西？

铁凝：这不会的。

王童：因您刚才讲了您还是喜欢很淳朴的、很老实的写作方式。

铁凝：你没有理解我刚才讲的老实，我觉得现在的小说，各种技巧、各种流派、各类花样翻新的创作手法，我都已借鉴、浏览了不少，现在冒出的青年作家比我们当时的起点要高。我觉得每一个作家在每一个阶段都有所不同。我觉得到了我这样地步的作家是需要大老实的，这个大老实并不是指呆滞的、停滞不前的写作方式。我认为我们现在的创作形式比较大，内容比较少，技术比较多，情感比较少。

王童：这是为什么呢？

铁凝：不知道是为什么，这只是一个现象——是我在阅读中发现的一个现象，我自己不希望我在写作中步入这样的歧途。写小说的人如当不了一个家，就起码当一个匠，匠是什么呢？就是手艺吗？鞋匠、铁匠、木匠，他们都了不起的。小说创作看开了也是许多手艺中的一种。我要成家，就要先当好这个匠，我说的大老实是这个意思上的。

王童：这样看，你是否认为好的小说要先讲一个好故事？

铁凝：不完全是这样，但应该讲一个好故事。但读者对好故事的要求也不一样。

王童：现在回过头来看，现代派和意识流的创作方法早在1980年代人们就开始尝试了。对此，王蒙老师的身体力行是功不可没的。从世界范围内来看，这种手法在19世纪二三十年代就开始了，也许更早些。现在看来也没什么新鲜的了。只不过画了一个圈又回来了——并没有找到新的创作空间。

铁凝：不过那个阶段还是应该有的，当一个作家穿过了这些圈层，才找到自己的位置，这是很有意义的。

王童：您现在担任了作协的领导，除了公务繁忙外，还参加了各种各样的文学评奖活动，从您的角度来看，当前的文学建设和文学形势怎么样？

铁凝：这个问题太大了。

王童：我们缩小一点吧，就是您公务缠身，又有那么多的社会活动，您怎么能合理地分配您的写作时间呢？

铁凝：参加一些社会活动，与一些青年作家接触一下，对我来说都是有意义的事情，反正一个作家总不能每分钟都在写吧，现在我们做的工作就是帮助这些青年作家出书。这种社会活动也很适合我，我也不必操太大的心。

王童：但我听说您有时负责的工作很艰巨也很具体，比如说作协建楼、集资一类的事。

铁凝：那是初创业的阶段，大家必须拧在一起干活儿，把那个地盘占住盖楼——作家们总要有自己活动的一块地方。

王童：现在您准备创作什么样的作品呢？

铁凝：可能还要写一部长篇吧！

王童：能透露一下书名吗？

铁凝：不能。

王童：好，但愿您这部能比上部更好。(从那以后不久，铁凝的巨著《笨花》问世了。铁凝继巴金之后，开始担任起了中国作家协会的领头人)。

小　传

铁凝，1957年生，河北赵县人，高中毕业后到农村插队。1975 年开始发表作品。著有小说集《夜路》、《没有纽扣的红衬衫》、《哦，香雪》、《甜蜜的拍打》，长篇小说《玫瑰门》、《无雨之城》、《大浴女》、《笨花》，散文集《草戒指》等。其中《哦，香雪》、《六月的话题》获1982年全国优秀短篇小说奖；《没有纽扣的红衬衫》获1984年全国优秀中篇小说奖；散文集《女人的白夜》、中篇小说《永远有多远》分获第一、二届鲁迅文学奖等奖项。现为中国作家协会主席。

正反莫言:我就是一写小说的

莫言在获得诺贝尔奖之前,我向他约稿时,他称现在无中短篇可给,我在他获奖之后,除发短信祝贺外,也仍向他索稿,这多少有些不合时宜。莫言获奖,也让他的那些批评者失去了准星。实际上,这是莫言第二次为中国赢得了世界性荣誉,第一次是张艺谋根据他的《红高粱》系列作品拍摄的获金熊奖的同名影片。这虽是张艺谋导演艺术的成功,但肯定也离不开莫言作品的底蕴。我一直是莫言作品忠实的支持者。尽管他的作品有着他批评者所说的原生态般的僵硬,但还有什么作品能像他的《檀香刑》那样切入肌肤般地解剖开人性的侧面;《红高粱》家族的意象及《四十一炮》等作品中的幽默也常渗透在他的字里行间。莫言的幽默是无处不在的,如我曾编过他一篇散文《一碗羊肉烩面与五万元红包》,散文描述了因《红高粱》的成功,有商家开了家以作品名字命名的"红高粱"羊肉馆,并给了莫言一张金卡,让他随时可饕餮一餐。莫言说为了炫耀这种虚荣,他便专程打车到位于王府井的羊肉面馆去吃了一顿,但回过神来一想,这太不合算了,仅为这一碗羊肉烩面,要打百八十块钱的的费,实在不值。在莫言这不动声色的描述中,你会忍俊不禁地开怀大笑。

但莫言确也不止仅有幽默,他也有雷霆震怒的时候。2005年11月,《北京文学·中篇小说月报》在福建武夷山召开年会。莫言和他的批评者李建军都应邀参加。坐在飞机上,恰巧他俩一左一右坐在了我两侧,事先我并不知他俩的龃龉有多深,只是和稀泥般地左右逢源，相互哈哈着，因两人都是我的朋友，尽管我有许多观点同李建军相左。谁知，到了会场，两人真的唇枪舌剑地爆发了一场“大战”，争论的内容我大多记不住了，但有一点则很清楚，那便是驳斥对方肆意攻击中国作家与汉学家马悦然会面的动机。关于这一点，也有人无事生非，硬捕风捉影地说马悦然和莫言有关作品翻译的事情，而实际的翻译者却是陈安娜。

作家莫言

陈安娜说莫言名如其人，说话不多，但很幽默，讲的虽是中国故事，但却很容易让西方读者接受。另一些人则想当然地认为莫言有其他想法的成分，这纯属好事者吹毛求疵。因莫言早说清了，只有在作品里才能抒发自己的情感，说出平常不敢说的话，熟读莫言作品的人都应知道莫言对曾经的过往是持怎样嬉笑怒骂的批判精神。

莫言获诺贝尔文学奖的悬念，现已尘埃落定了。但实际上，他在国内获茅盾文学奖时，也曾曲折重重，九次评选总有是是非非的非议，让人困惑不解。以致上届评茅盾奖，我就非常露骨地对两位评委抱怨，像莫言这么有实力的作家，难道连茅盾文学奖都得不了吗？

莫言获得诺贝尔文学奖之前，面对那些酸溜溜的奇谈怪论，我曾发过一则微博：某些中国文人总犯贱，好不容易有个作家有机会问鼎诺贝尔奖，就来了一通伪深刻的穷分析，穷解剖，啊噢的装腔作势。好像这奖非摊到自己头上才称心如意。只要是中国作家，不管是谁有此机遇，都应感到高兴才是。莫言现在实现了中国众多作家的一个理想，这是一个突破。评论家吴义勤认为莫言作品的获奖止住了这一奖项的下滑趋势，是非常切中这一文脉的。因有着千年文学文字底蕴的中国文学家，有什么理由不能写出好作品呢？诺贝尔文学奖授予莫言的理由是：将魔幻现实主义与民间故事、历史与当代社会融合在一起。短短的一句话已概括出了作品的全貌。应当说是实至名归的。

这之后，友人李建军又传来两篇他人评莫言的文章，对此我也进行了回复：

建军，好！传来这种格式文件没法看，提示文件已损坏。不过，对你的观点早有耳闻。当年邀你和莫言同赴武夷山,飞机上我坐在你二位中间,甚为尴尬。后你二人爆发论战,我也在场。我不同意你的观点,但并不是不把你当哥儿们。

我喜欢莫言的作品,是从红高粱胡萝卜开始的。也许我是学电影的,对同名影片带来的那种张力与震撼感是从心里折服的。面对镜头,我们很清楚影片中摇曳的红高粱在落日余晖中多么出神入化。此外,片中那些人物一扫“文革”中高大全那类脸谱。虽说那时已“解冻”多年,但文艺上的创作模式仍在钳制着人们的思想。红高粱的出现让人耳目一新且感到振奋。当然,这影片一半是张艺谋导演的成功,但肯定离不开莫言小说的底蕴。莫言作品两度获得国际大奖不是偶然的,而是里面渗透了人类共通的思想价值。尽管莫言曾说过小说家不应有自己的思想,而实际上他那带有黑色幽默感的反叛思想痕迹无一不烙在字里行间中。

我听说你常指责莫言作品刻意应和西方云云,对此,我断然不能同意。莫言作品那么土得掉渣了的中国化,那么“聊斋志异”、那么“世说新语”,甚至结构都有些按中国古典小说的章回体进行,凭什么下这样结论?而且退一万步来说,就是如此又有什么错?有着千年辉煌的中国文学,因为译介等种种因素,一直未被西方认同和了解,这本身就是个错位。对此,我曾建议鲁迅文学院开一个翻译班,研讨一下如何将中国文学的精华介绍给世界。中国文化再博大精深,外界一无所知也是隔靴搔痒。后来这个班开了,但收效如何,尚不得知。

莫言与本书作者

现在莫言终于开启了这扇“文学门”,有什么理由不为之欢欣鼓舞呢?在人家作品里挑出一些章句吹毛求疵,是不是也是吹毛求疵了?而且,我发现一个怪现象,你们批判的作家,经常被一些人拿去说事。

莫言获得诺贝尔文学奖,是百多年来中国文学的一个突破。尽管诺贝尔文学奖有过种种偏见,但百多年来,该奖评选出的文学作品有失水准的凤毛麟角。罗曼·罗兰;肖洛霍夫;萨特和丘吉尔;帕慕克与略萨等等,其磅礴的文思、激动人心的字句、深刻的哲理,无一不启迪着人类的思维,推动着民主社会的进步。

现在也有评论家说,莫言得奖了,是不是就不允许批评了。问题不在这,而是在于那种别人说正我必说反的偏见与心理。莫言现在还没去斯德哥尔摩领奖呢,批评者就等不急开始大加讨伐、编造推理出内幕了。相反,川端康成当年为日本得奖时,日本文坛是怎样的推介和振奋啊。你作为一个特立独行的文学批评家,对莫言作品的批评,有些也完全在点上。但若你认为你就比那十五位诺奖评选资深院士还高明、有眼光,是不是也言过其实了。而且,反过来说,什么作品会十全十美呢?

你在不同场合批莫言,有时已不是单纯的文学批评了,因正常的批评,应有正有反,肯定成就批评谬误。而你一味地不失时机找话题抨击,正常吗?如在报告文学研讨会上也大谈莫言,莫非莫言写了部《生死疲劳》的报告文学?

莫言获奖对中国纯文学的贡献是个里程碑,起码他将人们迷茫的目光从那些小混混儿及抄袭者身上移了过来——人们开始重新审视起纯文学的价值了。作家刘震云言,中国起码有十位作家水平可获得此殊荣,并不为过。这对中国作家的盲目模仿国外作家的创作方法有了一种诠释,使得他们对自己的文学传统更自信了。一直在批莫言的德国汉学家顾彬现已在重新检讨自己,想必他会更加客观公正地看待中国作家的作品了。

以上这些想法,一直想同你沟通,不恭之处,还望海涵。想必你批评大家,雅量在胸。我们仍是朋友。

顺颂冬安

王童

壬辰年十月廿六日

王童兄:

久未觌面,时在念中。大示诵悉,不禁莞尔。

你这个人啊,好久不见,还是老样子:热情有余,理性不足;时而明白,时而糊涂。还记得你给《猎人》写的那个评论吗?实在是偏颇得令人吃惊,我曾当面表达过对你的不满和质疑,后来在文章中也做过批评。回头细想,我也是持论太苛:作品是你组来的,是你编辑的,你无法不慷慨大方地说它好,职责所在,利益攸关,原不足怪。

我在报告文学会上怎么谈莫言,你不在场,未曾与闻,所以,请不要妄下雌黄——

莫言与李洱及澳方作家卡斯特罗

我对莫言的批评，至少是建立在细读的基础上的，是通过对文本的细评来说话的；再说，任何一个读者，只要他费心劳力读了一部作品，就有表达自己的质疑、不满的权利。

你一贯喜欢莫言，我则一直不喜欢莫言的作品，这中间的趣味之别，与鉴赏力的差异，原本就没有必要强求一律，所以，你问我的那句话貌似义正词严的话，也可以反过来问自己一下："有必要吗？"咱们千万别因为获了个"诺奖"，就不知所以，就跟打了鸡血似的过度兴奋。如得便，可找鲁迅1927年9月25日致台静农的信来看看。那里边，你会找到什么样的作家"不配"获奖的答案，也会听到一旦把"诺奖"给了中国人"那结果将很坏"的声音。

你不要把我的批评跟某人混为一谈，他骂莫言那是真骂人，我"骂"莫言那至少该算是认真的批评。我的批评无论是否直中肯綮，都是文学批评，而不是徒逞口舌之快的骂人。其实，即便某人之骂，也无妨宽容待它，因为，这种非理性的骂，虽然无助于促进人们之间的沟通，但却可以证明我们的文化环境是包容的、多元的、充满生气的。在我看来，众声喧哗有可能使人耳乱心烦，但却比那种一人独白、万众恭听的文化环境要好得多，因为，后者造成的结果，必然是鹈鴂一鸣、百草不芳。

冬天到了，多自珍摄。

李建军

2012年11月8日

老兄，批不批的，与不与混为一体，客观上已造成那样授人以把柄的现实。至于鲁迅对台静农近百多年前说的那番话，说明他也有一定的自卑。其实那一代的大家能获此殊荣的不在少数。如单从文学价值本身来说，除鲁迅外，梁启超、郁达夫、周作人、王国维、陈寅恪等都可获得。后赛珍珠写了中国的故事《大地》获得了。这很大一个原因是译介问题。外国人有多少知晓这些文化的精髓呢?不久前,马悦然已披露,老舍、沈从文原本都是获奖人选,如两人未辞世,都有可能。现说莫言是中国第一个获此殊荣的,也不全对。莫言作品切切实实进行了人性的"反抗"。此外,你提到的《猎人》,我也正好借此机会说明告知。那小说是我到《北京文学》组来的第一篇小说,小说的导语我一个字都没写,全是为了应和市场因素别人写的。登出后,我当即就提出异议,认为不雅。我写的是人与动物的异化。而且贾平凹至今也把这篇列为他最好的作品之一。而我们编辑工作人员,不负责过分公开评判作家的作品如何。此外,很想找机会面晤。我们还不至于因观点不同反目成仇吧!再次祝好!

王童再请即刻回复。

祝好

2012年11月8日

莫言从斯德哥尔摩归来,我除表达了上述观点外,也对他进行了简短的采访:

王童:莫言老师,听了您在瑞典学院的获奖演讲后,感觉没有以往你那种纵横捭阖、机智幽默、大开大合的气韵,感觉有些拘谨。讲故乡讲母亲故事的主题也有些简单。当然,您在不同场合已多次说过,故乡高密给了您无穷的创作源泉。

莫言:我是一个写小说的人,讲好故事是我的本分。故乡高密的故事让我神往。我希望通过我的获奖,人们更多地了解这个地方。但我不知你指的是哪一个故事。

王童:的确,瑞典文学院授您奖的理由之一,也是您很会讲故事,这无可厚非。

莫言:我讲的三段故事基本概括了我的创作取向,当然,真正的文学故事都在作品的字里行间中让读者去品味。

王童:您的获奖,大家在感到欢欣鼓舞的同时也听到了一些批评的杂音,如某位访问学者,还在《纽约时报》上撰文曰莫言诺奖:吻合西方想象的中国屁股,而这恰又同一些人对您作品的诽谤一拍即合,什么用欲望否定意志,用下半身否定上半身,用兽性否定人性,用意识流否定结构,用胡思乱想否定现实,用个人否定社会等等,所以,才会被西方看中。

莫言:对此,我也早说过,对批评我的,甚至骂我的人,我都认为是有益的,只要说的有道理。但现在让我感到有趣的是,有人骂我卖国,有人骂我媚上。他们的批评似都在作品之外。

王童:这类胡言乱语确让人感到费解。你说好不容易有个中国人获了奖,还病态什么?我个人认为他就是个伪学者,他的观点被某些人早不知用了多少遍,他不过是拓印过

莫言在中澳论坛上给众多粉丝签名

去的。根子上来说不过是贩卖他人的。对作品内容张冠李戴，根本就没弄清张三李四还煞有介事地言为批评。对弗洛伊德的《精神现象学》他们推崇备至，对中国人自己的分析就另眼来看，别看这类在国外混了多久、写了多少本书的人，本质上就是些东拼西凑的学术混子。

莫言：这确是个有趣的现象，对此，我该说的也早说过了，只有在作品创作中才能体现出我想要说的，我说文学无用恰体现出了文学本身的言外价值。

王童：这些人还不知天高地厚奢谈什么长篇小说结构问题，而全然不知诺奖大多是授给有独创性的作品，您融中西一炉，恰好体现了这种风格。谁又规定什么文体必须要因循而作？

莫言：在大多数人都在哭的时候，应允许有人不哭。

王童：看热闹的人是不会去读“藏头诗”的，如当年您在日本福冈获大奖，不还有人说您是如何如何吗？

莫言：可我的《红高粱》系列则是写抗日的。

王童：我对您作品的喜好，同您自己的偏爱是一致的。记得几年前，我专门挑了《生死疲劳》与《红高粱家族》让您签名吗？

莫言：但愿他们能认真地去读懂。

王童：再次祝贺获奖。

莫言：谢了。

小 传

莫言，1955年生。山东高密人。1976年参军，任战士，政治教员、宣传干事。曾在解放军艺术学院和鲁迅文学院研究生班学习。1981年开始发表作品，著有《莫言文集》(5卷)，长篇小说《红高粱家族》、《丰乳肥臀》、《红树林》、《天堂蒜薹之歌.》等，中篇小说《透明的红萝卜》、《红高粱》，短篇小说《拇指铐》等，长篇小说《蛙》获第五届茅盾文学奖，2012年获诺贝尔文学奖。中国作家协会副主席。

雷达:文学必须要有使命感和责任感

对我来说,雷达与其说是一个著名的文学评论家,不如说更像是一个考古学家、运动家。因他对化石、彩陶的兴趣表面上看完全超出了他对文学评论本身的兴趣。他打乒乓球、游泳、看足球的劲头更像是一个地地道道的"泳迷"和"球迷"。有时候他常哭天喊地地抱怨道:"唉——你现在最好别跟我谈文学了,现在一谈文学我就烦。"而他对化石和彩陶那股痴迷的程度,看上去有时又令人不可思议。他不厌其烦地逛古玩市场,不厌其烦地去和古玩商讨价还价。他的散文《化石悬想录》竟然登到了看上去与之毫不搭界的中科院古脊椎研究所办的《化石》杂志上——也许他是想在这些远古的痕迹中找到另一种文学的灵感。

对于自己的老本行,雷达对文学评论也是若即若离的。有时候他会品题析文、写出力透纸背、鹤书伏龙般的妙文,有时又不堪重负地想逃避出这种文字的劳作。对雷达的评论,有的人推崇备至,有的人不以为然,新潮批评家更是不把他放在眼里,认为他是一个过时了的亚里士多德。但回头一想,这些年里,他总是能敏锐地率先发现和提出像"灵性激活历史"、"新写实"、"朴素现实主义"、"现实主义冲击波"等等新观念,新界说,贡献不算小。至于他针对某一部作品,所发表的独具慧眼的见解,不管这见解是否完全为人接受,但谁都会为他的阅读之细,善于抓住问题的精髓的本领表示钦佩。他经常是在这些作品的扉页上留下自己密密麻麻的眉批与记录——而大多数评论家对这些是不屑一顾的，仅凭一种概念和对作品的直观印象而去发表高论。

雷达喜欢发现文学新人，并经常是力排众议地去提携和扶掖这些新人和新作——这就会和一些只重名分，而不重视作品质量的观念产生一些冲突。但他对作品本身的价值与敏感又有一种广博群书、多方思考后的认识，这种认识有时是超前的。例如当今天人们对王朔的作品及言论狂炒不止的时候，却忘了雷达早在上世纪八十年代就写过的《论王朔现象》一文已阐明了“王朔的小说的社会意义超过了他小说本身的意义。”此外，他对张艺谋影片《秋菊打官司》的评述也曾一语中的地说，张艺谋以往的影片是过分用劲的作品……但到了《秋菊打官司》就从外在到内在，由意念化到本体化，由夸张到平实……等。可以说这是迄今为止我所看到的对张艺谋影片最为准确的评析。但这些论点有些今天仍在一些媒体的笔下煞有介事地讨论着。不知是某些自命不凡的新潮批评家思维落伍了，还是时代本身的一些环节脱钩了呢？但这类“落伍”的标签，有时又常常会被另一些几乎不怎么写文章的人贴到了他的脸上。

雷达在自己推荐的书目上，有一本是宾克莱著的《理想的冲突》，该书其中一章引用玛蒂尔德·尼尔的论点“基督教指出人如何从罪恶中得救，马克思给人指出了从异化中得救的道路。”这自然是从某种意义上来说，也是今天文学所面临的课题——也是雷达及一些文学评论家所要痛苦思索的一个哲学命题。扎米亚京说，“真正的文学只能出自狂人、苦行僧、异教徒、理想主义者、不安分守己者、怀疑派之手，而不会出自那些奉命行事，政治上可靠的官员之手。”言辞虽说有些偏激，但又无不道出文学某一侧面的天机。雷达在《文学活着》一文中认为文学现在正像哈姆雷特一上场就发出的默语：活着还是死亡，这的确是个问题。而弗洛伊德在此思索中又发挥出了另一个哲学道器——全体人身上的哈姆雷特——暗中希望死，同时又害怕死会造成的后果。因而文学这个幽灵在电子、基因与核时代的空间仍在四处飘荡着。

像许多人一样，我读雷达的散文更甚于他的评论。他是西北人，喜欢吃酸的、味重的，喜欢往牛肉面里放一大把辣子。由此他的散文也带有一种粗犷、豪迈之气。贾平凹形容他黑头粗脸、衣着不整，形如匪类——他的文章也野气十足。李国文认为他不择言，好反弹，小不忍，情绪化的气质更接近于诗人。我本人则发现他的一些散文更富有一些戏剧性和情节性。把《听秦腔》与《还乡》当成两篇有特色的小说来看，或许也不为过。但是，对他的有些文学理念我是决然不同意的。这样，当我采访他时，谈着谈着我们就会为一些观点争执起来。

王童:作为一个著名的文学评论家,又是作协创研室的主任,看上去你好像是在不务正业——又是研究化石,又是收藏彩陶。空闲之余还去打乒乓球、游泳,你的雅兴和玩兴怎么那么大呢?换句话来说,你还有时间去认真研究文学吗?

雷达:这属于我的私人生活,我有隐私权,咱们最好不谈。我不想让更多的人知道我个人更多的事,我是个普通人,不想把自己的形象搞得很杂。我只告诉你,我并没有放弃对文学的思考。至于说我的其他业余爱好,除了陶冶个人的性情外,那只能说是对文学批评的一种补充。

王童:几次想采访你,你总是推脱一番,不会是故作谦虚吧?

雷达:这不是谦虚,而是说的真心话,因为我不认为我是个合适人选。

王童:为什么呢?如果要谈文学批评,你这样被香港报纸称为大陆第一评的人还不合适的话,那谁还合适呢?

雷达:话还不能这么说吧!现在的文坛群雄纷起,众声喧哗,新崛起的青年文学批评家也很多,他们有许多新的见解,像我这样的批评家也许落伍了吧。

王童:但你经常在报刊上发表一些大块大块的纲举目张的评论文章,怎么能说是落伍了呢?还有,你是否认为文学批评本身已经整体落伍了?

雷达:我不这样认为,尽管今天人们对文学批评指责颇多,但如果你对今天这个风云缭乱、众声喧哗的文坛说出个子丑寅卯来,我看不是那么简单的事。

王童:能具体谈谈吗?

雷达:我觉得文学批评界一向是对权威不大认可的,在现在这个文化多元的时代,就更谈不上什么权威不权威的了。现在的文学评论更趋向于事件化、媒体化——我本人对此又有自己的一些看法。

王童:可你本人不也经常介入到媒体中吗?除了在报纸上写文章外,还经常在电视上抛头露面评足球、评茅盾文学奖什么的。再说,文学不是时装表演,总得有点稳定性,连续性,所以我还是要找你。

雷达:不错,我写文章是写文章——我觉得学理化和媒体化的结合是很重要的。介入媒体中有的我是很愿意的,比如说谈足球、谈乒乓球,对此我非常有兴趣。我也并不是说完全回避媒体,但媒体里有些事我也还真不敢沾。

王童:是不是媒体里曾经有过煽风点火、唯恐天下不乱的不实之词?

雷达:你说得没错,拿你刚才提到的茅盾文学奖,我只不过是评委之一,但奖评完之后,马上就有媒体捅出消息说,中国作家协会接受了八万元贿赂,把一个什么作家的作

评论家雷达

品搞掉了，把另一作家提上来了，这样天真幼稚的无稽之谈竟然就能登在我们非常正规的大报上。所以说我认为有些媒体在单纯追求新奇刺激外，已到了不负责任的地步。

王童：这话既已说到这了，我就想接着问下去，由于你经常参加一些文学评奖的活动，如冯牧文学奖、老舍文学奖、鲁迅文学奖和茅盾文学奖。每一次的奖评完之后，人们都会议论纷纷，提出异议，你怎么看这个问题，是不是真的就像媒体里说的评法不公呢？

雷达：作为评委之一，我只表达一下不代表任何人的个人观点，在今天这个时代，几乎没有一件事不引起人们不同的议论，应该说这是社会的一个进步的表现，在这个前提下，一个评奖要想让各方面都满意是件很困难的事。就拿茅盾文学奖来说，之所以它还能引起人们的议论，说明人们还把它当回事儿——它还有一定的威信。而有些奖就没什么人关注。

王童：当然了，一部文学作品肯定会有不同的看法，但文学作品的评奖，从某一侧面来看，也是文学现象的一种反映。而你读的作品又很多，加之你这评论家的地位，你能不能宏观地谈一谈当今文学整体的状况。

雷达：这恐怕一两句话很难说清楚。在八十年代你可能用一两句话概括出来，如伤痕文学、启蒙文学等等。现在的文学创作则呈多样性。

王童：从你的角度能谈谈是什么样的多样性。

雷达：现在的文学创作可说是多元、没有边界的。过去我们常讲突破什么样的禁区了，今天来看这样禁区早已打破了，你看我们今天的文学创作从历史的故事到现实的体裁，从家族化到市场化，从社会化到个人化，从写政治到写性，从写官场到写女权，无所不涉及，题材的广泛与浩繁是一个很大的特点。过去应该说手法也很多样，但题材都差不多，对一部作品评价的尺度基本上说到底也差不多。现在有很大的不同是，作家们叙述人文立场的态度发生了深刻的变化，他们观察生活的眼光和审美意识，特别是价值体系与精神追求都发生了很大的转变。这里面有理想主义的也有文化激进主义的，还有偏于文化保守主义，另一些则强调女权和宗教的价值观，这不仅是一个量化和质化的表现。

王童：照你这说法，文学在今天是不是很繁荣了？

雷达：现在你很难找到一个概括已定的归纳方式。

王童：但我在你的一篇文章中曾看到，你说文学现在是处于萎缩状态。

雷达：你可能是在指我讲到了整个文学的生态所说的一段话。（有电话插进来：不客气，这小说写得还不错……）

王童：谁的电话？好像谈的也是和创作有关的事。

雷达：鲁迅文学院的一个教师，感谢我看了学员的小说，是个长篇。小说的作者不太知名，书的发行量有一万两千多册，小说的角度很有些特点。

王童：这可是你讲课之外的额外负担了，你可真够敬业的了。

雷达：这没办法，人家找上门来非让你看。

王童：你每天看书看的挺多的吧？

雷达：看书量非常之大。有时我觉得我几乎就成了看书的机器。一个月有时能看七八十部长篇小说。

王童：正因为你读得多——见多识广，人们才期望从你的文章里看到整个文学发展的状况。

雷达：这不是那么容易的，何况批评界现在有诸多难点，人们对评论家的非难也很多。批评家也有许多苦衷。

王童：苦衷在什么地方呢？

雷达：这一两句话也很难说清。摊开来说，现在的批评界有这么几点，现在对批评的批评非常多，有的还把批评界说得一团糟。我不这么看，我认为整体上看，我们的批评界不错：一是思维活跃；二是丰富杂多，各种观点都有。另外一点我们的学术空间与理论视野不断地扩大，在高等院校里，搞当代文学研究的人，他们都在努力，也都有许多学术贡献。其次我们还可以看到许多批评界的新人在涌现，所以我就不同意把批评界说得黯然、不景气。有人还断言现在是文学批评的终结，文学批评处在失语状态。

王童：说到文学批评，人们一般总希望批评家们能像俄罗斯的别林斯基他们那样，对文学创作真正起到指点江山的推动作用，当然，我们不可能和别林斯基相提并论了，但有没有一个相应的作用，你认为我们做到了吗？

雷达：有许多人都向我提出过同样的问题，问中国为什么没有别林斯基呀等等，这就使我想起你的小说的名字《把耶稣逗笑的日子》——人类一思考上帝就发笑。我只想告诉你一句话,不要单从文学谈文学,那谈不清楚的。举一个最简单的例子,整个社会如果都弥漫着一股报喜不报忧的风气,单让一个批评家去赴汤蹈火,扭转整个的社会风气,那是一件很荒诞的事。

王童:那你怎么看这么多年的文学批评?

雷达:首先我们要看到文学批评积极的一面,负面的也有,但那不是主流。许多人说出许多不负责任的话,说到底就是他根本不懂,也不看。我们的文学批评在不少的研究领域里和研究取向方面,现在比以前就更加明智、清醒和辩证。为什么这么说呢?因为在八十年代中期,有些人就说新观念像条狗,连找地撒尿的工夫都没有,人人都在更新观念,如果有谁要是不更新,就有落伍的危险。当时,大量的西方现代思潮涌入,使人们获益匪浅,但也存在着表面上追星速起的一窝蜂现象,这可说是一阵短暂的热闹。到了九十年代初,出现了一种笼统的、盲目地或是追崇西方思潮、或是一味提倡国粹的现象。后来呢,又走向了另一个极端,兴起大谈特谈后现代和后殖民文化的后学之风,这虽然都有一种产生其内涵的原因,但多少也显示出一股浮躁的状态。我为什么刚才说文学批评现已进入到更加明智、清醒和辩证的时期,因为近年来形成了一种占主导性的思潮,那就是努力地站在一个人类精神的高度、先进文化的高度、从中国现实出发的高度,寻求不同文化的共同性,而且承认文化发展的阶段性——在这样一个广阔的视野下,大力发展我们民族的东西。这就是一种进步。第二点,说穿了,一个社会的文学,有健全的批评,才会有健全的创作。

王童:但有些人比较注重批评,有些人则不以为然,认为可有可无。

雷达:我正想要回答你这个问题,现在有许多作家往往很骄傲地说,我从来不看评论,表现出批评和创作没什么关系的态度。其实今天的批评对具体创作是起到一种很内在的动力,它是慢慢渗透着,不单是针对某一作品写了一篇评论的事。现在已进入了一个文论时代——虽然有作家自称他从不看评论,但批评本身的概念已从文本的批评进入到了对时代精神、人文关怀、对文体、对方法的思考。作为一个作家你今天要是不思考这些问题,你就没办法写作。

王童:这是否也就像一种观点阐释的,到了后现代时期,批评将占主导地位,具体创作已退到了次席。

雷达:这还没有到那个程度,但可以这么说,文论——包括那些思想随笔、思想性的散文以及一些文化批评,从一定程度上左右着人们的创作观念。

王童:针对一些不好的作品,我们要发出一种尖锐的批评的声音,您为什么没有写过这样的文章呢?

雷达：以前也写过，但是这样的文章不是很多，这是老实话。但基本上我还是一个实事求是的人，我对一个作品的看法，往往是基于环境和氛围而发出的。当然了，我也不会以一个酷评的姿态出现，今天骂张三，明天骂李四，因为我就不是那种人。

王童：你应说是评论界的一个权威人士了吧！

雷达：现在这个时代谁认谁呀！

王童：说是一个没有权威的时代，权威人士又往往受到攻击，你这样的人是不是也处处受到攻击呢？

雷达：也有吧，但不是很多。

王童：你对各种文体的小说阅读的面比较广，你认为现在的小说创作是一种什么状态呢？

雷达：这个问题不太好说。

王童：因为现在许多作家都是搞具体创作的，不是搞评论的，对创作的状态不会像你看得那么清楚，所以要让你来点拨点拨。

雷达：我认为今天没有任何一个人能够把小说的创作状态说得一清二楚，这是很难的，八十年代还可以，九十年代就很难。

王童：为什么呢？

雷达：八十年代的创作手法和意识尽管也很多样，但是作家的价值立场和精神价值体系是在同一个渠道中的，无论是伤痕文学、寻根文学或者是西化，都离不开一个命题，就是新启蒙小说。中心议题就是人道主义，强调个性、强调尊重人的权利。

王童：照你这个说法到了九十年代是不是这个启蒙阶段就是完成了呢？

雷达：远还没有完成，但是现在有一种说法就是用后现代话语代替了启蒙话语，另外就是两个方面：一是大众文化，替代了所谓的精英文化，这不像八十年代，八十年代如果有一个人振臂一呼，便会有许多人响应，现在就是有人提出十个口号，也不会有人去热衷的。

王童：那么我们可不可以这样认为，到了九十年代已经没有了那种激动人心大起大落的文化激情了？

雷达：那是另外一个话题，就是说现在的价值追求和精神走向不像八十年代那样明确。

王童：为什么呢？

雷达：这和一个大的环境有关系，举例来说，全球经济一体化和市场化的加速导致了这样的局面。

雷达：我们可不可以这样认为，由于计算机的发明，电脑电视的普及，我们的写作方式也产生了革命性的变化，电脑打字打得快了，长篇也写得多了，这虽说只是一个技术手段，但这是不是也让人的文学思维改变了，把那种原生态的东西过滤掉了。

雷达：你说得有一定道理，现在也许连作家手写的真迹都找不到了，但这只是一个方面，关键还不在这一方面，重要的是人的思维方面有了变化。

王童：我认为这种变化正是因为信息网络出现的原因，比如说：前两天，我参加了一个网络媒体与主流文化批评的研讨会，人们就提出那种酷评甚至带有骂人的话语对文学作品的批评也许更直截了当一些。

雷达：你谈的是这种文化产生的根源，但我现在说的是小说本身的一种变化，主要是有三化：一是世俗化；二是个人化；三是日常化。这是一个非常重要的特点，过去八十年代人们常说要打破什么禁区，这在今天这种禁区早已经被打破得不知到什么地方了，再有一个就是作家的分化。

王童：但给我的感觉今天的小说略显有些平庸。

雷达：是平庸啊，因为今天的小说已经告别了那种惊雷闪电、荡气回肠、荷马史诗般的东西了，相反写日常生活的东西在盛行。

王童：这样来看，从八十年代末人们就提倡写小人物的创作手法，久而久之是不是也成了一种模式化了？就像人们通常说的他是一个平凡的人，在平凡的工作岗位上做出了不平凡的业绩等等。从一个极端又跳到了另一个极端。

雷达：还不能这么说，因为现在是一个讲究实惠、讲究生活——是一个过日子的时代，生活的主角自然就是平民了，拿“贫嘴张大民”的故事来说，受到许多人的喜欢，甚至通过张大民能够反观到自身，包括铁凝的《永远有多远》，主人公也是一个胡同里的普通市民，王安忆《隐秘的生活》、《富萍》唱主角的也都是普通的上海女人。

王童：你这样一说我往前一想，上世纪五六十年代出现的那种关注生活、关注人性的文学作品，如《组织部新来的年轻人》、《悬崖上的爱情》、《在桥梁工地上》等。抛开极“左”时代出现的那段空白，这些作品和今天是不是一脉相承的？

雷达：是有一脉相承的地方，但到了九十年代这种变化就很大了，原来有一种说法是救亡和启蒙的变奏，贯穿了整个二十世纪的文学创作，后来有人认为不太准确又加上了“翻身”两个字，你回忆起来，17年的文学创作，大部分文学作品都是写革命战争，写人民革命的颂歌那种东西，到了九十年代这种东西就不重要了。

王童：你能具体举出一个例子，说出这种转变的原因吗？或者仅仅是一种形式上的变化？

雷达：我认为不是，从主题到人物到对生活的看法，对到底谁是生活的主角甚至说一种生活的哲学都发生了根本的变化。

王童：现在这个时代是不是说整体的百姓群体已成了文学的主角？

雷达：我刚才讲了那种日常性的东西，就是这些。但这并不是说那些突发性的东西没有。但大部分中长篇小说反映的都是那些柴米油盐的家常小事。

王童：但这有什么新鲜的变化呢？这不过是抓住了文学最本质的东西，从古至今包括《红楼梦》在内都在写凡人小事。写家长里短，婆婆妈妈的事是一种传统，也可说是一种守旧，有什么又能说是新启蒙啊，是创新啊等等。

雷达：是啊，现实主义的传统就是写小人物，比如契诃夫、莫泊桑、"三言二拍"等等。

王童：所以我才说这只是延续了一种传统并没有什么创新。

雷达：你不能只看见一个外壳和形式，你认为历史是完全一样的吗？历史总是重复上演的，人们不是常讲分久必合，合久必分吗？

王童：所以我才要问你今天的小说到底产生了什么样的质的变化？抑或是一种换汤不换药。

雷达：今天的小说说到底是向文学本身回归的幅度比较大，究竟有什么不同，不同的地方多得很，小说的主题选择方面，小说面对生活视角的广度都和现代主义和后现代主题及传统的叙事方法结合到了一起，发生了很大的变化，这都是变化。包括作者也都发生了很大的变化，你把我的文章从头到尾看一遍就知道了。

王童：你所说的新启蒙，而这种新启蒙在戊戌变法和梁启超的时代就已经开始了，而今天我们总谈启蒙启蒙的，轮回了一个圈，又在原地不动，是不是我们总是在启蒙阶段呢？

雷达：启蒙原指是民主科学的启蒙，启蒙本身是指对蒙昧的东西进行启迪，我们原来处在一种非常封闭、非常愚昧的状态中，文明的东西就把它启发开，开拓开嘛。

王童：我们换一个话题来谈，你看的文学作品很多，你能不能简单地说一下，你认为谁的中短篇写得好，谁的长篇写得好？

雷达：这里我不想谈平均数，因为要谈的文学作品很多，不能一一列举，但从我个人的眼光来看，我只认为有这么四本书值得一看，有的出版了，有的还没有出版。

王童：哪四本书？

雷达：这四本书大多还都出在西部，这当然是许多文学界都不能接受的了，但我们就这么认为，一部是《白鹿原》，一部是《废都》，一部是《大漠王》，还有一部就是现在还没有出版，就是近两年在《上海文学》一直连载的《夹边沟纪事》，这被有人称为中国的《古拉格群岛》。

王童：这是不是和你的那种地域观念有关系呀？因为你就是西部人，你也一直推崇西部文学，尽管你一再声明这不只是你自己的偏好，但或多或少都会打上你的烙印。

雷达：这和我的地域观念毫无关系，只是其中有些作品没被人发现罢了，所以说如果你硬要让我谈的话，我主观地认为就是这四本书。

王童：中短篇小说呢？

雷达：中短篇就很多了，《夹边沟纪事》就是中短篇。我现在不敢说谁的高谁的低，我只能说耐人寻味的有意思的就是这四本书。我这里并不是指它的文学质量比别的要高，我只是认为他们在文学发展的路径上会留下一定的痕迹。

王童：另外像王蒙的小说、刘恒的小说、张洁的小说、余华的小说、莫言的小说、铁凝的小说、王安忆的小说呢？

雷达：总体来说我喜欢的作家多了，但我现在不想开那个书单，我只告诉你这四本书，很重要。比如说陈忠实的《白鹿原》，你不管陈忠实以后写了些什么样的作品，但是他就弄出了一部《白鹿原》，这是别人很难企及的成熟的文学作品，《废都》也是。尽管《废都》也有许多毛病，但它有它的特点，这两部书都出在西部很奇怪，《大漠王》也是，对西部的生存环境，对西部的风情以及对我们整个民族的苦难意识刻画得入木三分。

王童：你这是不是只是谈西部文学了？就像美国的西部片？

雷达：我不只是谈西部文学，而是谈整个中国文学的创作。如果有人说我，正因为你是西部人才这么说，我认为这完全是胡说，我绝不是因为我是西部人就偏袒这些作品，这四本书就是在文学史上占有很重要的地位。

王童：像你喜欢的阿来的《尘埃落定》呢？

雷达：那另外再说。首先是这四本书的影响，《废都》的影响很大，正面和负面的都有，《白鹿原》这么多年也就出了这么一部，《大漠王》没有被人们真正认识，也是一部很了不得的作品，《夹边沟纪事》，作者叫杨显惠，是天津的一位作者，这部作品大家也应该认真地去读一读。作品是写夹边沟右派劳改农场的事，三千右派最后饿死只剩下五个人了，杨显惠的这部作品还没有出版，出版了会很受人关注的。

王童：你认为文学评论将来存在的意义是什么呢？

雷达：文学评论的意义就在于它引导和催生有意义有价值的文学作品——而且文论时代的到来，也预示着它将影响着许多作家的思维和情感。

王童：将来的文学创作，个人化的倾向是不是越来越严重了呢？

雷达：我认为所谓的个人化是一种人文姿态，是知识分子的一种寻找，是知识分子独立写作的自由意识的追求。这其中有一个内容就回归到鲁迅的创作观念中——鲁迅的观念就是寻找人的自由意识。在人们经过许多的政治运动之后，人身上的自由意识受到了很大的损伤。正因为如此人们才渴望挺直了腰杆在寻求自由意识中做人。

王童：但现在也有许多人对鲁迅提出异议，比如说王朔。

雷达：王朔是在讲歪理吗？王朔是在离开鲁迅当时所处的文化围剿的环境中，所发出的强人所难之词。

王童：但鲁迅作品中对国民性的批判，实际上在梁启超就已经开始了。

雷达：没错，很多人都探讨过国民性的问题，但鲁迅有他独特的深度。假如在一个学术范围内对鲁迅提出批评和质疑，我认为也都是正常的。

王童：你刚才特地提出那四本书，我虽然也会有不同意见，但我想通过此问一下，你究竟喜欢什么样的文学作品？

雷达：我喜欢的文学作品很宽泛，除了这四本还可举出几十本来。但我认为这四本有它们更加独到的特点。

王童：通过这些特点是不是可以概括出你对文学作品的一种态度。

雷达：我推崇的文学作品是要表现一个民族心灵的历史，精神发展的历史，灵魂的历史，我自认为我对这一点还看得比较准。《废都》有很大的象征意义，象征着世纪末知识分子的一种颓废和恐慌；《白鹿原》则是对中华文化的正面关照——文化冲突和人性冲突的表现，还有作品中弥漫着秦汉文化的那种气魄；《大漠王》中饱满的文学性、隽永的细节、栩栩如生的人物、纯净的语言、砂岩中的生活——我们民族在苦难中形成的生活方式；《夹边沟纪事》中令人振聋发聩的控诉，都让人掩卷深思。

王童：我在你的一篇文章读到，你引申出的一段话，凡是引起轰动的作品在艺术上往往是粗糙的。

雷达：原话是这么说的，凡是在一段时间引起轰动的文学作品在艺术上都是粗糙的，而在艺术上有所追求的文学作品又往往被人们忽视掉。

王童：这又怎么说呢？

雷达：这就是文学艺术发展的一种规律，因文学作品引起轰动，往往是文学作品以外的一些东西而不是文学作品本身。

王童：你还曾提出，你反对小说新闻化。从这个角度来看，你恐怕是不会欣赏我《美国隐形眼镜》这种小说吧。

雷达：也不是，你的小说是另外一种东西，思想性比较强，内在的反叛精神也很突出，此外知识面也比较广——把国际知识和政论色彩的东西交织在一起，有一种文化激进主义的倾向。但人们按传统创作观念接受你的小说，还需要调整一下思路。

王童：我写这类小说有这样一个想法，就是在二十世纪发生了那么多的天灾人祸——战争、瘟疫、政治运动、法西斯主义、各种各样的恐怖主义，而我们的文学视点为什么在这样一些惊心动魄的事件中有些逃避呢？难道说只是一种新闻热闹吗？

雷达：因文学已经走向了边缘化。人们对文学关注的程度已减弱了，它不可能成为时代的代言人。

王童：说不是代言人，但在文学表面繁荣的层面下，也反映出作家们整体的无意识——沉默的大多数,整体的人文精神受到压抑的状态。

雷达：我认为有这种成分。打个比方说,商品、市场、金钱、权力;标准化的生产,包括无所不在的电子文化、网络文化,这些东西的产生都有可能磨灭人的个性,使人变成芸芸众生中的一个。所以说文学就应该关心人,就应该张扬人的个性。

王童：还有在你的文章里你还特别谈到了女性写作,你是怎么认为的?

雷达：首先我所说的女性并不是泛指所有的女性作家,而是针对那种所谓的身体写作而言的,这类自恋加畸恋的东西是没有任何意义的。不过这类东西的流行是有它社会的必然因素。现在有市场的东西并不一定就是有价值的东西。商品经济与世俗文化的盛行,已冲淡了应该侧目重视的作品。

王童：我们书归正传再来谈谈你——众所周知你是以一个评论家的面目出现的,现在却写了很多广受人关注的散文,大有成为一个散文大家的趋势,那天李国文还说他读你的散文比读你的评论更来劲。你怎么会突然写起散文了呢?

雷达：我不是突然写起散文了,而是早在写,早在大学读书时,就给当时的省报副刊试着投了一篇散文,它不仅登了,而且还配了一幅插图登了半个版,当时我只有19岁。这篇名为《洮河纪事》的散文我后来收到散文集中。这篇散文我很喜欢,虽说它有些稚嫩,但那种青春的感觉今天再也找不到了。

王童：今天我听到两种说法:一是说你的散文写得不错,厚实、有力度、大气;另一种说法就是写得太严谨了、不太好读。当然持这种观点的人是相对于那种所谓溢光流彩的女性写作而言的。你自己怎么看?

雷达：我并不是想成为散文大家而去写散文,或是按照什么散文三要素去写,是自然而然从心中流出来的。我不知道这种好看与不好看的说法是指什么东西。如果要想在我的散文里去看一些小情小调,或是故作调侃并带有幽默成分的内容,或许会找不到。

王童：玩儿深沉吗?

雷达：这不是玩儿深沉,而是由我性格所决定的。

王童：说起性格,因你是西北人,喜欢吃牛肉面、喜欢吃酸的、辣的,喜欢听秦腔,无形当中,你对文学作品的审视就有一种狭隘的地域观念。

雷达：地域观念我肯定是有,但并不狭隘。我喜欢的作家、作品天南地北都有。至于我推崇的前面提到的那四部作品,几乎都出在西部,那纯属巧合,但也让我感到很惊讶。

王童：这些作品都出在西部,内容也都是那样的,可不可以称为落后的中国文化仍在延续。因今天我们一再强调要去开发西部——落后才要去开发。

雷达:我觉得文学的创作跟你说的西部开发及落后不落后没什么关系。因精神的东西永远是先进的,是无法超越的。

王童:我之所以这么说,是鉴于有人说中国人不管脱胎换骨到了什么地步、成了什么样的大家,骨子里仍是农民意识。我不否认这类作品的优秀——在中国文坛上也从来就不乏这样的优秀作品。但我们总谈的人类的意识、生命的意识、科学的意识,我们到底有没有。

雷达:你说得很对,这是我们过去文学创作的一个缺陷,我们过去的文学比较强调意识形态的东西。对人类共通的问题关注得不够。所以我们才提出要超越啊、要形而上啊、要具有象征意义啊,要和世界接轨啊,这就是进步。

王童:说是这样,可一到面对具体的作品,就又有一种心理排斥了,视点总放在城乡结合部那类作品上。

雷达:这总还需要人们有一个适应的过程。

王童:现在我专门提出被大众广泛接受的两个作家——刘恒和铁凝。他们都同样地出现了市民化创作的倾向,你能谈谈他们的创作风格吗?

雷达:这两人我都写文章评述过,而且写过不止一篇。这两个作家很难进行类比,至于你说的两人都不约而同将视点对准平凡的小人物、小市民身上,这我倒有点感想。我觉得同样是写小人物,同样是写市民,还存在一个怎么写的问题,站在什么样的精神高度去写的问题。拿"贫嘴张大民"来说,实际上是带有尖锐、反讽批判的作品。当人们的物质生活匮乏到了极点,精神就需要找到一个释放的出口。精神释放的方式一个重要因素就是贫嘴——靠说废话般的语言的膨胀来宣泄内心的压抑,这是很悲哀的。后来人们把他改成了一个轻喜剧式的人物,用自得其乐、自我解嘲来解脱自己的困境。这也是中国人一种油滑的生活哲学,这哲学再向前一步就是阿Q精神。

王童:铁凝呢?

雷达:铁凝那个也不错,白大省这个人物一辈子都在替别人着想,一个最仁义的孩子,对每个人几乎都作出了奉献,结果三次婚姻都失败了。她最后甚至羡慕像西单小六那样放荡女孩的生活方式。她所追求的那种道德道义的生活方式已经过时了。所以说年龄并不大的白大省已成了一个过时的人物,这过时也是让人悲哀的。

王童:但《贫嘴张大民的幸福生活》这次没评上鲁迅文学奖,也很让人纳闷。

雷达:是呀,在第二轮投票时它少了一票,没评上真遗憾。

王童:你肯定对文学期刊看得也很多了?因为我们这篇文章是为《小说界》作的,所以还特请你对《小说界》近年来发表的作品谈谈自己的看法。

雷达：我对《小说界》的印象当然很好了，在我的印象中，《小说界》不是那种一惊一乍的刊物。它没有那种造势、作秀的成分。刊物办得很踏实，发表的作品质量也很高。可以说是在文学期刊中拔萃的。另外一点就是它的文学视野比较开阔——各种类型、各种流派的作品都有，可以说是兼容并蓄。

王童：有印象的作品呢？

雷达：那就很多了。比如说最早发表的鲁彦周的作品《彩虹坪》——鲁彦周是一个还没被人们广泛重视的一个老作家。说老实话，反思文学说到头最终绕不开的就是他的《天云山传奇》。另外我记得还有孙健忠的《醉乡》，还有邓刚的流浪汉文学《曲里拐弯》，这小说我印象也很深。

王童：李国文的《危楼纪事》呢？

雷达：《危楼纪事》当然也很好了，这作品我还写过文章呢。另外王蒙的《春堤六桥》我也写过文章，也评述过。还有李唯的《腐败分子潘长水》，真是写得很好！

王童：张洁的《无字》看过吗？

雷达：看过一些节选，我觉得写得不错，作品对女性命运的描写一般人是达不到的。此外写改革的《汽车城》也很有特色。总而言之《小说界》给我的感觉是一份很扎实、很求实的刊物。它不是那种咋咋呼呼，闹哇闹的期刊。这两年我看长篇看得比较多，对文学期刊没太注意，但《小说界》还常翻翻。特别是登了你的小说，总逼着我看，我哪敢不看呢(笑)。

王童：谈文学谈得太累了，现在我们再回过头来谈谈你的业余爱好，谈谈化石、谈谈彩陶，我看你喜欢这些东西有时就像吸上鸦片一样上瘾，不能自拔。

雷达：我是迷过很长一段化石，而且对化石还有过一些系统研究。我还写过一些有关化石的论文，在《化石》杂志上都登过。

王童：这真是令人匪夷所思。

雷达：但我的兴趣又经常转移。你说得没错，我喜欢玩儿，现在又迷上了马家窑彩陶。在我们的史前，除了仰韶文化，另一个分支就是马家窑文化。而在这里面发现的彩陶就是中国彩陶的高峰——非常了不起。当然，现在文物市场上假的也很多，迷惑也很多、陷阱也很多。

王童：从考古发现来说，每一次发现都会让我们振奋、自豪。这种发现针对于我们今天，是证明我们的进步还是落后呢？

雷达：我没听懂你的意思。

王童:简单地说,就是我们要用考古发现证明什么呢?

雷达:证明我们要不断反复地重新来认识历史——历史永远都是起点。过去有一句话说,一切历史都是当代史。还有一句话说,重要的不在你叙述了哪个年代,而是你在哪个年代叙述。当我们处在今天这个年代重睹了泥土中的东西,你会感到许多东西我们是不知道的。拿彩陶文化——包括仰韶文化的发现来说,是当时在北洋政府里任农业顾问的瑞典人安特生首先关注的。他在河南渑池县仰韶村考古发掘,后定名为仰韶文化,这很重要。后来他在兰州从一些甘肃农民的手里买到一些非常精美的陶器,使他非常惊讶,因这都是史前文化的东西。开始他还以为这些彩陶是从西域流入的,后来才找到了马家窑。

王童:从化石的发烧到彩陶的发烧,你究竟悟出了什么呢?

雷达:悟出了历史的文明——两河文明——尼罗河、印度河文明加上我们的黄河文明,构成人类文明史的一个重要环链。这些彩陶的发现就是一个明证。

王童:这对你搞文学评论有什么意义吗?抑或是你就是玩玩儿。

雷达:不是不是,我对这些文化审视的角度都是非常新鲜和独特的——比如我写过一篇散文就叫《化石悬想录》,就是我对化石的当代阐述。以后我也可能写另一篇散文,名字就叫《马家窑之恋》。我要告诉你的就是这些东西离我们很远,但又很近,非常之近。遥远的原始思维和我们今天的现代思维之间有一种神秘的语码联系。这些灿烂的古代文明的底蕴我们一旦悟出,不仅仅是对文学评论了,而是对整个艺术、文化及文明乃至整个的宇宙人生都有很大的启发。你比如拿彩陶文化来说,从半山文化的后期到马厂文化就出现天教神人文,也叫人蛙文,或叫蛙神文,这很神秘,有人认为它是外星人的雏形,也有人认为它是神龙的化身。

王童:除了文学批评和考古外,你还有许多其他的体育兴趣——足球、乒乓球、游泳什么的,一是说你是不是很热爱生活,二是这些对你搞文学批评又有什么直接关系吗?

雷达:我觉得它有关系没关系本身的关系都不大。我活在这个世界上,我首先作为一个人——文化的人,文化的动物。我热爱生活——对文明、对世界上许多新奇的事情我都感兴趣。至于说文学批评它不过是其中一个很小的分子,换句话来说是为了生存。

王童:如果来生再世让你当一个考古学家你是不是很愿意?

雷达:那很有可能,除了考古学家,地质学家也愿意。

王童:但有人就曾说过,如果一个人总在寻古探幽,说明他的心态已经老化了,你认为你老化了吗?

雷达:没有。我不认为我的心态老化了,我认为我对事物总抱着一种新奇感,相反会让人变得更年轻。

王童：你能不能用一句话概括一下今天文学发展的状况？

雷达：让我说一句哲言我说不出，我总的认为今天的文学最重要的问题是要尊重人、尊重生命、热爱生命。最根本的就是要关心人——以人为本。文学的发展有没有前途关键就在于此。

王童：作家梁晓声在青创会上的发言引用过你的一段话，说文学总要去思考点什么吧，你这是针对什么呢？

雷达：我不以为文学能有很大的使命——但我同时又认为文学必须要有使命感和责任感，陶冶人的心灵，让人性回归，让生活变得更美好。

小 传

雷达，原名雷达学，甘肃天水人。1965年毕业于兰州大学中文系。历任《文艺报》编辑组长，《中国作家》副主编，中国作家协会创研部主任，研究员。现任中国作家协会全委会委员，中国当代文学研究会副会长等，近年先后被授予甘肃省文学院荣誉院长，东莞文学艺术院名誉院长等荣誉职位。其多部论著和多篇论文如《灵性激活历史》、《为什么需要和需要什么》、《思潮与文体》等获得中国文联文艺评论奖、鲁迅文学奖等多个奖项。独立主编或共同主编了大型图书《中国现当代文学通史》，《现代中国文学精品文库》，《中国新时期文学研究资料汇编》等作品。

王朔在线

许多年前的王朔和许多年后的王朔,如果单从外形上看,仿佛并没有太大的区别,团团的娃娃脸上经常露出一股不屑一顾的神态。这神态有时也会绽出一脸灿烂的笑容来。从某种意义上来看,人们很难相信这样一个没有什么学历的年轻人会给中国文坛带来那么强大的冲击力——有学者甚至总结道,他在某种程度上颠覆了原有的文字游戏规则,从而进行了一场精神上的革命。用传统的眼光来看,王朔的半路杀出,让许多人感到尴尬。有人说,这是一个地道的痞子——是痞子文学的始作俑者。有人言,这是一位平民英雄、话语英雄——也是一个十足的混世魔王。王朔本人似乎也很愿意扮演这样一个角色,他经常大言不惭地喊出:我是流氓我怕谁,无知者无畏一类的声音。从另一个角度来审视,王朔作品的畅销与思想的贩卖,是和一个时代的病症分不开的,这就很容易让人联想起"二战"之后,在日本出现的那类对社会反叛的街头勇士。顺带说一句这种情绪也是西方社会整整一代人的痛苦的烙印——贝尔蒙多在法国影片《精疲力竭》中就饰演了一个类似的角色。在一场精神浩劫之后,面对着僵化的社会机制,官僚主义、文牍主义,狐假虎威的权威人士以及个人迷信盛行的现实,那种嘲讽、那类酣畅淋漓的嬉笑怒骂,着实让人有宣泄的快感。威廉·巴雷达特(美国哲学家)说:今天总是要从昨天的废墟上挖出一条路使自己走出来。而王朔本人就是在这废墟中钻出来的。在这片废墟上,我们不得不面对这样一个现实，在畅销小说、影视空间及被称为第四媒体的网络等一系列文化传媒里都有这样一个人。他让我们感到了情感的真实、生命的真实，同时他也让我们感到难受、感到不舒服。

我是在王朔刚在文坛上崭露头角，初在《啄木鸟》及《青年文学》等刊物上发表一些诸如《橡皮人》等小说时便认识他了。但平心而论，在很长一段时间里，我一直是他的反对者，尽管我也曾为他作品中的一些精彩之处而叫绝，但我很难认可他营造的那个话语空间会成为榜样的对象。对王朔的言行，有的我击节称颂，有的我不敢苟同，还有的是我根本就反对的。我和他争论过对鲁迅的评价，我和他交锋过对张艺谋的认识；我对他说，有人认为他的一些"胡说八道"是在搅浑水，他也认同。但我同样也被他坦率的纯真所打动。这样，当我把他当成"文化在中国"网站的创办人之一，倾心交谈时，我想起了另一个文友王小波，但愿王朔能比他活得更长久一些。

王童：上次来你的网站时，还没开播呢。我记得问过你一个问题，怎么你也凑起热闹来了？你说你本身就是个凑热闹的人，那么你是怎么想到要凑这个热闹——办这个网站呢？

王朔：这是叶大鹰硬拉我进来的。他是今年上半年跟我谈这事儿的。我原来认为我这辈子不会再受什么诱惑了，因为我干过许多别的事情，都觉得没太大意思。但是这个互联网在上半年特别热，被宣传成改朝换代似的感觉，我是个网盲、电脑盲，我本来觉得跨入新世纪不会英语就已经非常麻烦了，又出了这么一个，再不会，就有被时代抛弃的感觉。其实我在心里不是一个安静的人，有时候好赶个时髦，特别浮躁。有个朋友说做个读书网站，做半年打个底，不会占我太大精力，当然也有一些利益上的考虑，比如说做大了，做成"美国在线"那样的，但这是我瞎想的，我会把一个鸡蛋想成一个养鸡场，再想成一个全世界的鸡蛋零售市场，后来就自己把自己煽呼起来了，所以从5月8日起就开始做了这件事。

王童：9月份开播的？

王朔：是，9月8日开的。

王童：那你现在感觉效果、效益怎样？

王朔：肯定没有我以前想的将来和"美国在线"合并这样的规模，没达到。但是互联网本身使我学习到了很多东西。这恐怕是我成年以后学到东西最多的一次。

王童：具体学到了些什么东西？

王朔：譬如说互联网的呈现方式，譬如说它通过电脑书写、传送、交流为一体的方式。

作家王朔

还包括常说的网感，上网的感觉。现在说互联网的事我完全能听懂了，原来我根本听不懂，大概听了一两个月，才把一些基本名词听懂。

王童：你这是不是一个很奇怪的现象，从一个网盲三级跳办起自己的网站？

王朔：我说学习到了很多东西，其实我所知的事儿很少，我不是网络的精通者，现在也仍然不是。只是不再害怕这些东西了。我原来怕这个东西，觉得它是一个庞然大物，新奇无比，会改变我的生活，好像如果我不熟悉它，我会连自己的生活都丧失掉。这种担心现在没有了。经过初步的了解以后，感觉没什么新鲜的，也没什么可怕的。

王童：你过去写东西不用电脑吗？

王朔：我只是写《看上去很美》用打字机打的。其他的全是用手写的。

王童：写电影剧本也不用打字机？

王朔：后来有一些用，像《一声叹息》是用打字机打的。有一段时间用文华打字机，用拼音打。

王童：现在呢？

王朔：当然是用电脑写。我就是把电脑当成打字机使用。

王童：你介入到电脑领域后，对你传统的写作用语有没有一种开拓的感觉？

王朔：没有。只有方便感——修改方便。其实它对我有副作用，我意识到了。因为电脑书写呈现出来的样子是非常格式、工整的，像印刷出来的。这就使我写作倾向于用书面语言，它的词语联想功能也使我有时可能用到一些手写时不会想到的词。如果手写就很随意，甚至会破坏一些书面用语，比如有时忘了一个词该怎么写就乱编一个。刘恒说用电脑写有一股机器味儿，我也有这种感觉，而且倾向于用大量的书面语言。这在《看上去很美》中就体现得很明显。

王童：你的网站在没开之前就很热，当时我也在报上给你登过消息。现在真正开起来了，网站里有一些分门别类的栏目，具体是怎样安排的？

王朔：其实说到具体实施，我们的各个频道都有专门的主持人，像音乐、电影、美术、文学。除了文学以外，电影我只知道一部分，音乐、美术知道得更少。就专业知识而言我其实不够格做主持人，我的工作是在这之前完成的，就是网站开播初期决定要把哪些内容挂上去。譬如说文学作品像汪洋大海，你要确定把哪些内容搁上去；譬如文学访谈，要确定方向，我们确定为年轻的、七〇年代以下的、未获得广泛的影响和认可的。他们提供了人选以后，我来认可。我基本上是认可，好像没提过什么反对意见，权力全部下放给主持人。就按照这个方向做就可以了。当然这中间会产生大量的文案，网络公司和文化公司不同，它的每一个环节都要求出文案，中间走一个人，根据文案也能将工作接上。这是它技术部分的要求，我们把这个做法移植到内容部分，也这样做。每一个设想出来，都要做文字录入，做文案，最后大概能预见到呈现的效果，因为毕竟有一个雏形了。我前期主要是做一些这样的工作，包括雇人等等。

王童：你从过去一个单纯的自由写作者，摇身一变到现在进入公司既当领导又当组织者，觉得能胜任吗？能扮演好你现在的角色吗？

王朔：我原来干过。原来我和叶大鹰就干过这样的事，所以对我来说不是太生疏。我当然不会是一个好的管理者，我只是一个好的煽动者，煽动一些人来做事，进入日常运营时我的局限性和缺陷就流露出来了。因为我不是特别稳定能每天盯在这儿的人，那需要专业的管理者来管理。前期自由创意，写些文案、聚拢人气，我在那个时候起作用。前期网站做了三个月左右内容就有了。8月16日开始试播，估计到这个月底，这三个月的计划就到头了，又得重新来，制订下三个月的计划。我现在的工作主要转到将现在已呈现出来的内容与其他传统媒体嫁接上，比如出版、制成电视节目。网站的日常工作我不管。

王童：对不起，我还没来得及浏览你的网站。据说你的网站不像其他网站那样包含大量的新闻信息。

王朔：对，我们的核心栏目是人物访谈。

王童：和我过去做的那种访谈有点类似？

王朔：是，就好像在你们的报纸上开一个版面，天天登“人物访谈”一样。

王童：那就需要你不停地去找人物。

王朔：对，每天都要找。

王童：那如果这些人物找尽了怎么办？

王朔：不会的。可以将范围扩大。比如文学上除了作家，还可以找编辑、出版者，成名的作家有限，没成名的作家有很多。

王童：现在网络被称为第四媒体，相对于其他媒体，你觉得网站有什么不同？

王朔：第一，空间大。自由度现在看起来好像比其他媒体大一点，其实也是持平的。它不会享有比其他媒体更大、更充分的自由，那是个神话。随着国家的管理条例出台，发表言论的管制在中华人民共和国境内应该是一视同仁的。网络的空间大，信息大，容量大，可能有一部分是你没注意到的，但它的主流部分仍是与传统媒体在同一尺度内的。但它有一个优越性，就是它的空间性在理论上来说是无限的。你需要的东西可以全挂上去，不用考虑版面的问题。第二，它没有其他媒体受到的商业压力大，比如报纸，要看每天的发行量，当天掉下来就会明显影响经济收入。而网站的利润模式不同，浏览网站是不收费的，商业压力相对来说就不太大。你还可以长线地做一点东西。

王童：那你的盈利是从哪儿来的？

王朔：我们就是做出东西来和其他传统媒体互动。比如说我们在网上呈现的谈话节目是不挣钱的，但我们把它变成书就会挣钱，变成电视的访谈节目，通过电视的销售也可盈利。

王童：你本人作为中国文化的一个热点中的人物，抛开网站不说，你个人的影响力和网站的影响力是不是有一个互补的因素？

王朔：我们一开始有这种功利目的，想借助我个人的被关注程度提升网站的被关注程度，其实做下来发现，一个网站完全依赖一个人是很困难的。因为我这个网站并不是表达我自己观点的地方，它是一个非常中性的、客观的平台，它本身是一个工具，我不可能使工具具有人格，不可能强加于它。我们网站的经营理念也不允许我把我的人格强加于它，所以这个网站和我不画等号。网站的经营，它的被关注、被欢迎还要看内容，我在其中的作用是微乎其微的。

王童：前一段你发表了许多言论，我也看了许多。你的《看上去很美》有人说不错，有人说并不怎么样。有人说王朔因为小说写不好了，就开始在言论方面造起势来。你怎么看这个问题？

王朔：我觉得这是无稽之谈。他们这么说的前提是我只是能写小说的人。实际上我从来就不是只写小说。写一段小说我就要折腾折腾，让自己痛快痛快。搞影视也好，做公司也好，发表言论也好，实际上我从来没有间断过发表言论。但原来只是说，从来不写，因为过去不太看得起写随笔，我认为那不是正经行当，真的。我觉得还是小说最符合我们所说的文学的概念。随笔就是把谈话记录下来，我过去非常不重视这样的东西，也从来不写这样的东西。去年年底到过年的时候，特别乱，写不了小说，只有忙里偷闲写一点儿随笔。也是因为那时候有一些杂志约稿，比如那篇谈鲁迅的，是《收获》约稿；谈金庸的那篇是《中国青年报》的约稿。很多长年约稿的编辑都成为朋友了。我正好那会儿

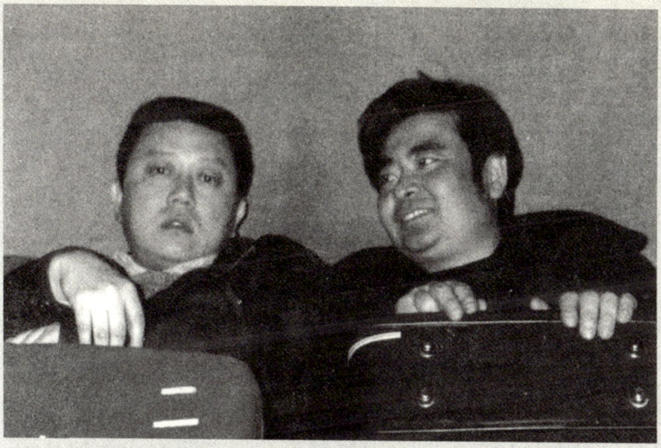

王朔与本书作者

没写小说，就写了一点儿这些东西，没想到反响那么大。其实一开始就写了个鲁迅，金庸是第二个写的，但金庸那篇是先发的。金庸那篇发表后，出版社找我说，你干脆多写点儿字，凑本书得了。接着我才写了老舍、我自己，还有大众文化等等，都是为了出书而写的。这特别像我过去写过的一套侦探小说，本来也没打算写，就是后来群众出版社说给你出本书吧，我当时没有出版过东西，就写了一些侦探小说，急就章。

王童：你的一系列文章中，有的我特别赞同，比如关于金庸的。以前我约张杨写过一篇叫《不要迷信金庸》，和你原来观点类似，我很烦电视上动不动就拿出金庸的作品呼风唤雨的。

王朔：那篇文章我看过。把他当大师太逗了，他自己也做那种状了。

王童：这牵涉一个对文化名人的评价问题。举个例子，像西方世界，如果挪威人没完没了地指责易卜生，俄罗斯人没完没了地指责托尔斯泰会怎么样呢？

王朔：那有什么不可以呀？我觉得谁能不能说根本就不是问题，只是说你是否说得有理，是否说得对；你说，你是否也允许别人说，你是否要把你的说法变成一家之言，挪威人永远批判易卜生我觉得也没什么不可以的，托尔斯泰也没什么了不起的，如果俄罗斯人鄙弃他，新一代的俄罗斯人认为他没那么了不起，我觉得都很正常。每一个国家的伟大作家都是那个国家人民的财富，他是人民的儿子。人民，特别是后来者有权利说他，这跟个人的成就毫无关系。普通人也能说。

王童：那如果别人用这种精神批判你，你能接受吗？

王朔：我当然能接受了！我在这里可以无愧地说：我当然可以！我没有任何心理障碍的！

王童：我记得有一次跟你说过，会不会你这样的一种方式就形成了另一种的专制？比如说："哎呀，咱们不能动王朔，也不能提王朔，王朔一说话咱们可受不了……"

王朔：这是别人的问题。有些人说我在制造自己的专制话语，我觉得那是在瞎说，我什么时候制造过专制话语了？你自己有没有感受过，当你感到一种强烈的刺激性话语后，就认为他要消灭其他话语,我觉得那是他们的思维有问题。他们总认为一种话语要覆盖所有的话语。作为我个人没有这样,我也不认为我覆盖得了其他话语。

王童:但是我注意到你这一阵子针对一些块头大的人,包括张艺谋。那天我送给你书时曾说,我这里有许多是为张艺谋辩护的,不知王朔看了会怎么想?

王朔:我肯定不同意你的观点,但我坚决维护你为他辩护的权利,这一点在咱们这一代人身上应该是个常识。

王童:你看过我采访冯小宁的那一篇吗?

王朔:我看到过。我认为冯小宁、冯小刚这些人其实倒没什么可说的。他们拍的是商业片,他们和张艺谋不一样。

王童:我觉得除了这一点,你在艺术上也比较苛刻。比如那天咱们一起看张元的片子,当然张元现在获这个奖是另一说了,你也不喜欢。张元说你没看懂那里面说的是什么意思。我看你批判的东西有时候是对一些唯美的东西,但唯美本身不也是文学的一种方式吗?

王朔:你说我说谁了?

王童:你好像指了某些作品带有唯美倾向,好像你不太喜欢这种唯美作品。

王朔:我没有不喜欢唯美。我认为他们那是伪唯美。有些人所谓的"如诗如画就是唯美",那纯粹就是对唯美的玷污、误解。什么是唯美?王尔德写的是什么东西呀?那不是唯美。我觉得大家对唯美有些误解。认为《我的父亲母亲》那样的就是唯美,我觉得那不是唯美。

王童:那你认为什么是唯美?

王朔:唯美的东西绝对是颓废的东西,是和现实无关的,是跟人的善良无关的,是纯粹的美感,是你可以在堕落中看到的,黑暗中的美感。我理解的唯美是这个。而且我还有一个前提(但我这个前提并不是要回避争论),就是我认为并不是我说的所有话都是正确的。如果要求一个人的批评必须正确,那就等于拒绝批评。我说的可能句句都是错话,但是我也要说。我只是表达我个人的观点,哪怕全是错的都没关系。哪怕你最终能说服我,证明我全是错的,我说话的目的也同样达到了。我觉得有些人把一些粗俗的东西当作唯美的东西,认为山水是美的,认为漂亮脸蛋是美的,这太可笑了。所谓唯美就不是指现实中能产生出优美联想的东西。它纯粹是、完全是个人心灵的一种展示。我不知道你对颓废美怎么看,我自己认为目前的一代人中的中国人里有好多唯美呢。比如在那种极端的恶中会出现美。而不是你从美中发现的诗情画意,那能叫美吗?那只能叫好看、舒服。

王童：你说某人堕落，可冯小刚也开始拍赚钱讨好的片子，那是不是他也堕落了？

王朔：他好一点儿。他从来都是为了生存而活着的。

王童：那你怎么肯定别人就不是为了生存呢？

王朔：他是为了生存，那同样是堕落。因为原来是以艺术家的面目出现的，所谓堕落就是从高处往下落。没达到一个高度，压根儿在泥潭里打滚，你何称他堕落呀？

王童：冯小刚一开始不也是拍《月亮背面》，包括拍《过着狼狈不堪的日子》，也是带有那种现实主义的精神吗？

王朔：冯小刚我比较了解，他从来都不是搞艺术的。那时候只不过那种东西时髦而已，被认为是艺术，他是在追求一种世俗的承认。但如果你这么说，那我可能一直就误解了，我把他看高了，最多就是这样。

王童：再说到你。记得许多年前我到《人民文学》去办事，你当时在跟《人民文学》的编辑们聊天，那时人们对你的谈话感觉非常好，很激动地说"王朔谈得太棒了，王朔谈得真好……"你那个时候的思想状态和现在的思想状态有什么不同吗？比如那个时候对文化艺术的认识。

王朔：我媚俗了很长时间。我也很长时间把文学、特别是影视当作一种敲门砖和晋身之阶，或当作一碗饭吃。我很媚俗。我的很多作品也表现出这种倾向，我过去不以为耻，当然我今天也不以为人为了生活搞一些伪艺术是可耻的，我觉得生活是第一的，活下来是第一的。在这点上，譬如我抨击张艺谋、抨击冯小刚，也仅仅是就片子纯粹的艺术质量而言，他们的做法我认为无可非议。每个人都得活下去，没有人会为艺术而饿死，我也不是那样的人。但是我今天可以把吃饭和艺术这两件事分开了，原来我是搁在一块儿的。我拿艺术来吃饭，为什么我要搞网站？其实也有这种动机，我在网站里挣到钱，就不再搞那些东西了。当然我们网站也会拍一些商业电影、商业电视剧挣钱，但那跟我无关，是另一回事。所以我个人的创作，要么不写，要么不能指着它吃饭。

王童：你刚才说到粗俗，你早期的作品中是否也有？

王朔：有，我也有粗俗。

王童：但还有人们说的你"给中国文学带来一种话语，一种话语革命"，现在你的《看上去很美》，好像看不出那种语言的激情了。

王朔：写《看上去很美》完全是我对个人的一个交代。我无意去冲击现实，无意去影响什么人生、什么人群，它只是完全关于我个人的。它是我童年的记忆，没法用过分的口语来表述，所以我用了比较多的书面语言。过去我的写作是比较照顾一般读者的阅读习惯的，比如要简洁，节奏要快，比如回避大段的心理描写，要使小说读起来朗朗上口。

其实我认为那样做是非常功利的。在《看上去很美》里我没有那样做,我在回忆自己的童年,这是非常吃力的一件事。我当时想把它无一遗漏地表达出来,但是很难,根本就做不到这一点。所以它的整个结构是非常明智的,语言也非常缠绕。这肯定影响阅读效果,但是我不在乎。

王童:原来你说过,一不留神要写出一部《红楼梦》来,结果一不留神写出了这么一部作品。

王朔:《红楼梦》只是曹雪芹对自己一生的一个回顾而已,我所谓的"《红楼梦》",也同样是王朔我自己一生的一些有意思的事。至于能不能达到《红楼梦》那样被公认的文学成就我不关心。其实我说一不留神要写出一部《飘》或一部《红楼梦》,最多是代表我的一个态度,因为《飘》是通俗流行小说中的一部经典之作,《红楼梦》是中国文学中的巅峰之作。这种东西我不把它看得太高,我有可能马马虎虎就弄到那一步去。我基本上是要表明我的一种文学态度——我没把文学当作命根子。我从没想过跟自己过不去、跟自己较劲,我要是写出好东西,也是不留神写出来的。

王童:在《三联周刊》看到你的一组随笔,还有你其他一些文章,可以认为你是一个实实在在的知识分子。可是你却经常有一些像诸如"无知者无畏"、"我是流氓我怕谁"这样的话,说出"我没学历,我是自学成才的",你是不是像有些人说的那样,老对知识分子有成见呀?面对知识分子有一种酸溜溜的状态。

王朔:你看到我在《三联周刊》上写过的"知道分子"了吗?过去我把他们这些念过书的人混为一谈了,其实我不知道什么是知识分子。说到知识分子,我认为鲁迅可以算一个,我认为他有自己的见解和想法,并且可以颠覆现存的整个文化秩序,那才叫知识分子。至于那些只是念过一大堆书的人,我觉得那叫"知道分子",我原来攻击的知识分子就是这帮人,只不过那时我没想到"知道分子"这个词,所以用知识分子这个词把他们混为一谈了。现在他们自我辩解时总是拉大旗作虎皮,把那些真正的思想者全拉到他们身边来,好像我攻击的是全体知识分子。我今天愿意更正。

王童:如果现在某个大学请你去当兼职教授呢?

王朔:我才不会去呢!这么跟你说吧:我原来也许会觉得我没有一个更高的学历是个遗憾,但我今天完全没有这种遗憾了。多念四年书、十年书的管什么用啊?我都写了二十年书了。我现在心里绝没有所谓的嫉妒或所谓的自卑,我凭什么自卑呀?!我没有!但那些人一定要指认我有。假如我念过书……比如王小波我自认为是同志,就因为王小波念过书,他们不会说王小波有这种心理。这些人说这种话的前提都是基于学历讲的,这些话在今天讲起来太可笑了。

王童：那你为什么老要用那种词呢，比如“无知者无畏”等等。

王朔：我确实觉得我无知。谁有知呀？真正在知识面前大家都是无知者。我讲这个话的前提是我确实认为我无知。

王童：像你这种给中国文化带来那么大影响的人都说自己无知，那其他人是不是都该觉得自己是傻帽儿了？

王朔：这就涉及一个话题，就是咱们大家是否全无价值？我认为是这么回事——别看咱们都在这儿折腾，有人在念书，有人在教书，有人在写文章，其实最终大浪淘沙，咱们这个时代的人，有一个算一个，通通无价值，这是完全可能的。别以为咱们有什么成果，在为世界文明作出什么贡献。拿中国电影说，拿中国小说说，当年有多少作品，有多少让人激动万分的，轰动一时的作品，现在看都是那么回事。

王童：我们现在面临着一个中国文化突然间被世界注意的现象。比如张元，诺贝尔文学奖就另一说了，联合国头一次给电影颁奖，这个奖就给了中国人。还有钢琴比赛的李云迪获得肖邦钢琴比赛的金奖，你能说这一系列中国文化的现象是什么吗？

王朔：这怎么能算是中国文化？我觉得这是中国人学习西方文化的成果。电影、小说都是这样。

王童：但是它里面渗透的还是中国情结。

王朔：那完全是蒙洋人的，作为中国人能看不出来吗？那里面哪儿有什么中国情结呀？我觉得中国文化独特本身就是一个神话，好像我们是一个独特的种族，我们有独特的信念，独特的空间观念，独特的时间观念，独特的理想……我作为中国人，我没有这种独特感觉。

王童：那你认为中国文化是不是没有价值了？

王朔：我不这么认为。我认为我可能是没价值的，我们现在正在活跃的中国文化人可能是没价值的。一个文化的成长不是由哪一代人来决定的，也不是由某些奖项来决定它是否有价值，最终还是要看中国是否能变成一个健康的民族；是否能变成一个蓬勃发展的国家；一个心态非常健康，对世界有良性影响，对世界文明真正有贡献的民族。譬如说对于东亚经济的全部腾飞，儒家文化是否有价值，这么反推还值得研究。坐而论道，没有参照，空谈中国文化的灿烂，完全谈不出来，没法谈。

王童：在写小说的过程中，你的例子是很独特的。我记得当年在电影学院碰到你时对你说：“你还不到电影学院学两天？”你说：“我学那个！我可能还考不上呢。”你当时自己是这样说，但是我现在想问：你的文学素养从哪里来？你说你是自学成才，那你吸收的更多的是西方文学的东西还是中国文学的东西？

王朔：我觉得是中国的日常生活给我的影响最大。至于说文学著作，西方和中国是同等重要的。西方的主要是一些经典作家，中国的主要是当代作家。其实文学没那么神秘，搞文学第一要靠天——表达的天赋，用文字表达是需要天赋的。我看过很多出名的人，他们在其他方面做得很好，但他没有用文字表达的天赋，他就写不了小说。但他可能拍电影，你看咱们的大部分导演都不能自己写剧本，他们没有文字功力。这是天赋。第二，就是你身处的日常生活给你的影响，对我来说是这样。有些人是凭书本经验写作的，我是凭日常经验写作的。所以如果你让我离开中国，把我放到美国去，我就算“瞎”了。

王童：你不是也去过一段美国吗？

王朔：对，所以我在那里写不出东西来。就是因为那儿的生活跟我无关。连话都听不懂，而且它发生的任何事情都与我无关，不像在中国那样看着激动。

王童：这是不是恰巧可以印证为是知识欠缺的一个困扰呢？假如你会英语，英语说得很棒，就可以用外文来写作。

王朔：你觉得这样的人是法国人吗？

王童：不是呀。

王朔：对呀，还是不是。法国跟他还是无关，他只是一个混在里头的人。

王童：但如果你会了外语，你就可以与人家交流，你也许就会觉得那里的生活也不是完全与你无关。

王朔：对我来说年纪太大了。如果你从小生活在那里，那你才是一个美国人。

王童：你不会外语这一点，是不是知识欠缺的一个表现？

王朔：我觉得知识不能弥补这个。百分之百的中国人到那儿都能会了外语，在美国一个捡破烂的人英语都可能比中国最优秀的英语教授讲得好，语言只是一个技能。我觉得那个国家跟我血脉无关，休戚不与共。那个国家的命运和人民的喜怒哀乐我完全是旁观者。

王童：这是不是就是人们常说的，中国文学里缺乏的一种人类的观念。自扫门前雪，对人类的东西、世界的东西根本漠不关心。

王朔：你想要关心人类，就关心你自己就够了，每一个人都是人类。我坚决反对各种族之间有巨大文化差异的说法，文化差异只是表面的，只是风俗的不同，所谓的心态的不同、生活习惯的不同。说美国人心直，有什么话说在表面上，其实也不是，中国那种窝里斗、那种鸡零狗碎儿的美国全有。种族歧视怎么来的，就是他们狗眼看人低呗，势利眼。你要真正关注人类，关注自己就够了。不存在到西方就是人类，到中国就是中国，就是一个偏安东方，我没有这种观念，我觉得我自己就是全部人类。

王童：但是我们好像缺乏一些东西，比如非洲某个地区闹灾了，我们很少有人想去关心一下。

王朔：我觉得那是大的关怀，关于人民的疾苦，和艺术无关，那是政府和慈善事业的工作。

王童：但我们好像从来没见过一个中国人会想到非洲去关心那里的一个难民。

王朔：因为中国人自己都没过好。

王童：但一些很有钱的大款，他宁可用他的钱做点儿别的，也不会想去救助非洲的一个难民。

王朔：我们有大量的穷人，如果你不把钱投在我们的穷人身上，而去给非洲的穷人，人家可能会认为你不爱国，这就是中国人狭隘的观念。如果中国现在像美国一样强大，你再看看！

王童：那为什么中国人还有一个普遍的心理，就是总希望别人来关心我们？

王朔：我不知道中国人为什么这样想，我只知道我自己不这么想，我甚至讨厌别人关心我，我觉得我自己可以生活。所以咱们也别把中国人一概而论。我觉得中国有一些流行观念都是人为制造的，认为中国人如何如何，比如说中国人特别爱国，特别勤劳节俭，特别吃苦耐劳……我不觉得。

王童：那你在美国那一段都做了些什么呢？

王朔：我就是游手好闲。我和那个社会毫无关系嘛，也没有工作。

王童：但你是一个知名作家呀。

王朔：我在美国不知名。而且我跟你说，知名作家受到的社会礼遇，其实都是非常无聊的，就在中国本身也是这样的。不是实实在在的生活，都是千篇一律。

王童：你不能说自己是一个仙人，拿上笔就会写吧。你的写作经验总有一个积累和修养的过程吧？

王朔：我有自己的生活过程。

王童：那是不是说有生活的人就能写东西呢？

王朔：那还有个表达天赋的问题。有的有生活的人去写歌了，有的有生活的人去拍电影了，有的有生活的人就生活了。

王童：但我觉得你的文字功力非常强，这样的功力是从哪里来的？

王朔：我不认为我文字功力强，我认为这是一个学习的过程。我是从口语开始写作的，口语是先于我的写作存在的。北京的市民都这样讲话，我周围的朋友都这样讲话。我开始写作时从没有认为写作是和口语脱离开的一个东西，那时候我没有什么文学观，这可能和我没受过教育有关系。我认为小说不就是把说的话给写出来嘛,你写的对话一定是说过的话,是能念出来的。那时候北京有个气氛——侃大山的气氛,一伙人整天没事儿干就在一起聊,谁谁谁碰见什么事了,聊这个事儿就有一个描述的过程,那件事儿是怎么怎么开始的……我们也跟在一起学着聊,大概有十年的工夫,从我上中学开始,一直到我复员回来,天天聊。我觉得就是这个培养了我一个基本描述的技能,因为你在饭桌上聊天时你一定要讲得非常生动,有人能把一个笑话讲得大伙发闷,有人一讲就不一样,那个时候你就能看出来有的人表达能力就是强。我的口头表达能力不算是强的。

王童：除了小说我还看到你在《三联周刊》上的一系列随笔等,我觉得你那些文章写得非常有文化品位,不是口语化的。

王朔：那是潜移默化的,毕竟我写了二十多年的小说了,我看了那么多东西,别人的句式,精彩的语言,你都会觉得好,它们对你都会有影响。你可能不会照抄,但你可能会下意识地使用那种语感的文字。这个训练肯定是阅读的帮助。我只不过是没在老师的指导下读书而已,但我平时也自己看一些杂书。

王童：对你写作有影响的作家有哪些?

王朔：我不愿意说,因为没有那么直接。如果你说我现在有一套自己的表达方式,我更愿意说那是天赋,我就是对这些文字敏感。像西方作家,你读了他的书,就或多或少会影响到你,但文字上的影响并不大,因为那些文字是翻译过来的,是翻译体,那种文字你用中文写作时是有些别扭的。中国作家对我的书写真正有影响的只有两个人:鲁迅和曹雪芹。曹雪芹是他的文字,你知道《红楼梦》是用北京话写的,特别是凤姐和林黛玉这两个人的语言,她们两人的聊天,比如史湘云穿着一件什么衣服来了,就说她"打扮得跟骚鞑子似的",就是这种话,《红楼梦》里的这种生活语言。我那会儿看到就觉得小说就应该这么写,它让人能感觉到生活,能摸到生活的那种质感。鲁迅对我的影响是他的那种态度,就像你说的,鲁迅眼睛里有谁呀?我觉得他不是要蔑视别人。人要能够有自信的话,你一定要把伟大的东西看清楚,然后把它搁下,要是你前面顶着一堆伟大的人,那这个文字根本没法写。你不会有一个开朗的态度,你自己都给吓在那儿了。或者会造成一种特别不好的文风,就是你下意识地引用他的话,一碰到问题你自己就停止思考,你就引用伟人的话。"文革"时这种文风非常普遍,引用恩格斯、马克思、包括引用鲁迅。我现在看到有的小说引用名人的话,如果不是为调侃的目的,我都认为那叫露怯!你自己有没有主意?没主意您就别说话。好多小说前面加引言,谁谁谁说的什么一句话,这除了能证明你看过他的书,证明那个人了不起以外,什么都不证明。我不太看得起这样的作家,特别是有些作品中充斥着对别人的引文,我觉得是妨碍这个人自己去思考问题。你不必考虑得比人家深远，一篇东西关键要的是什么？是你和所有人的不一样，你哪怕不如别人深刻、不如别人伟大也没关系，你跟别人不一样就行。你要跟别人一样，那谁看你呀？！

王童：其实有时候你说的这个引言不过是一种技术手段罢了。

王朔：对，我这是偏见。有的作品写得很好，它也有引文，不影响他对生活对经验的独到的看法，我只是特别不喜欢这类格式的文风而已。我并不是说有了引文的作品就不是东西了。

王童：那你的天赋在哪儿？你觉得你是一个具有什么样天赋的人？

王朔：我说不上来。我从来不把赞美的词儿用在自己身上。其实我也不是生下来就是这样，我生下来也尊重很多东西，认为很多东西是了不起的、动不得的。但是到今天我可以说没有什么东西是动不得的，世界都在运动中，任何东西都没有我们看上去那样了不起。实际上你深入地看进去，每个东西都是自然发生的，自然发生的东西就是有缺陷的东西，只有人为的东西是天衣无缝的。自然界的东西都是有缺陷的。

王童：说到这一点，其实在你的“作家访谈”中，我注意到你很推崇一些没被发现的人，但这些没被发现的人里，有的是很不错的，但有的，直言不讳地说，像张驰这类的，他的新书我翻了一下儿，纯粹就是流水账，乱写一通，这样的人你好像还居然说他是有史以来最好的作家？

王朔：我倒没有说“有史以来”，要是说也纯粹是在开玩笑。但张驰的小说我还就真觉得好。我最早在《大家》上看到他的中篇小说。过去的传统小说模式都是一个完整故事，至少有一个贯穿人物，然后把生活中的零零碎碎的事整合在一个戏剧性的故事中来表述。后来对戏剧性的要求不那么强了，但也要求你有头有尾，有跌宕起伏，有呼应有高潮，这是一个经典格式，过去的传统小说大致都是这样。但是实际上当前的城市生活，我认为已经容不下一个完整的故事存在了。所有的故事都在同时发生，甚至一个故事还没有展开呢，下一个故事就已经开始了，这种齐头并进的生活态势非常突出，我感受到了，但写小说时发现特别难写，没有格式，你要去整合它，像过去鲁迅说的“拿张三的头李四的脸，捏和成一个人”，就不是了。这就看你写作的目的了，你追求的是真实还是戏剧性，追求戏剧性你可以那样写，但我认为我是追求真实，我就不能容忍把它拼合在一起。

王童：你对这些人的肯定是否带有自己一种门户之见？

王朔：我对张驰为什么这么肯定？那时候我看张驰的小说，该是什么样就是什么样，东拉西扯、胡说八道的，好多个人物齐头并进，但他给我的是扑面而来的生活感，那种感

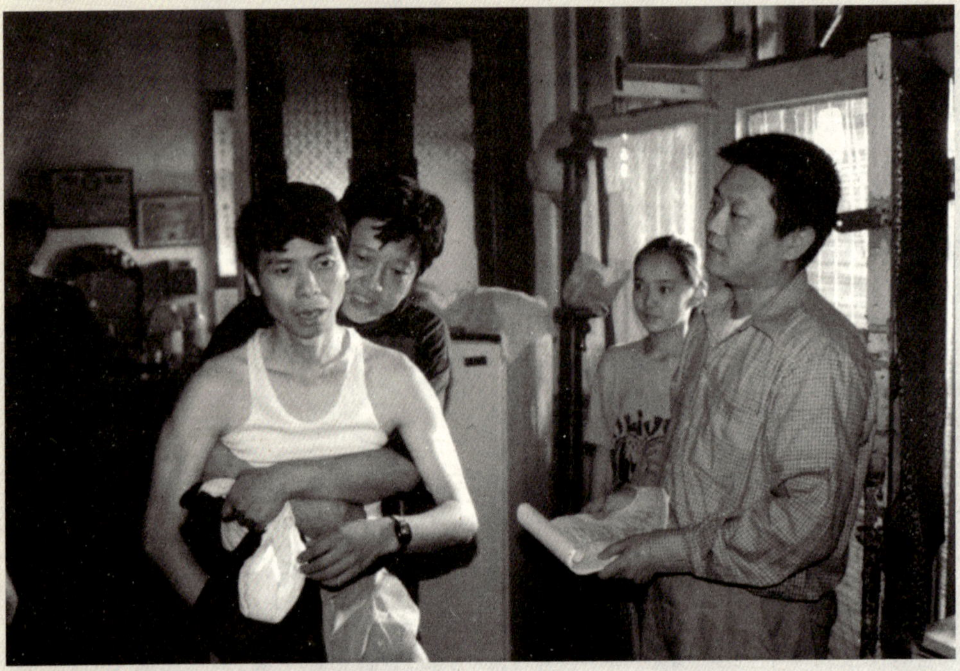

王朔和冯小刚在《过着狼狈不堪的日子》的拍摄现场

受极其强烈，我觉得他从技术上打破了过去传统小说的模式，他是小说散文化、是漫天撒网式的写法。

王童：小说散文化现在几乎成为一种流行了，已没有什么独特之处了。

王朔：但他确实写得生动。当然这也有受生活经验限制的问题，他写的那种生活经验我都有，写的那些地方我全去过，那些人我也都见过，我当然是基于我个人的生活经验判断。最喜欢的小说就是那些根据自己的生活体验，感到一拍即合的，如果我没有这个经验可能就不会注意这些东西。他记录了世纪末到世纪初这一段，对这个圈儿里的人的生活写得非常到位，没有多说一句废话。在小说中你会情不自禁说一些话，会去煽情，我喜欢他的最关键一点在于他一点儿都没煽情。甚至有些故作的表演。

王童：你说这跟一个人心理素质有没有关系？比如现在新一代作家，觉得自己会写点儿东西了，马上就开始放浪形骸了。

王朔：我倒不觉得他们是因为会写东西而放浪形骸了，而是所有人都在放浪形骸，放浪形骸一点儿都不羞耻，用写作来平衡。

王童：实际上在西方社会，人的素质、文化修养很高时，文学圈的人也不会动不动用另外一种表演来装饰自己。

王童：我不知道你指的文化修养是什么？是仪表吗？是优雅的生活态度吗？

王朔：怎么说呢……就是懂得一些起码的人们认可的社会法则、社会礼仪吧。

王童：我知道了。谁不是这样啊？小说中似乎有一些放浪的东西，但在生活中，包括我自己都是尊重起码的社会准则的。

王童：但是我现在恰巧看到你夸的这些作家在生活中是一种表演状态，比如觉得“我可以轻慢别人、我对女性可以怎么样”等等，你觉得这是在张扬个性吗？

王朔：我不觉得这是在张扬个性。但人的情绪总有失控的时候，西方有极高文学修养的人，同样过着非常堕落的生活的有的是，不是所有的人都在纽约东区穿着黑衣服听歌剧，他们也不是一定要出现在沙龙里，有的人就是往社会里扎，只有在那里他们才觉得舒服，特别是从那种地方爬出来的人。我自己就能感觉到社会底层生活对我的吸引力，我隔几年就要重返一次，确实好。

王童：我还发现一个特点，你所注意的一些人都是军队大院里成长起来的人，包括姜文，包括张驰、丁天等。你是不是本身有偏好呀？认为军队大院里的人应该怎样怎样，因为你本身是军队大院里成长起来的。

王朔：我没有说要提携谁，没有。我觉得这只是一个巧合，这是北京这个城市造成的。北京这个城市里有大量的国家机关，军队的、地方的，我们把那里的人叫做新移民、新北京人。以前做过一个统计，在上世纪五十年代的时候就有两百多万这样的人了。现在老北京市民的数量已经远低于这批人，你在北京碰到的往往是这些人。我觉得这些人的创造力很强，老北京人会因循一种传统的生活习惯和文化传统，他们往往是不张扬的，是关起门来过日子的，是自得其乐的。而真正找不着北的、找不着根的是那些人。其实人家都生活在一个文明环境中，大多数的人受过基本的良好教育，这时候他对自身的关注的程度要超过老北京人。老北京人的想法就是好死不如赖活着，新移民没有这种想法，他们是要张扬自我的，不管他张扬得好坏。

王童：那就是说你是无意的？

王朔：我当然会有天然的亲近感。因为我觉得和这些人有共同的气质和共同的趣味，能玩儿到一块儿去，待在一块儿舒服。这不是说圈子感或优越感，只是因为有共同的背景，天然的就走得近。其实我的朋友中也有大量不是这样的。只不过我觉得这些人在八十年代中后期在创造性上表现得非常突出。我列过一个单子，有相当一批重要的作家、导演、包括音乐人，还有摇滚乐，都是在这种圈子里起来的。他们表现出非常强大的创造性，这是你不得不关注的，而且我在我的生活圈子里会不断地碰到这类人。但是在今天来讲，家庭和生活背景对人的影响已经是微乎其微了。很多人也变得非常不像样了，真正还保存着相同气质的人是非常少的。

王童：这不是和你的开阔眼界的想法正好相反了吗？

王朔：是的，我也狭隘，我也有小圈子意识，我不以此自豪，我觉得这是我的一个弱点，我希望我最终把它完全克服了。说实在的，我现在还是有意克制自己。我就是一见到和我出身差不多的人就格外的话多，爱跟人家聊，但是我觉得第一条你不要歧视别人就对了，其实生活趣味相投总会形成圈子。

王童：但是你对张艺谋的态度是不是因为你想推姜文而产生的？

王朔：那倒没有，我是谁呀？我凭什么啊！那是张艺谋自己的创作造成的。你应该承认，他从《摇啊摇，摇到外婆桥》，特别是从《有话好好说》到《一个都不能少》，我完全看不到他有任何艺术追求。据我所知，他是非常了解国际电影节的走向的，而且他非常关注市场，他对别人的需求非常在意，他知道现在需要什么。而且他一定要找一个能通过的，我觉得这对他是一个很大的关卡，假如没有要通过电影局审查这一关，我相信他会比现在拍得好。

王童：可这个现象是现在大多导演的生活状态。

王朔：有一个算一个，都差不多，不是说张艺谋格外怎么样，当然我有的时候会觉得他如何如何。因为在很长时间里总说他是一面旗帜，现在我回过头来看他的艺术探索，非常有限，他总是跟着流行观念走。像《红高粱》宣扬的那种酒神精神，像《大红灯笼高高挂》那种所谓的一言以蔽之的深度，什么窝里斗一类的，我觉得都非常肤浅，《菊豆》被李陀他们总结过的那种深度，那种人性……这些探索我认为都是基于观念性的东西，我不认为那是有深度，但是我起码认为他当时还是有点儿艺术精神追求的。但现在看来，张艺谋一直都是要追求全面成功的，但鱼和熊掌不可能兼得，他追求全面成功，最终就会丧失一些东西。如果他今天要市场，要得奖，要电影局通过，他就只能拍《我的父亲母亲》，或者现在的《幸福时光》。我相信《幸福时光》不会超过《我的父亲母亲》，应该是差不多的。

王童：你也亲自执导过影片，当时你的感觉是什么样的？

王朔：我是玩儿票，我纯粹是玩儿，我不是很严肃的。所以我也不认为我的片子拍得好，我那时没太把电影电视当回事，就是瞎玩儿。我觉得那些从业人员游戏感比较强，因为那就是一个团体协作的集体游戏，实际上你个人的意志很难贯彻到里面，所以我一直不认为电影是特别严肃和纯粹的艺术形式。当然我现在不这么看，我认为独立的小成本的电影就可以做到那么纯粹。但是我拍我的电影时是没那么纯粹的，当时也是为了能通过，也是为了打市场，那其间你会做很多妥协，你可能会有很多很好的想法、很好的动机，但是你会去掩盖它，扭曲它。我不相信张艺谋真觉得《我的父亲母亲》是他最好的作品，真如此的话我觉得他就太无可救药了。真的是什么都有！你怎么能说它有什么呢？！就是一个人，一份执着的爱，那种东西用得着那么表达吗？表达出来又有多大意义呀？关于人性本身，关于人的心灵深处有大量的我们尚未发现或不敢正视的东西，这些都是艺术需要关注的东西。要么你就不要标榜你这是艺术电影，那倒也无所谓了。

王童：那你认为他好的地方在哪儿呢？你不是说他还有可取的地方吗？

王朔：我什么时候说他有可取的地方了？我只是说他过去还有点儿艺术精神。他早期的艺术探索是邯郸学步，后面就是东施效颦了，他亦步亦趋地坚持追求一种艺术高度，就是他自己说的“一种大气、一种深度、一种思想性”，我觉得起码这种精神是可取的。

王童：现在冯小宁、冯小刚、张艺谋、张元这些人，如都去拍一些我们看不到的电影，那对中国的老百姓来说是不是也是一种文化损失呢？

王朔：现在不就是吗？中国老百姓看那些电影怎么了？而且你这里也别混为一谈，张元、冯小宁、冯小刚、张艺谋这四个人完全不一样。冯小宁、冯小刚应该去拍一些为大众喜闻乐见的电影，虽然他们的电影是否赢利是一个可疑的事，他们的电影无非就是平本，从来没赢过利，只挣到很少的钱，可能还没张艺谋挣的钱多呢，所以市场贡献奖给了张艺谋。张元跟他们又不一样。你也不用拿老百姓的损失来说话，老百姓的损失是注定的，而且我觉得老百姓也不需要这种东西。中国需要有一批导演，像冯小刚、陈国星，包括冯小宁，他们都能拍很好的商业电影，他们也不应该另眼相看商业电影。

王童：现在我听到两种意见：有人说“朔大爷”说的话挺好，挺解气的；也有的人说“朔大爷”在搅浑水，弄得人们不辨真假了。你怎么看？

王朔：我觉得我是在搅浑水。我自认为我就是起哄，我第一没能力，第二没兴趣做一些严肃的文化建设、理论建设，我没这个能力。

王童：那你的网站不是在严肃地做吗？

王朔：我们是一些介绍、推介，并不是说标榜什么、推崇什么，或反对什么，没有这些态度。网站就是工具、平台，特色让它们自然形成。作为我个人，我也没这个能力给大伙定调子、指方向，我也不那么想。我纯粹是起哄，安静太久了我会出来起个哄，然后转身就走。

王童：那你想没想过，有没有意识到，你本身已给中国文化带来了一场革命？

王朔：也许是一场灾难呢。

王童：是一场灾难也好，是一场革命也好，你是不是要负点责任呢？

王朔：我有能力我就负责，但我认为我没能力。

王童：那么当某些文化现象出现了，或者有偏差了，你是不是有责任稍微指点一下，让人更清楚一点呢？

王朔：我不能。我自己的创作我知道，我就忠实于我自己。别人的创作我不熟，我还自认为我是一个作者，对别人的创作只是偶尔说几句闲话而已。别人的创作对与否，走得多远，那是他们自己的事，全凭他们自己的造化。你晕在里头你就活该了，谁老跟你说这些乱七八糟的话呀，我怎么那么吃饱了撑的呀？我比较关心我自己的创作，我希望我自己的创作更个人，最终能够对得起我自己。

王童：你自己的创作要达到一个什么样的目标呢？

王朔：就是要对得起我自己。我在这么多年的创作中，说了太多的假话，做了太多不要脸的事，媚了太多的俗。那时候我年轻，我要生活，要生活得比别人好，起码不比别人差，我情有可原，我自己原谅我自己了。但是我今年四十多岁了，我不想活得太长，现在怎么也要拿出十年八年的豁出去活一把，就只对自己负责。

王童：年轻时是不是还带有一种名利的东西？

王朔：是，很强的功利性。那个时候其实追求的就是社会成就、社会认可……

王童：还想要博得姑娘的欢心？

王朔：那当然，那是顺理成章的。

王童：现在还有这种心态吗？

王朔：没有太多了，现在这种东西变得不那么重要了。当然我也认为现在的人更重视爱情，更重视个人的魅力。但也有许多趋炎附势的姑娘或男人，但是我好像和这些人没关系。

王童：像你的《一声叹息》那样的剧本，其中有许多的生活经验，你自己是否有过那样的体验呢？

王朔：《一声叹息》有什么呢？我觉得它完全是个失败之作。就是可能对人产生灾难性影响的一件事，或者说能毁灭人性的事情成了一个社会问题，肤浅地把这个事展览一番，在可能造成社会热点的问题上点了一点，就是这么简单。

王童：那你自己有过惊天动地的爱情吗？你认真对待爱情吗？

王朔：我原来不认真，不相信有爱情。我现在逐渐地相信也许有。

王童：你的爱情观是怎样的？

王朔：当然希望在我的有生之年能够碰到伟大的爱情，不是仅仅的鱼水之欢。

王童：现在有了吗？

王朔：这个我现在不想回答。但既然我相信这个，那我就认为它有过。

作家王朔

王童：当时我采访陈凯歌，你看后说很欣赏，你是不是说我还是问到了他这些点上。

王朔：我觉得你是盯着陈凯歌的创作观上问。我相信陈凯歌不是我们大家认为的那种好大喜功、追求一种不着边际的深刻思想，甚至自己根本不具备追求思想的能力却在追求思想，有些人是这么讲他的，其实对于他自己别人是永远无法了解的。比如他创作的成败与否，他自己的判断，我也不相信他说的完全是实话，我只是觉得你跟他说话有一种坦率的态度。关于他的生活问题，关于他在生活中有没有爱情等等，我也不感兴趣。我觉得他是个很自负的人，我甚至怀疑他已经构筑了一个完整的、完固的体系。

王童：你是否也是一个很自负的人。

王朔：自负。从根本上说我是自负的。

王童：你现在有没有意识到"王朔现象"已经给社会带来了许多的影响，你已不只是写作，还涉及影视及网站等等，还有人说你是对语言的颠覆，你自己意识到自己的这种作用了吗？

王朔：别人老这么说，我就觉得可能有这种事，但作为我个人，我认为我没有权利关心这种事。

王童：你自己在写的时候有这个意图吗？

王朔：没这个意图。我早期写小说为了沽名钓誉，为了挣钱，考虑市场，考虑公众需要，有一部分小说是这样的，包括言情小说。但今天，只要是我自己创作的东西，我就不考虑这些。至于有时针对性地写一些东西，也纯粹出于个人的乐趣。我没有想过我要负什么责任，或者说这个东西写出来会造成什么影响——正面的负面的，是否积极。那些我从来不想，因为我觉得那不是我能控制的。

王童：将来的创作风格是否会有新的探索呢？

王朔：我想就是老实、老实、再老实。我认为我的问题就是有点儿过分使用书面语言，过分的华丽和辞藻的堆砌，我想回到一种比较朴素的文学中去。

王童：这是一种手法，但这是唯一的手法吗？应该说你推崇的东西并不一定是绝对好的东西。人家可能有不同的风格，可能也是好的。你现在鄙视的一些东西，它们存在的空间也应该是很大的。

王朔：我当然没有扼杀它们。我现在没有权利，手里没有握着刀，即使我手里握着刀，我也不会杀他们的。他们当然可以在他们的空间里存在。这里我要再三重申一遍，不管我说了什么鄙视别人、批评别人的话，我绝对不是要消灭掉那个东西。每个东西出现都会有它的生存空间，都可以存在。但不管它在它的空间里多么合理，也不妨碍从其他空间发出来的批评声。包括我自己也是，在我自己的空间里我认为我再合理不过了，但你也可能看不惯。我认为那是最正常的，因为大家活得不一样。

王童：如果有一天有一场对王朔的批判运动起来了，你会怎么样？

王朔：你觉得一直没有吗？每一次我都接近于千夫所指，从来都是这样。没有这东西我还会寂寞呢，我将来可能会很功利地为了制造一点儿热闹而制造出一点儿对王朔的恶评。

王童：刚才你也说过到了不惑之年，你的创作心理是否更成熟一些了？

王朔：我觉得就是不那么功利了。但不代表我任何功利的事都不做，因为我的创作有一部分是我个人的创作，有一部分是社会性的创作，比如说网站拍的电视剧，某某公司拍的电视剧，和别人合作的电影，这都属于社会性劳动，与我个人创作无关，我不会把我自己的价值观放在里面。

王童：回到网站的话题。现在网站多如牛毛，起来一拨又下去一拨，还有许多倒闭了。你觉得你的网站能坚持到什么时候呢？

王朔：我们的网站无非是两个下场：一个是坚持到挣钱那一天；一个是坚持到钱花光那一天。我认为我们明年能赢利，但也有可能我们在明年之前就把钱花光了。无非是这样，那就再让给别人来干。

（时过境迁，王朔的网站早已关闭多年了。）

小　传

王朔，1958年出生，1978年开始从事文学创作，自1984年初处女中篇小说《空中小姐》发表在《当代》后，迄今已先后发表了《空中小姐》、《一半是火焰，一半是海水》、《顽主》、《橡皮人》、《玩的就是心跳》、《我是你爸爸》，《看上去很美》等中、长篇小说并创作了数十集电视剧。出版有四卷本的《王朔文集》和《王朔自选集》等。

用音乐思考小说的刘索拉

在刘索拉的专场音乐会举办之前，有一位文学编辑就对我说她很想欣赏一下刘索拉的风采，也不知道这么多年过去了，她变成了什么样儿。刘索拉风采依旧，头发梳成乱妆的式样，飘散下来，甚至遮住了俏丽脸上的一只眼睛，由此她在说话间就不时用手向后拢一拢。她的谈吐有一种音乐般的快节奏，联想起许多年前她发表的成名作小说《你别无选择》，这两种艺术表现方式就很自然地在她身上融合在了一起。她穿着一件中式棉袄，她谈论的音乐话题又是民乐创作的事儿，可她却是一个在美国定居了十多年的游子。也许是音乐本身就给人一种感受式的韵律，刘索拉阐述自己的观念，也大多以比喻来说明，有时候这类比喻般的说明，就像她本人所喜欢的爵士乐那样显得有些杂乱，但这丝毫也不妨碍她那艺术天分本身的流露，我在采访她之前特将上海文艺出版社从她的小说《咖喱混沌楞》中收录的一章而编成的一个集子转交给她，她拿着那点微薄的稿费，对同来的母亲说：正好，我们吃饭用吧！

王童：你上次在北展演出后，出去一趟又回来了是吧？你是住在英国吗？

刘索拉：我在美国住，在美国都已经六年了。

王童：可我看你的小说写了一个英国背景。

作家刘索拉

刘索拉：一些有关我的消息都是不准确的。小说是小说。

王童：你现在的创作状况是以写小说为主还是以写音乐为主？

刘索拉：主要是音乐。

王童：上次在北展音乐厅你的音乐会我去看了，我记得当时在开演之前你还说了两句，港台音乐是不是就代表中国的音乐呢？当时有的观众还起哄说“是”。你那场音乐会虽说也很精彩，但给我的感觉是以打击乐为主吧。照你的观点来说是否敲锣打鼓就代表中国音乐了呢？

刘索拉：这次音乐是我们乐队的第一次演出，我主要是想把这个乐队做好。主要的合作对象是李真贵老师，他手下有一帮学生跟着他，作中国的打击乐，这只是其中一部分，同时还有吴桐、太阳、袁莎他们这些年轻人，在这个演出里他们也有很突出的位置。我们这个乐队谁都是不可缺少的。也许你的印象就只是敲锣打鼓，但其中的管乐、弦乐都很重要，我们的演出刚刚开始，第一次演出只有五天的排练时间，还有不太完善的地方。

王童：你还没有回答我的问题，你是否觉得这种风格就代表了中国音乐呢？

刘索拉：我在国外做这种大家所谓的流行音乐——这种带架子鼓的音乐，其实十几年前我在中国就开始做摇滚音乐了。当时在中国是很难做下去的，当时在国内了解的东西特别少，没有抓住核心，为什么我当时那么执着，为什么摇滚乐能感动我。我走了十几年，就是想把这个东西弄清楚，我要知道一个真实的音乐的东西，不只是表面上的。至于说什么是民族的，什么不是民族的，这背后都有一个真实的社会背景，人与人的情感交流，所有的问题都不那么简单，这个音乐会的结果是我在外面游历了十几年之后，把外面所有种种的音乐的东西尝试之后的结果。

王童：听完你的音乐虽说给我的感觉也很精彩，但是现在有一个现象是：一提起民族音乐似乎就用敲锣打鼓来代替，不管是亚运会也好，张艺谋广告片中的安塞腰鼓也好，是否这样就代表了中国的风格，中国的气质了呢？

刘索拉：打击乐实际上是非常丰富的组织部分。实际上不搞创作的人，就总是在圈外说，你们应该这样，你们不应该那样，打击乐是音乐中非常精彩的一部分，但至今没有被挖掘出来。民族音乐实际上是在一个被委屈和误解的状态下存在的，民族音乐由于在各种节日上都用，所以它就成了一种宣传工具。回想起十多年前我在中国时就很讨厌民族音乐，好像这种东西就成了一种纯粹的宣传品，在这样的一种逆反心态下，实际上我们就忘了民族音乐里的另外一种东西。以张艺谋用安塞腰鼓来说，不懂音乐就会把安塞腰鼓和喜庆腰鼓混为一谈，现在没有任何人去解释民族音乐是怎么一回事，我们国家对这方面的教育太少了。其实安塞腰鼓和欢庆锣鼓就声音来说不是一种声音。同样是打鼓，打不出点，打不好，都是有说法的，不是那么简单就能定论的。

王童：但是我觉得中国人似乎老在一种音乐的形式上去找变化，而找不到音乐的内涵，比如说挖掘出某种形式的东西，就开始没完没了的到处都用。

刘索拉：中国的民族打击乐除了安塞腰鼓以外还有各种各样的，但它们都没有被挖掘出来。为什么没有人批评西方的架子鼓没完没了的用，不仅美国人没完没了的用，而且亚洲人也在没完没了的用，黑人已经用了那么多年，为什么亚洲人还要用呢？中国的音乐批评家们有时不去研究音乐本身，而老是研究一种现象。

王童：但我现在用外行的眼光来看，觉得现在民族音乐的探索总是在形式上变来变去。比如谭盾的一些乐曲也是用一些吹奏乐器，甚至在香港回归的演出上也用《好一朵茉莉花》，其实我觉得这已不是一种发明了，只是普契尼在《图兰朵》里用了——换句话来说是张艺谋执导《图兰朵》引起关注，触动了他的某根弦，才又在自己的作曲里用了。

刘索拉：为什么普契尼用了谭盾就不可以用了呢？

王童：我说的并不是用不用的意思，只是有一种拾人牙慧的感觉。

刘索拉：如果我们不用我们用什么呢？是不是要用交响乐、管弦乐来替代呢？管弦乐更是西方用剩的东西了，为什么我们用了西方的乐曲就是新呢？

王童：我觉得你曲解了我的意思，我不是单纯指乐器而言的，而是指那种形式，比如说以现代派来说，现代派已不是什么新鲜的东西，现代派早在二三十年代就已经开始了，现在已经成了一种流行，已经没有什么创新意义了。

刘索拉：所以说大家就要在所谓的现代派的框架里试着找自己的东西。

王童：那你说谭盾找到自己的东西了吗？如果普契尼没有在《图兰朵》里用，张艺谋没有执导该剧，他可能也想不到用。

刘索拉：不，他会想到用的。哪怕他在国内时没有想到，出国后也会想到的。人们现在往往有这样一种印象：西方人用中国人的东西是新鲜，而中国人用了西方的东西就是拾人牙慧，而且还要受到本国人的批评。

王童：我倒不是指他们一味地拾人牙慧。我是指能不能从他们自身的体验、思索、创作中找出一种自己的东西。

刘索拉：你批评起来是很容易的，但是要把它作为一种批评现象的话，我认为是很不公平的。

王童：我反过来这样问吧，中国的民族音乐是因为乐曲创作本身的层次不够，还是因为形式的原因？

刘索拉：中国民族音乐因为本身有了太多的局限，限制了创作者去创作它。从传统上来看，中国的民族音乐演奏家又都是创作者，是作曲家。民族音乐是要靠创作者，而中国的民族音乐大家熟悉的就那么几个人，这样去发掘民族音乐，听众都会受到限制，中国民族音乐的发展就是要让大家看到真正这里面还有些什么东西。首先要明白在中国发生了什么事情，在世界范围又发生了什么事情，这样他才会有更广泛的感觉，我们该知道我们的民族音乐最早是怎么演奏的。以国外的民族音乐来说，也该知道他们的民族音乐是怎么演奏的，它的位置在哪儿，只有当中国的民族音乐也不是一个工具时，它的新的东西才会出来。作曲家本身也有局限性，他们在模仿所谓的现代派、先锋派时，不知道民族音乐本身也有自己的性能，这主要是靠音乐家本身的感觉，可演奏家本身不是创作家，我的目的是让这些演奏家本身就变成创作家。我们这些器乐曲为什么没有发展，说穿了就是让这些演奏家给限制住了。

王童：以中央民族乐团在欧洲演出为例，不管是否宣传，好像说是很成功吧，那么这些乐曲受到欢迎的程度想来想去是乐曲本身的创作呢还是它的形式呢？

刘索拉：应该这么说吧，这些乐器在国外让西方人有些吃惊，觉得中国的乐器也能演奏出一些他们认同的曲子。但我们经常会看到这样的现象，乐曲本身不够新，演奏成功往往是因为演奏家的杰出表现，并不是乐曲本身的感染力，这些乐曲听上去是老掉牙的了，现在有许多作曲家都在民族音乐上进行探索，包括我们班的周龙、陈怡、瞿小松、郭文景、叶小纲等，都在为民族音乐写东西，大家都在探索。这好像是一种非常不健康的状况，如果一些民族音乐家都靠这几个作曲家去创作，他们可能就没有什么事干了，他们就只好演奏这几个作曲家的作品了。其实现在就是说要让这些民族音乐家发挥出他们本身的潜能，创作出一些好曲子来。我这样说创作，不是说五六十年代时创作的一些程式化的、老朽的民族乐曲。我们对民族音乐有一种成见，往往变成了一种歌功颂德的东西。

王童：现在让人感到恼火的是，音乐本来是一种很抽象、很有创新意识的东西，在上世纪八十年代，音乐和美术都比较前卫，可现在歌曲创作几乎沦落到了最不堪入耳的地步，比如有一首歌唱道：大路朝天，中国向前走……不知走到什么地方。我刚才所说的拾人牙慧的东西其实有一部分也是指这种现象，没有成熟的创作，只有一些空洞的呼喊，包括一些这样那样的歌曲等等。

刘索拉：这个问题的地方在哪儿呢？纯粹是一种模仿代替了音乐本身的创作，的确如你所说，他们纯粹就是在模仿一些东西，还不是《手拉手》那首歌，我们是海，我们是孩子等等，比如韩国人是模仿美国人，而我们又去模仿韩国人。你说对了，我才叫真正的拾人牙慧呢，这就是那种拾人牙慧的流行音乐，加上点架子鼓，合成器，弄点西方的旋律就成了。

王童：回想起来，看你当年发表的那篇小说《你别无选择》，当然你那篇小说里还有许多别的含义，但我感觉一个明显的意义是，贝多芬成了一个笼罩在音乐人头上的一个打不开的伞一样了，使得我们永远无法超越他。后来我就想起了萧伯纳当年写的贝多芬百年纪的那篇散文，里面有一句话我记忆犹新，说“毛头小伙子们今天一提起切分音，就以为找到了一种最强有力的音乐表现方式，但如果我们听过他的第三里昂诺拉前奏曲之后，最激烈的爵士乐听起来也会像少女的祈祷那样温和了效”。

刘索拉：萧伯纳这篇文章是在哪年写的？如果我们整天守着萧伯纳写的这个东西，我们就不会发展了，如果你现在只抱着萧伯纳和阿多诺的理论，你就会是非常非常可笑的，这些都是世纪初的观念了。这些人实际上代表保守的，他们不知道全世界所有的音乐现在都受到爵士乐的影响，美国黑人保持了他们文化传统中的一个重要组成部分，就是他们的爵士乐。

王童：你刚才说今天的音乐家已经超越了巴赫和贝多芬的时代吗？

刘索拉：这没有什么超越不超越的说法，这是一个非常可笑的说法——想超越贝多芬，如果有人想超越贝多芬，你就只能死，你就干脆去自杀。你只是把你的音乐做好，把你的饭做好，好吃，好听就行了，不要想去超越什么人，贝多芬的时代是什么时代？那时候有多少音乐家，现在有多少，现在的音乐家远远超过了过去的音乐家。再以写小说来说，有多少小说家，有多少书？成功的人有多少，没成功的又有多少？有多少好作家又没被发现呢？也许多少年以后你会发现有许多作家都比在史册上的那些要好。

王童：回过来看，从八十年代开始，有那么凤毛麟角的几个好作品，剩下的就销声匿迹了，现在有没有作曲家老老实实地坐下来创作呢？

刘索拉：实际上许多人都在做，比如郭文景就在做，只是你不知道就是了。拿电影来说，你要说电影，你就该懂得电影，现在中国人有一种很病态的心理，某个导演一获得了国际大奖，得到了一些好处，他准就是一个浑蛋，他准是在拍外国人的马屁，他准是在丢中国人的丑，批评要从他的电影观错在哪儿，他的审美角度错在哪儿等这些角度去批评，结果现在成了他得奖了就肯定是王八蛋，这是非常没道理的，我认为国内的一些批评是非常片面的、狭隘的，我觉得对张艺谋的批评就很不公平。

王童：现在看过来，对张艺谋的一些批评的反馈意见恰巧是从国外传来的，比如一个在瑞典歌剧院当歌唱家的华人，有一次我在电视上看到，他就指责某部影片里的细节，实际上现在来看是指《北京，你早》这部影片，一个镜头是买脚气药水，外国人看了这部影片老对他挑衅，说你们中国人都有脚气，他在餐厅吃饭时老受到挑衅，由此就把这个细节迁怒到影片上，认为是丢了中国人的丑等等。反过来说，这部影片是一部表现城市生活的影片，并不是张艺谋那种描写农村影片，他为什么不能说一句你们外国人都有病这类的话反驳他一句呢？这不过就是影片中的一个细节，有什么了不得的呢？你说他们这些人是一种什么心态呢？

刘索拉：这种心态就是他们在国外不自信。中国许多出国的人都有这样一种病态心理，现在我才明白，他们之中就有一些人特怕人家说你不好。特别怕人家说自己是第三世界来的，其实你就是第三世界，有什么怕的呢？这是我在国外待了十多年后才知道，你是从哪儿来的就是从哪儿来的。这些寻常可见的问题到了中国人身上就都变成了一种民族自尊心和国格了。这就是为什么许多留学生出去了多少年回来以后还和中国人一样，因为他们出国后对西方文化是拒绝的，这就是那些自尊心在作怪，当然自尊心有时是非常必要的，但如果你站在一个更高的角度看世界是怎么发展的，这样一些相对狭隘的自尊心就没有了。

王童：说到这个话题就想起了你的小说，你的小说我还看得不多，除了早年的《你别无选择》外，再就是看到的你这篇收录在《留学生文选》里的小说——这小说是从你的那本《咖喱混沌楞》选出来的，你这里面写了一些外国人不懂社会公德，对左邻右舍音乐骚扰的现象，同时也对西方现状进行了自己的一些抨击，这个问题促使我联想起了另一面，现在学术界有许多观点，有一种所谓的新“左”派，许多人说他们拿着绿卡，吃着洋面包，同时又去斥责西方的价值观，很难让国内人心服口服，你怎么看这个问题？

刘索拉：我认为对西方文化该看到它特别多的好处。我认为你要处在一个最好的状态，就是把东方文化和西方文化中最优秀的东西都找到自己的位置，举个例子来说，某个人是弹古琴，他如果把古琴弹得很古老，我不认为他错了，我只是认为他想把古琴弹到自己的境界，另外一个音乐家则把古琴当作吉他弹，那就是这个人的兴趣所在，对这个人来说，我就希望他好好去听一听国外的音乐的东西，你就要好好听一听国外的新的东西，融入到自己的创作和演奏中去。这都是人本身的问题。以写东西来说，是按照一种传统的手法来写作，还是按一种现代派的手法来写作？你要写现代小说，就该了解目前的一种创作状态，美学上的、哲学上的东西都该了解一下。

王童：刚才我提到的两种现象，这么说你都不在其列了？

刘索拉：我不喜欢人们将我分派到某一列中，我认为一个人该有自己的位置，知道自己做什么。

王童：你的音乐创作对你的小说是否有很大帮助？

刘索拉：我主要是做音乐，写小说只是业余爱好，音乐绝对是帮助了小说的创作，没有音乐小说会写不下去的。

王童：那为什么还要写小说呢？

刘索拉：心里有话吧，用音乐又说不出来，所以有时候只好回到人类最低级的感情中去。

王童：按理说音乐是最能表达人类情感的最高级的东西。

刘索拉：虽然这样说，我有时还是会去写的。

王童：这么说你更多是在作音乐，会令你比较愉快？

刘索拉：是，作音乐也是了解人生的一个过程，我写小说不喜欢去体验生活，比如到某个地方去待一段，做一些事。

王童：我觉得所谓体验生活的这种说法也是很滑稽的一种说法，其实生活本身就是在每个人身边，何必刻意去体验呢？

刘索拉：是啊，比如写某个东西必须下农村、下工厂等，那还不如我一边活着，一边想写就写了。

王童：按理说你的阅历也很丰富了，你在这种东西方文化的交流中，有了很多的感受，要写的东西也很多了吧？

刘索拉：其实你后来会发现生活本身比写出来的要丰富许多许多。你有时候会感到一落笔就很单薄，而具体的生活是很丰富的。

王童：出国十多年了，你都有些什么感慨？无论在音乐还是小说创作上。

刘索拉：感慨太多了，多到都说不出来了。

王童：能简单概括一下吗？

刘索拉：说不出来，比如说感情上的挫折，所受到的各种各样的刺激，你会产生各种各样的感慨，我记得十多年前就跟人说过，我以前的音乐都是酸情大发，当你知道生活的本质后，知道了许多真实的东西，就没有那么多酸情了。那些所谓的感慨也就说不出来了，说到感慨，实际上你每一分钟都在感慨。

王童：你在人们的印象中，好像小说家的形象比音乐家的形象印象更深一些。

刘索拉：对，因为中国人可能听音乐的人少，有多少音乐家是大家知道的呢？可大家都会知道某一个小说家。

王童：这里面是不是有一个介绍和宣传程度的不够，拿马思聪来说，他出国这么多年，写了大量的音乐作品，也创作了音乐剧，可大家记得的都是他在国内创作的那点东西。其他的都不存在似的。

刘索拉：其实中国人非常注意在本国发生的文化现象，你要是作为试验性或探讨性的东西就会被人漠视。

王童：其实音乐是一个更抽象的艺术表现方式，传播也更广泛，更易被大家接受。

刘索拉：这就反过来说明中国没有很好的音乐批评家。不是说一点儿也没有，只是太少了，中国有很好的文学、文艺批评家，广为人知，中国对音乐的批评声音太小了，该大一些，我不知道这是音乐媒介传播还是音乐批评本身的萧条现象导致的。如果从孩子起，音乐教育都不行的话，都比较薄弱的话，那你批评音乐的话大家可能会都听不懂，成了对牛弹琴。

王童：但是从另一面来说，音乐又好像上上下下都被重视，比如新年音乐会，我就见到了许多头头脑脑的人物，无论是附庸风雅也好，还是真正喜欢音乐也好，都在那儿露了一脸，不管这个现象怎么说，这对音乐本身的发展是不是也会起到促进作用呢？

刘索拉：我对国内的音乐现象不是太了解。也说不上究竟有好处还是有坏处。

王童：你虽说不是贝多芬的时代，但现在贝多芬的乐曲每到庆典时都会演奏。

刘索拉：因为贝多芬是最能代表一个强大的声音，因为那个碑已经立在那儿了。

王童：那如果就从音乐技巧本身来说，有没有人能达到贝多芬时代的水平呢？

刘索拉：从音乐技巧本身来说也是两个门派，拿勋伯格来说，就和贝多芬同样伟大。因为勋伯格发展了另外一种完全和贝多芬不同的音乐体系，他完全否定了贝多芬，开创了另外一种音乐风格，勋伯格在音乐理论和音乐本身的发展上完全是和贝多芬平起平坐的。贝多芬本身并没有开创什么理论，他只是音乐写得多。

王童：当时你写《你别无选择》时，虽然有许多想法，但一个最本质的、最简单的问题：你为什么要写这篇小说？

刘索拉：我想说明音乐不是电视上播出的那样，就这么简单。

王童：但你写的还是一个小说，并不是告诉人们怎么听音乐吧？

刘索拉：我怎么有资格教育人们怎么去听音乐？我只是流露一种感觉罢了。

王童：你出国这么多年，现在回过头来看，中国音乐和世界音乐发展到了一种什么样的状况？

刘索拉：我最主要的发现就是希望中国的门能打开得更大，给音乐提供的机会更多，使他们能找到自己的位置。除了音乐外，音乐家该接受更多的其他的教育。

王童：前些日子他们以李云迪为例来说，认为中国的音乐教育已达到一个相当高的层次。

刘索拉：李云迪是谁？

王童：就是获国际肖邦钢琴奖的那个年轻人。

刘索拉与本书作者

刘索拉：中国的音乐教育从学院派、从具体演奏来说，水平还是很高的。但在其他方面就很不足，以获得肖邦音乐奖来说，在国外来看，获得肖邦奖的那些音乐家只不过是一部分，因为音乐是汪洋大海，除了肖邦还有许多别的，音乐的发展有许多东西，有现代派，有其他的，各种人都在立论，还有各种各样的民间音乐、摇滚音乐，各种流派都有，这些中国的音乐家都应该知道。我曾经和许多获得过国际音乐奖的人接触过，他们出国后都非常感慨地对我说，他们到国外一看才知道自己不是音乐家。

王童：这样说音乐还是在一种交流状态中才能发展。

刘索拉：音乐是一种普遍的教育，不要太功利，音乐是在生活中，我爱音乐。

王童：能不能这样说，中国的音乐发展在一些单兵门类中的演奏上能达到较高的程度，但音乐教育总体来说是非常低的。

刘索拉：是的，音乐的人文教育是非常低的，可以说，一些高精尖的东西我们都攻上去了。比如批判一些作曲家时，实际上不是他作曲的问题而是一些人文的问题。

王童：我现在存在一个疑问，比如人们总希望一些出去的人回来后能给大家带来一些新鲜的气息，推动社会的发展，比如当年梁启超从国外回来，不仅摧毁了一个清王朝，还给人们打开了新的眼界。但今天回来的人没有给社会带来什么变化。

刘索拉：我不知道，真的不知道那个社会的变化。我想回来做事的人是有的，只是有的做不成。我现在发现一个很奇怪的现象，有些国内的青年人很厉害的，他们了解的东西比国外的人还要多。反而有一些在国外待的人，每天忙于生存，反而变得拘谨了，不知道国内的动态，结果反而是远水解不了近渴，不如国内的人。文化信息是需要花时间去看的，如果你不去看，不去读就是两眼一摸黑。比如有许多人出国二十年了，我问他你看过什么什么书没有，答没看过，要到中国来背一些书回去看。

王童：就这个问题我曾问过王朔，他说他到了美国因为语言不通，就像一个傻子一样待在那里。在国外你该有许多音乐创作吧？不只是人们了解的那些，能不能谈谈？

刘索拉：我作各种各样的音乐，作古典音乐也作现代的。

王童：我不明白作曲本身和制作音乐有什么样的关系？

刘索拉：现在大家不太重视制作音乐，是错误的。作曲是传统意义上的作曲，出国以后就知道作曲不只是那样刻板的一回事。我主要的是学音乐制作，按理说，专业的音乐制作人就是一个指挥，现代意义上的一种指挥，你要控制音响，控制音乐质量，比如某一个作曲家的音乐作曲有问题你还要帮他修改。现在已不是写总谱给分谱的时代了，当然还有一部分人在做这样的事。

王童：我是否可以这样理解，比如王家卫拍电影已不再具体写剧本，而是边拍摄边完成剧本，是不是在这个意义上和你有些相似？

刘索拉：可以这么说吧，大部分的音乐制作是这样完成的。比如我们昨天刚给电视台作了一个电视节目，把《金蛇狂舞》给改了，一边录音一边完善。很多音乐制作就是这样完成的。怎样把这样的乐曲流传下去，因为没有谱子，就靠录制CD来完成。有时候经典会出谱子，但最后人们听的是唱片。

王童：你这种制作给我一种感觉，好像我们这个时代是一个没有旋律的时代。

刘索拉：有旋律。比如麦瑞斯·丹瑞斯旋律非常棒。实际上古典音乐家也都是即兴的，比如贝多芬的曲调也是即兴创作出来的。

王童：如果没有谱子的话，除了留在碟里，那另外一个乐队怎样演奏你的音乐呢？

刘索拉：他演奏可以根据那个音乐来记谱，重新演奏。拿民间音乐来说，许多谱子也没有记下来，记下来的只有瞎子阿炳的《二泉映月》。

王童：这是不是可以说是一种偷懒的状态？

刘索拉：这不是偷懒，是要发展，现在这个时代讲究个人的感觉。

王童：但我现在看到一些所谓的现代派的东西，探索音乐、绘画也好，最后还是停留在过去的位置，不过是作秀罢了。

刘索拉：你在这里没有给我提出一个具体的技术的问题，你只是指出一种现象。

王童：这现象就是说爵士音乐很早就产生了。

刘索拉：是很早就产生了，但爵士音乐发展到今天已经有很多东西了。爵士音乐和中国民族音乐一样，只是音乐的一种，它在不停地发展，为全世界人所接受。

王童：全世界的人都在演奏这种音乐，你为什么会觉得它是一种独特的东西呢？

刘索拉：但你为什么不提出你为什么要演奏贝多芬、肖邦？或许你认为只有演奏贝多芬和肖邦才是被承认的，演奏爵士乐就不被承认。

王童：以维也纳新年音乐会来说，每年都在演奏同样的曲目，每年也都被人们欣然接受，久而久之就成了一种传播欧洲文化的仪式了，你不这样认为吗？

刘索拉：你只知道通过中央电视台转播的维也纳音乐会，不知道世界上还有其他的新年音乐会形式。

王童：谈了很多，谈的都是音乐，那你在国外还创作了一些什么样的小说呢？

刘索拉：我在香港出版了一部长篇，在内地没有看到过。

王童：原来在内地人们都认为你是一个比较狂放的才女吧，出国这么多年，除了你的艺术状况外，你的生活状况怎么样呢？

刘索拉：生活状况就是我自己想要的样子，我想做什么就做什么。我有很多朋友，我喜欢和家人在一起。

王童：小说是不是还经常有意识地写一写？

刘索拉：写得不多。

王童：文学创作是放弃了还是偶尔捡起来？

刘索拉：想写就写。

王童：写的冲动是否经常有？

刘索拉：无所谓，是老有冲动想去干一件事。

王童：你可以称得上是一个艺术上的复合型的人吗？

刘索拉：我无所谓，不想给自己加上一个这派那派的头衔。想做的事情我去做就是了。

王童：你是用音乐的方式去思考小说呢？还是用小说的方式去思考音乐？

刘索拉：我是用音乐的方式思考所有的事情。

小　传

刘索拉，1955年生于北京，作曲家、小说家。1983年毕业于中央音乐学院作曲系。1985年发表处女作《你别无选择》，随后发表中篇小说《蓝天绿海》、《寻找歌王》等。近年出版有长篇小说《女贞汤》、《迷恋·咒》，小说集有《你别无选择》、《混沌咖喱楞》等。现居纽约。于1997年在纽约成立音乐制作公司，致力于使中国传统音乐以一种新形象进入世界音乐界。主要音乐作品有《蓝调在东方》、《中国拼贴》等。

思维在滑翔的徐坤

正在读博的徐坤近日又赶上装修房子，所以就搞得自己很忙乱，经常是从北京的东城区跑到西城区。而在这当中她又要应付着写一些文章。也许人们很难想象她这样一个学者型的女作家会为一车装修的瓷砖和一些水龙头及盥洗室里的用具和商贩们讨价还价。徐坤在文学所里研究的是“女性文学”，但她本人的创作从某种角度来看又是非常男性化。她那幽默调侃的语调，在行文走笔中让人忍俊不禁又所思所想。而她那北方人豪爽的带有男子汉般的天性与泉思喷涌、机智通达的文气所铺就的文章，往往让人读后如同在三伏天里灌进一扎凉啤酒。读徐坤的小说，无论是令人称道的《厨房》还是让人边读边揪心扯肺的《狗日的足球》都有一种回味无穷的感觉。而徐坤的评论集《夜行船双调——九十年代女性写作》又无不渗透她对自己本身所处的这个团体的特殊关照。但徐坤在认定女性写作是处在“尴尬与自由”等境地的同时，否认自己是一个女权主义者。的确，生活中的徐坤有非常女性化的一面——《厨房》本身或许就是她贤妻良母另一面的缩影。然而，学者型的徐坤其创造力又是多方面的，她的译著《泰戈尔诗歌的意象》，她对佛学研究的论著都使人把她当成了另外一层意义上的密涅瓦和缪斯(希腊神话中的智慧女神和文艺科学女神)。或许在这一知识多层结构与知识大爆炸的时代，这样的女作家是另一种引证出来的乔治·莫泊桑与张爱玲。在首届“冯牧文学奖”小说评奖的评议中，徐坤是仅有的票数高的作者——随后又无可争议地获得了鲁迅文学奖。有一次徐坤给另一位杰出的女性张越的文字配画了一张漫画，让人捧腹大笑。电视主持人张越的幽默或许引起徐坤的共鸣——她欣赏这种睿智型的同类，而另一位让她佩服的女杰戴锦华在她眼里也是一个一出场总要招致更多的关心的目光——戴锦华有一次在凤凰卫视中文台里登上名为世纪讲坛的栏目唇枪舌剑了一番，并坦言"我厌恶余秋雨"。但徐坤比起前两位风头很健的女性来说，要平和安静得多，尽管戴锦华在一篇评述她的文章里称"徐坤在嬉戏诸神"——而她本人则像躲在一个不声不响的角落里一样。

徐坤说"写作是她的生命"。她在她的散文随笔新著《性情男女》里的第一篇文章《坏小孩的狂欢节》结尾中写道："能够自由自在纵笔狂欢，可说是时代所赐予这一代人的万幸。然而从另一个角度说，喝进去的酒全都变成了无谓的尿，这可又说是时代所赏予这一拨文人的扰魂大悲！"我不知道这是不是徐坤本人的写照，因这个被称为女"王朔"和女大侠的女性正在创作着一部尚在保密状态中的长篇。

王童：这一阵子你好像很忙，又是读博，又是装修房子，这一阶段你出的书又是以随笔、散文和评论为多。小说这一阵子是不是写得少了一些？

徐坤：去年一年都在准备考学、读博、上课，就没有那样一个大块的时间来写一部小说。所以写随笔、短评和一些专栏文章多一些。

王童：是不是写随笔、散文这些东西和写小说的心情不太一样。

徐坤：因为这些东西比较短，有时候就是率性而为，相对来说比小说要容易完成一些。不需要太多的时间去琢磨。

王童：除了短之外，它的文化含量呢？是不是也不必像小说那样苦思冥想，较着劲儿去写？

徐坤：这倒不是，只是语言的感觉不太一样。一篇小说，短篇至少要七八千字到一万字，语言、语速一般改变不会太多。一篇短的文章一两千字，通常是一个上午就可完成了。要求也不是太高，只要把一个观点表达清楚就行了。

王童：你看你这一段又是上学，又是装修房子，东跑西颠的，你怎么能忙里偷闲，把这一切摆平了呢？你的精力很充沛吗？你是怎么合理安排时间的呢？

徐坤：没有什么合理的，只是人被逼到这份儿上了，就只好往前走吧。就这么简单。

王童：什么是"被逼到这份儿上了"？

徐坤：为生活所迫吧。

王童：这种为生活所迫对文学创作来说是有好处呢？还是没有好处？

徐坤：也许有好处，但我现在还没有体验到这种好处。这种好处也许过了这一个疲惫不堪的阶段到将来才能显示出来。

王童：从你的作品来看，你是一个乐天豁达的人，但现在为什么好像变得很沉重、很忧郁了？

徐坤：沉重倒没有，只是稍微有点忧郁。

王童：是不是突然间各种不顺心的事都搅到了一起？

徐坤：有点疲劳吧。

王童：那你怎么应付这些疲劳呢？

徐坤：就是跑步锻炼身体吧。跑步对身体很有好处，能够让你一天很振奋。这样我才能够有充沛的精力去完成学业。否则我就应付不了那一大堆的功课，还有一些生活中比较烦琐的事。

王童：现在我想问一个问题，像你这样的人早已是学有所成了，而且很有名气，你现在还要学什么呢？

徐坤：我觉得是这样，人的知识毕竟是有限的，每过一个十年，他的知识就该更新一下，尤其像现在时代发展得这么快，你想想我们大学时学的那点东西现在基本用不上了，所以人才要不断地学习，更新自己的知识结构，否则就要面临被淘汰的危险。

王童：可是搞写作的人往往不是靠上学能够学出来的。比如类似王朔、刘恒等等这些作家。他们和你这样学者型的创作也许不太一样。从这个角度来说，你所说的落伍究竟是什么呢？

徐坤：主要是本职工作，学术研究工作。实际上对一个作家也存在这样一个问题，为什么我们经常会看到某一个作家写着写着就把自己写空了，好像年纪轻轻的就有点儿江郎才尽了，把自己掏空了又没有补充新的东西，这可能和你问的是同样性质的问题吧。

王童：那如果我们打个比方，如果你作为一个自由撰稿人，没有工作和铁饭碗的工作要求的话，你是不是就不能写东西了呢？

徐坤：你能否把这个问题再说得清楚一些？

王童：作为一个自由创作的女作家，不受单位工作的制约和要求的话，你是否就不写东西、不去创作了呢？

徐坤：我现在的创作也不是单位的要求，而是性情所至在写。

王童：这么说创作还是一种心灵体验，是自己的事。

作家徐坤

徐坤：当然了，是自己喜欢干的。

王童：那这样来说，学问和自己的心灵体验是一种互补作用吧？

徐坤：应该是这样吧。作为一个作家，他应该属于艺术家范畴之类的一种人，他必须有一种良好的艺术感觉，不是说所有做学问的人都能成为作家或艺术家的，因为他们的理性思维比较发达，相对来说，他们对生活的感知就比较弱一些。比如一些好的作家都是感觉非常敏锐的。

王童：但从你本身的创作来看，你虽然属于知识型的作家，但你写出的一些文学作品又有许多调侃的东西，所以有人也把你称为“女王朔”，这样看上去就很难和你知识型、学者型的创作联系起来。这是怎么出现的呢？

徐坤：这只是一种文体的需要，比如你写散文的时候，用不同的文体就会形成不同的风格。一些实质性的东西，比如说对心灵的关注，对于人的本性的探讨，都是一致的。只不过是表面上的形式不一样而已。

王童：现在从我个人的角度来看，现在你好像创作小说的情绪逐渐淡了一些，尤其是这一段时间。这段时间你好像关注的都是其他人的创作。

徐坤：这主要是给《青年文学》开了一个随笔栏目，主要是为了符合那个需要，所以才写别人写得多了一些。

王童：众所周知，你是研究女性文学的，你也很关注女性文学的创作，你本人是一个女权主义者吗？

徐坤：不是。

王童：那你为什么要专门研究女性文学呢？

徐坤：这问题说起来也很复杂，有多方面的原因，简单地说也许是因为职业需要吧，就研究起它来了；其次也是因为自己比较喜欢吧，我本身也是一个女性，如果再研究起女性的东西，探讨女性的文学，就有些驾轻就熟，也很容易深入进去，它和我自身的一些生命体验能够吻合到一起。相对要比做其他科目的研究容易一些。

王童：你觉得现在的女性文学创作有什么特点呢？

徐坤：这在我的一本书《九十年代女性研究》里总结了好多好多，不能一言而蔽之吧。

王童：虽然你研究的是女性文学的创作，你本人又是在搞女性文学的创作，但从我本人的角度来看,你不是女性文学的创作,是男性文学的创作,以男性的创作方式来写女性文学。

徐坤:我也说不清,不知道我是一个什么性的文学创作。

王童:因为我们现在说的女性文学创作说的是一些传统的女性文学创作,包括一些美眉的写作方式,而你和她们是截然不同的。你好像是一个孙悟空在翻跟头,行文走笔都很男性化,和你所研究的女性文学创作是根本不一样的。

徐坤:各有各的特点吧,女性也未必就非要框成一种风格、一种特点。

王童:是不是可以这样说,你在研究女性文学的同时,你本身在创作时是在反抗你本身女性的特点?

徐坤:也谈不上反抗,只是有些东西自然而然地就写出来了。

王童:那你的天性是不是很乐观呢?很有侠义色彩呢?

徐坤:倒也不完全是,我也有很女性、很忧郁的一面。

王童:从文学创作来说,你应该是一个很成熟、很出色的人,首届冯牧文学奖也授予了你。从你的创作角度来说,你认为搞文学创作最主要的是要把握一个什么东西呢?

徐坤:对别人来说,我不知道是什么样的,但对我来说,文学就是整个的生命。作为一个职业写作者,如果我不能写作的话,我可能就什么都不是了,就会失去一切。

王童:你在做学问和写小说的过程中是不是有两种思维方式?做学问是一种脑筋,写小说又换一种脑筋。

徐坤:思维倒没有两种,但风格和体系是两种东西,是两个思维库里的东西。

王童:是不是可以这样说,因为你太完美了,在你生活的经历上就毕竟要受到一些小挫折呢?

徐坤:这是什么话呢?我为什么非要受挫折呢?

王童:是这样,一般通常人们都认为你是一个非常面面俱到的人,生活上是很女性化的,又要买菜、做饭、收拾家,人们想象中你是一个把生活安排得井井有条的人,怎么也会突然遭到情感的打击和变故呢?

徐坤:我说过了我不想说这些事。

王童:你为什么要回避这些事情呢?你是写东西的人,你在探讨人的心灵和情感,为什么轮到自己头上就不敢面对了呢?应该说你是很坦率的。

徐坤:我不太喜欢把自己的私人生活在大众传媒上说给别人听。这对个人来说没有什么可探讨的。

王童:通过这一点,我发现中国人可能都有这样一种心态,不太敢把自己的内心世界袒露出来。一碰到自己的这些事就要躲起来。

徐坤：也不是，有些人就是靠炒作自己的情感生活来成名。没有什么事情也要制造出事情来。我认为我还是一个网络时代的女农民，比较保守，也比较传统，不太习惯把个人的东西袒露和张扬出来。

王童：那对你来说，是不是就是在你的作品里张扬你的个性？

徐坤：我的文章和小说里也没有什么张扬的成分，比较实事求是吧。我张扬过一些事物，但从没有张扬过个人。也可以说是文字的飞扬。

王童：我发现你有一个很奇怪的现象，大家都知道你是一个网迷，但你迷到了一些不太可理喻的地步，比如你有三台电脑和一台手提电脑，上网一台电脑不就够了吗？为什么要那么多台电脑？

徐坤：发烧友就这样。

王童：发烧友一台也够了吧？

徐坤：因为一个比一个高级嘛，一个比一个快。玩儿着玩儿着就会觉得速度不够用了(笑)。

王童：笔记本电脑是不是你躺在床上用的？

徐坤：笔记本后来也觉得不行了，要用大的，19寸的才来劲儿。

王童：你这样疯狂地上网，对你个人的创作有什么帮助呢？

徐坤：没什么帮助，只是好玩儿吧。

王童：好玩儿在什么地方？

徐坤：就是打发时间吧。

王童：在打发时间的同时你还能看到一些东西吧。你通常在网上看一些什么东西呢？

徐坤：能看的都看了，你不是也上网吗？

王童：我好像老越不过防火墙，有的东西搜索不到。你是不是驾轻就熟地就都翻过去了呢？

徐坤：对我来说没有什么防火墙，凡是有的都能看到吧。

王童：有没有在网上交上一些好朋友呢？

徐坤：有，有很好的网友。

王童：你们都谈论些什么呢？比如你在文章里也写过一个上网的人。

徐坤：那个人我从未见过面，叫东方之珠，一个很好的朋友。

王童：他都和你谈什么呢？

徐坤：这属于私人问题吧？

王童：你不太喜欢谈情感问题？

徐坤：不喜欢谈个人生活。

王童：通常说你是一个非常优秀的女性，一个女强人，那么人们就觉得你这样的女性人们招惹不起，还是躲开些，你自己怎么看？

徐坤与法国女作家

徐坤：没有，我没觉得我是女强人，我现在是一个弱者。我现在只是一个穷学生，每天很辛苦地学习、忙自己的事、写点儿东西。

王童：尽管你现在很忙，但你这种忙的前景是非常美好的。比如说你学习完了就会获得博士学位了，房子装修完就会很舒适地住进去了。

徐坤：那我把这些资源都给你吧。

王童：当然你在这个过程中会有一些顾头不顾尾的忙忙乱乱的感觉。

徐坤：这都是站着说话不腰疼的人说的。

王童：那你总得去挣钱吧，除了稿费、工资，其他的收入能应付这些花销吗？

徐坤：你不应该问女人的年龄，也不应该问她挣多少钱。这是人们忌讳的。

王童：我的意思是，你一个女流之辈要应付生活中的许多事情，生活中总要有一些花销，我也没有问你挣多少钱，只是问你怎么能把生活的状态理得更顺一些。

徐坤：我最好就不回答这个问题吧。

王童：好吧，我们现在还是回到一本正经的创作问题上来吧。你现在觉得文坛的创作状况是一个什么样子的？

徐坤：这个问题好像问得太大了吧？

王童：从你自己的角度来看，或者我们把范围缩小一点，从你自己研究的女性文学来看，你认为现在的女性文学创作是什么状态呢？

徐坤：你问的都很复杂，不光是女性文学，男性文学呢？

王童：我感觉文坛在不断地花样翻新，各种文体都在探讨，但感觉没有什么新鲜的东西，老在一个永远跳不出的圈子里折腾。

徐坤：也不尽然吧，比如说一些低龄化写作。

王童：你认为低龄化写作是好事还是坏事？

徐坤：也许能证明一点，祖国的语文教育还是有它的长处吧。比如几年前，也许是《北京文学》发起探讨的吧，语文教育的问题。

王童：现在这个问题还在探讨呢。

徐坤：但这种担忧也许是没必要的，你看现在那些孩子的低龄化写作，写出的东西都很成熟，文笔也非常帅，比我们那时的创作要更成熟一些。所以说你现在根本不用担心我们的语文教育是失败的，现在这种低龄化写作不是一两个孩子，而是一批孩子都写得那么好那么出色，你有什么担忧的呢？

王童：那这一批所谓低龄化创作，客观地说，是一种好现象，还是一种错位呢？

徐坤：你为什么要说是一种错位呢？

王童：可不可以这样来认识，有人说，如果每一个孩子都自认为才高八斗，在低龄时就去写作，咱们不说有的是昙花一现吧，是不是这样就会忽视一些基础课的东西，应该学的东西呢？

徐坤：没有吧，这也许是杞人忧天吧，小孩子喜欢写东西，语文学的好，有什么不好呢？中国人的思维总是很奇怪的，觉得某一个孩子某一方面很优秀，就想当然地认为，他别的方面就不好了。你为什么不这样想呢——他写得多么好，多么有天分，他发展得多么健全呀，多么早熟呀，智力多么发达呀。

王童：那你认为现在这一拨青年是否就是无可挑剔的呢？

徐坤：挺好的，我认为他们都很不错。

王童：比如在电视上我看到了韩寒和你们所的王晓明及其他一些学者的对话。

徐坤：那期节目我没有看。

王童：在那期节目里我们看到了这样一个现象：韩寒无疑是一个天才的少年，但他本身的缺陷是——只是会写作，但其他功课都不及格，包括语文课在内都不及格。再有一个，他在现场表现得非常狂傲，认为别人都不行，老师也不行，家长也不行，很自负，认为自己是一个天才。王晓明当场就说，他是处在一种表演状态。你认为这说明什么问题呢？

徐坤：因为我没看到那期节目，所以无从评起，也不好发表意见。

王童：那你所说的这一拨的年轻人是指的哪一拨呢？

徐坤：像水晶珠链，十七八岁，非常不错，在晚报上登的。现在有一大批这样的小孩。

王童：还包括你在书里评到的肖铁是吧？

徐坤：那个已是非常老到、非常成熟的写作了，他现在北大中文系读书。

王童：这样来说，中国的文学事业是大有希望的了？

徐坤：至少可以这么说，祖国的语文教育有它成功的一面吧，还不至于失败到像他们讨论的那种程度。

王童：你认为这种讨论有它的道理吗？

徐坤：有道理是有道理，但至少从一个侧面来说，这一拨孩子并不像他们所担忧的状况，他们的讨论只看到了问题的某一个方面。

王童：这些孩子的创作你怎么肯定就是语文教育的成果呢？比如韩寒，他是脱离语文教育自学成才的，他不看语文课本里的东西，而是看一些自己喜欢的书寻找悟性的，你不认为他们是从另外一些领域学来的，你能简单地说他们是从语文课本里学来的吗？

徐坤：你不应该那么绝对化，他们一方面是自学，一方面也脱不开学校里老师的教育，这种言传身教、耳濡目染的东西。

王童：我听说你最近在写一个不同凡响的长篇。人们都在翘首以盼。

徐坤：你就说写一个长篇就行了，不要乱加形容词了好吗？

王童：但据说这个长篇被许多出版单位看好，不知你写到什么程度了？

徐坤：这暂时就不说了。

王童：你怎么一牵涉到自己就什么都不说了呢？有什么秘密吗？

徐坤：我不太习惯说自己，是一种个人习惯。

王童：但我现在问的就是你自己，我只是问你现在创作到什么程度了？

徐坤：这我暂时先保密，制造一个悬念吧。

王童：是不是一种双重担子压在你的肩上——生活、事业。

徐坤：你怎么总盯着问我这些问题？

王童：你怎么老是躲开我的问题呢？

徐坤：你好像非要我向大众交代一些什么东西。我没啥可说的。

王童：最近你写了那么多评论和随笔，包括你送给我的这本集子，这里有一半是写的新生代作家的不同侧面，我追问你一下，你怎么评价你写的这些作家呢？

徐坤：我不是评完了吗？

王童：评完是评完了，但是你把这些人的作品都看完、评完后，对他们的总体印象是怎样的？

徐坤：你所说的是哪一代人？

王童：不算是新生代，也算是这一拨人吧。

徐坤：这一拨作家无法整体描述，只能做一些个案的分析，细看起来每个人都不太一样，你能找出两个一样的人吗？很困难。

王童：好像在女性创作里一样的很多，像你这样的异类比较少见。

徐坤：一样的也不太多。如果你仔细读每个人的作品，她们内在的东西不太一样。

王童：那你认为女性创作最重要的是要把握什么呢？

徐坤：一个作家应该把握的东西，不管是男性还是女性都应该把握吧。

王童：具体说是把握什么呢？

徐坤：对人性本质的探讨，对生活的感受能力。这是所有的作家都应该具备的吧。

王童：但现在文坛上有一种风气，我们都很愿意破坏各种各样的规范和道德准则，但另外一些东西则被人们忽视掉了，比如纯真、真情的东西。

徐坤：也有人提起，但相对来说比较少，不被人注意吧。也许经过一段漫长的消解和解构，进入新世纪后，重建一些价值体系，就会摆到我们一些作家和学者的面前。否则大家就会总处在一种困顿、迷茫的状态，这种状态持续久了，对谁都没有好处。

小　传

徐坤，生于辽宁沈阳，文学博士。现为北京作家协会党组成员，一级作家，北京市青联委员，中国作家协会全国委员会委员。1993年开始发表小说，代表作有中篇小说《白话》、《先锋》、《热狗》、《沈阳啊沈阳》等，短篇小说《遭遇爱情》、《鸟粪》、《狗日的足球》、《厨房》等，话剧剧本《青狐》（根据王蒙长篇小说改编）、《性情男女》。部分作品被翻译成英、德、法、俄、日语。获得第二届鲁迅文学奖，首届冯牧文学奖，第九届庄重文文学奖，首届女性文学成就奖等多个奖项。

青春的王蒙

在中国文坛上也许没有任何一个作家会像王蒙那样引人注目、引人争议、引人侧目。王蒙的机智与聪明使他的作品文韵浓郁而又不乏幽默。他成名得早,他被打成“右派”时的年龄也不大。他的小说《组织部新来的年轻人》受到了毛泽东的首肯,却又背上了莫名的罪名。新时期以来,他率先引进意识流小说的创作手法,让人耳目一新,并影响了一批文学青年。他被极“左”分子大加讨伐了一通,却又被另一些偏执的文学批评家批为行文著书太聪明了,令人啼笑皆非。如同肖洛霍夫与巴尔加斯·略萨,他的从政也同他的文学成就一样丰富多彩。他当过文化部长、政协常委,中国作协书记处书记、《人民文学》主编。一些西方喉舌据此就想当然地认为,他会带有“左”的色彩,这也是一个戴着有色眼镜下的认识。而了解王蒙的人,都知道王蒙不论在任何时候都守住了他的道德底线。他亦守住了他文学家的良心。当然,他更多的是用中国儒家文化育化出的机智,来举重若轻地处理一些棘手的事物。如今,他以古稀之年退下来,给我的感觉,却仍是一个青春的王蒙。因我至今仍能记住他那充满绿色气息的作品:《青春万岁》、《组织部新来的年轻人》、《风筝飘带》等等。萨特说,唤起内心的往事,是一个写作的命令,是在里面找到自己一些东西的途径。如同大众常挂在嘴边的,要永葆革命的青春,而王蒙却是一个时时体现青春色彩的人。记得意大利著名文学家莫拉维亚曾说过,只要精神年轻就会永远年轻。王蒙或许就是这样一个实实在在的作家。2012年清明节前夕，王蒙的老伴儿崔瑞芳去世，我同许多文化界名流一同前去告别并拍照。俩人携手半个多世纪，伉俪情深。王蒙悲痛欲绝，在告别夫人遗体的最后时刻他大喊了一声。崔瑞芳生前说他在某种程度上是个孩子，这也许是他的真实写照。

王童：王蒙老师，想来想去，虽然您已到了古稀之年，但给我的感觉，您仍是一个青春的王蒙。因我至今还能记住您那些充满青春气息的小说，如《青春万岁》、《组织部新来的年轻人》、《风筝飘带》等等。您是否能回顾一下您的成长经历？

王蒙：一切可能要追溯到一九五〇年六月，当时，朝鲜战争爆发。我每天都研究社会主义阵营与资本主义阵营的力量对比，捷克年产多少钢材，比利时年产多少，我都注意，更不要说顿巴斯煤矿和德聂伯水电站了。我一遍又一遍地阅读斯大林在“二战”胜利后的演说，他许诺，十五年后苏联的年钢产量是六千万吨，听众是暴风雨般的掌声。我祝祷着资本主义世界的早日灭亡，社会主义的早日胜利。

随着形势的发展，青年们的情绪越来越高涨。每天都有青年写血书要求上前线支援朝鲜人民军。志愿军过江后我们组织发动大家写慰问信，我们区里的干部星夜也做过炒面粉，供给朝鲜战场的人民志愿军食用。各单位的团支部纷纷上街宣传，二十三中(原新知中学，是庄则栋的母校)的团总支干部到街头演小歌剧《渔夫恨》，是说美军的飞机炸死了我国的渔夫的，许多围观者痛哭流涕。我们一次又一次地聆听赴朝慰问团的来自朝鲜前线的报告，我们充溢着类似《英雄儿女》中王成的那种“时日曷丧，吾与汝偕亡”准备与老美同归于尽的情绪。我们在学习会上朗读魏巍的《谁是最可爱的人》。我们高唱《白云山》，我们传诵杨朔的《三千里江山》。全市的中学生在中山公园音乐堂集会听杨作家的报告，他的声音低沉，听众根本听不清楚，主持会议的人出来给大家讲，由于杨朔同志感情丰富，不能大声讲话，请大家注意听。这个期间我还兴奋地参加了从大、中学中招收军事干部学校学员的工作，领导给我们讲授了国防建设的前景，通过我们的手，把最优秀的青年男女输送给了解放军。如此这般，度过了一九五〇与一九五一年，仍然是轰轰烈烈，仍然是一个高潮接着一个高潮。

王童：那是一个除旧立新、开国建功立业的年代，人们都充满了激情，想必青春勃勃的您也一样，有着美好的理想。

王蒙：是这样的。一九五二年与一九五三年，这两个有特殊意义的年份，不论对于国家还是个人。一九五二年伊始，开展了“三反五反”。河北高中新派来的校长被说成“大老虎”，在大会上宣布逮捕。数月后无罪释放。各单位都有指标，要揪出多少多少万元的贪

作家王蒙

污犯来。这种搞运动的方略开人眼界，带有一种农民的简单易行与毫无科学性、法制性可言的原始真色彩。我们熟悉的团市委一位文质彬彬的大学生党员出身的同志，在南方搞土改，因涉嫌"三反"中的问题被上了铐子押送回京。还有一件事令人无奈，团市委一位男同志被揪了出来，其妻是一位皮肤白皙，脸颊绯红，戴着深度近视眼镜的同志，立即与他离了婚并与另一位比她年轻不少的人结了婚，不久，原丈夫没有事了，但是老婆已经丢啦。我的注意力并不在运动的搞法、得失与后果，我深深为运动所吸引和激动，是为了一种气氛和一种信念，只要有这种气氛和信念，运动无论怎样搞，发生什么偏差，付出什么代价，都是对的，至少是值得的。区里的干部到各单位坐镇和督战，老百姓对于国民党的贪官污吏的反感记忆犹新，共产党能够这样大张旗鼓地肃贪，无不额手称颂。区"三反五反"办公室常常是彻夜不眠地整理各单位开展运动的情况与战果。到处都是庄严的战斗气氛。我们的区委位于东四十一条三十九号，是一个三进的大院子——原来的敌产。团委与妇联位于前院的一排南房，区委位于主院，中间是美丽的垂花门，高高的台阶。主院西房是组织部，东房是宣传部，正房是书记的办公室。后院是集体宿舍，通向一个后门，十二条。三五反办就设在正房的办公室。恰值寒假，一些学生党员调入区委搞运动，其中就有女二中的崔瑞芳。我曾经在午夜到她们的办公室去，我很感动。我一直想写一个话剧——一处大大的办公室，冬天，巨大的火炉，午夜，挂钟敲响了十二点，传来了新的消息，领导运筹帷幄，荡涤着旧社会遗下的污泥浊水。年轻人幻想着一个新的水晶一样的光明世界。有同志间的深情与恋情，有敌人的千奇百怪的手段企图腐蚀革命，扭曲革命。有自己人的掉队、颓废和自私；有青年人的好奇与天真；有天使一样的献身热情与对一个无比美好的世界的追求，生活充满希望……

当我想到崔瑞芳的时候整个世界都呼啸和旋转。当我想到她与我都生活战斗在这一个大院里的时候我觉得十分温暖。我当然找得到一种适当的方式表达我的感情。我与她说话，我借给她书看，我找她散步，我给她写了极其美丽动人的信。

……我记得这一年的三月六日晚饭后我们去贡院西街市委党校礼堂听报告，报告会后我步行送她回西单住地，我们缓缓地走到了西单。我一个人又从西单走回了东四十一条。我惊异于灯火璀璨的北京的夜晚的辉煌美丽。当然那时候不可能有太多的灯，由于我回来时街上再无一人，我只觉得千万盏灯在为我而照耀，我幸福得如同王子。

当时我只有十八岁，瑞芳只有十九岁，我虽然不大，但已经是干部，已经是小“领导”，已经自以为胸有成竹。而我的追求使她情绪极其波动。有几次她正式拒绝。又有几次我们恢复了来往。所有这些都无比地美好，被友好地拒绝竟也是这样地美丽。

一九五二年我们组织了马特洛索夫夏令营。马特洛索夫是一位苏联英雄，用身体堵住了法西斯敌寇的碉堡枪眼。有一部影片《普通一兵》讲的就是马特洛索夫的事迹。我们请作曲家郑律成谱写了营歌：

我们有一个，
亲爱的朋友，
他就是马特洛索夫——普通一兵，
普通一兵是我们中国青年的心，
我们热爱自己的祖国，
我们热爱自己的人民。

八月的一天，一批学生，一批团员骨干，扛着帐篷、食品用品，浩浩荡荡，行军到西苑的一处空地，安营扎寨，开始快乐的集体生活，让我非常感动。露营结束后我写了一篇长长的报道，报道与工作总结也受到了本单位领导的赞扬，报道寄给了《北京日报》，最后变成了两条简讯，每条不足一百字，但也还是刊登出来了。

九月下旬，我们忙于准备国庆节的节日活动。已经表示不怎么打算和我发展下去的瑞芳一天突然给我打电话，问我去不去看夜深举行的阅兵式预演。我们的一切都是与伟大的国家伟大的生活紧紧联结在一起的。

我们不仅一起看了阅兵式预演，不久，我们还去设备最好的东单大华电影院看了描写苏联海军生活的彩色影片《在和平的日子里》。

“三反五反”的热烈开展与平稳结束，给人以不同的感觉。与此同时，朝鲜战争陷入胶着状态，与美国的谈判已经开始，停战已只是时间问题了。报纸集中宣传的已不是战争，也不是“三反”运动，而是大规模有计划按比例的经济建设即将开始，第一个五年计划正在制订。上级明确指出，欢庆解放与民主改革的阶段已经结束，现在的任务是建设，学生的任务是学好正课，学校组织的首要任务不是别的而是学习。团中央领导蒋南翔指出，团组织要做到不要“捣忙”。他没有用捣乱这个词，留了面子。我立即想起毛泽东在《论人民民主专政》中的一段话，大意是我们熟悉的一些东西快要闲起来了，我们不熟悉的东西正在强迫我们去做，我们需要学习。我充满了历史感，乃至于沧桑感。

也是巧合，这一年秋天青年艺术剧院上演了苏联女诗人阿里格尔的诗剧《卓娅》，它的主题歌叫做《蓝色的星》，唱得软绵绵：

生活是多么幸福，
生活是多么美好，
我愿意永远这样生活，
让蓝色的星儿照耀着我。

很可能这首歌曲并不算成功，但是它带来了一种新的情调。北京召开了亚洲与太平洋和平会议，我们的团市委书记许立群还讲过有些市民不能正确地理解这种会议的意义，传说什么“要和了”。(按：“和了”是中国解放战争时期常见诸报端的语言。)我有一次机会和拉丁美洲的客人座谈。此前我读过一些对于世界保卫和平运动的报道，熟悉并崇拜像前苏联的爱伦堡、法国的法齐、阿拉贡、约里奥·居里这些和平人士。我感觉到中国人的生活正在变得国际化。我也与苏联共青团的书记谢米恰斯特尼座谈过中国的青年工作。我在与拉美朋友座谈的时候朗诵了我的一首小诗，表达对于世界人民团结与捍卫和平的歌颂。

我们的生活中出现了世界、和平、生活、幸福、岁月、日子这些字眼儿，这些字眼儿令我感动莫名。我在新恢复的杂志《译文》上看到的头题小说是安东诺夫的《第一个职务》，描写刚从大学毕业的女建筑师尼娜怎样在建筑工地上体验到了艰难与幸福，所谓走向生活，所谓和平建设，所谓城市与人的崭新的前途。我学会了在夏季喝冰镇的啤酒，就上炸花生米使我美得像上了天。我常常在夏季的周日去什刹海游泳池，我想不到自己已经活得这样滋润。我与姐姐还购买了旧货留声机。那时的唱片八角钱一张，虽然转速常有快慢的差别，但我们还是从这个留声机上听到了尼基丁唱的《春天的花园花儿好》，米哈依洛夫唱的《沿着彼得大街》，尤其是聂恰耶夫唱的《列宁山》，“穿过朝霞太阳照在列宁山，峻峭的山岭使人神往……当我们回忆少年的时光，当年的歌声又在荡漾……世界的希望，俄罗斯的心脏首都，我们的首都，我的莫斯科！”它的抒情和阳光，赞美和纯净，标志着我的青年时代的福气；青年时代大唱《列宁山》这样的歌曲的人是幸运的，即使我后来发现列宁山毫无峻峭，莫斯科大学的斯大林式建筑显得傻气，而前苏联的阳光明媚后边有着太多的麻烦和不明媚也罢。

而听到柴可夫斯基的第一弦乐四重奏第二乐章《如歌的行板》的时候我会感动得泪流满面，一听到收音机里放这个曲子，我就会恳求周围的同事或者家人，允许我关闭灯光，拉上窗帘，我要在黑暗中静听这首乐曲。我的这种表现，当然，也成了“生活会”上的一个话题，为什么王蒙有这么多不健康的怪癖呀？

参加革命的时候我从来没有考虑过胜利以后的事情，北京的解放使我一直处于革命的大兴奋中，我甚至想，由于我年纪小便于隐蔽，我也许会被派到台湾去从事地下革命活动。我喜欢地下的革命生活，传单、印刷所、秘密接头、暗号、群众运动与情报传递……我看苏联影片《马克辛三部曲》，对彼得堡的工人运动如醉如痴……俱往矣。直到此时，我才明白人民掌握了政权的和平的日子有多么美好，多么快乐，多么迷人——但是回忆地下工作者的豪情与神秘，我又略感失落。

一九五三年我十九岁，十九岁的王蒙每天都沉浸在感动、诗情与思想的踊跃之中。这一年开始了我的真正的爱情与真正的写作。这一年内心的丰满洋溢，空前绝后。我想过多少次，如果有一个魔法，可以实现我的请求，我当然不会要钱，要地位，要荣誉，要任何古怪离奇，我要的只是再一次的十九岁。

王童：说来也怪，您成名那么早，小说《组织部新来的年轻人》受到了毛泽东的重视，但紧接着您就被打成了“右派”，从高峰转瞬就跌入谷底，一切变化真令人匪夷所思。

王蒙：这是我的命运的一个关键情节。毛泽东在当年五月十五日写了《事情正在起变化》一文，提出了反“右派”的问题，批判修正主义的问题，给高级干部看，先在高级干部中做好从反对官僚主义、宗派主义、主观主义的整风运动到反对“右派”分子的猖狂进攻的指导思想的转变。当时有一种说法，就是对于那些要重点保护的党内外人士，可以提前给他们打招呼，给他们看这篇文章。我是怎样从可能被重点保护，经过一个下午，最多两个小时，改为不再保护了呢？详情不是我所能知道的，是福是祸也不是我能说得清的。但是我可以认定，这不是市委的事。当时的市委宣传部副部长，原团市委书记张大中后来曾经明确地告诉我，市委宣传部未过问过我的划“右派”的事。他说市委文教书记杨述还曾提出王蒙的运动中的“问题”由市宣传文教口抓，但有关党委部门不同意，王蒙既然是团干部，就不能特殊，只能由党团口抓。其中含义不难推测。市委主持工作的副书记刘仁同志对我也是呵护的。我在六十年代由作协出面调动去了新疆，他事先不知此事，后来知道了，很不高兴，他身边的人告诉我，他自言自语几次：“怎么调到新疆去了？”

王童：就像那时毛泽东文章所说的那样，形势起了变化，但这变化又是让人猝不及防的。

王蒙：是的，我的青春是高调的。苏式的说法是——从胜利走向胜利，时代的荣誉、智慧和良心，磐石般的团结。中式的说法是——照到哪里哪里亮，天大地大不如党的恩情大，人民江山万年长。我经常处在满意、赞佩、自信、骄傲、服膺、掌握着历史的舵轮、战斗在最前线的自我感觉之中。

清除了北京市区的垃圾，修起了王府井百货大楼，建设了什刹海体育场、什刹海游泳池、交道口与新街口电影院，取缔了妓院——见纪录影片《姐姐妹妹站起来》，取缔一贯道——见纪录片《一贯害人道》，都令我和许多人欢声载道。

批《武训传》我始终没有想到，因为我初看此影片时没有发现什么问题，尤其是王蓓饰演的小桃，这样一个自我牺牲的女性更使我感动。后来批起来了，杨耳即许立群撰写了有力的批判文章，使我如醍醐灌顶，许立群是团市委第三任书记。

王童：《武训传》好像今天也没平反、没有公映，音像店也没这个碟卖。

王蒙：《武训传》是被批得"体无完肤"了。武训与小桃，尤其是小桃在银幕上的形象，仍然使我悲伤。我还看过王蓓饰演的婵娟，在话剧《屈原》中，同样善良、纯洁、悲剧式地献身。后来我知道，她嫁给了作家白桦。

批俞平伯的《红楼梦研究》使我大受鼓舞，对于小人物的支持使多少小人物包括王蒙跃跃欲试。

批胡适离我太远。大胆地假设，小心地求证，无论如何不像有什么深刻的含义，包括反动意味。我早就读过鲁迅讥讽胡博士的文字，对胡没有什么好感。我只是感觉到，我这一代人太幸福了，选择了革命的这一代人就更是史无前例地幸福。而前几代或者说是此前的所有的中国人太倒霉了。我至今记得茅盾谈思想改造的一些文字，他说，他们这个年龄的人的思想，好像一只旅行箱子，上面盖满了各地的图徽标记。而革命的新思想，也盖在上面了，与各种陈旧的痕迹混在一起。

批胡风我比较震惊。早在新中国成立前夕我就从香港的左翼出版物上读到了党的文艺理论家与胡风论战的文字，未得要领。变成反革命集团我则始料未及，并想斗争太严酷也太惊世骇俗了。

毛泽东的关于合作化的文字催人奋进。例如作家秦兆阳深受农业合作化形势的鼓舞，写了热情洋溢的长篇小说《在田野上，前进！》，一次印三十万册，大量发行，到处可见，后来还降价出售。

"除四害"，"打麻雀"，我有幸亲历，人们站在房顶上，敲锣打鼓，竹竿乱舞，喊声震天，使众麻雀惊飞，无地可落，眼见着只只麻雀过劳，心脏破裂，坠地而亡，真是一大游戏。当然，从飞鸟保护的观点看，这样做太残酷了。那段时期，北京的许多副食店出售“炸铁雀”。我听过传达，上面对此还是留了活话的，说，如果最后认为麻雀不应消灭，也不要紧，从国外进口一批麻雀就是了。他讲什么都是举重若轻。

敲锣打鼓，庆祝中国进入社会主义，宣告农业、工商业和手工业社会主义改造的完全胜利，也令人额手相庆。只是过去我认为社会主义至少要够得上前苏联的架势，拖拉机呀，康拜因呀，重工业呀，托儿所呀什么的，中国这么快就社会主义了反而令我从对社会主义的向往中变得冷静了些。

王童：那时狂热代替了理智，怎么就没一个明白人哪？

王蒙：这种狂热不是由哪一个负责的，可说是集体无意识地失控。

五十年代中期一件大事是苏共二十大，赫鲁晓夫做了关于斯大林的秘密报告，此前，贝利亚的处决，前苏联领导人马林科夫被赫取而代之，前苏联医生集团的平反等等，已经令人觉得前苏联有了事。我们听了各种传达报告，学习了中国共产党政治局讨论、《人民日报》编辑部撰写的专文《关于无产阶级专政的历史经验》与《再论无产阶级专政的历史经验》。

一些西方国家的知识分子共产党员退党。《文艺报》发表文章批判退党的美国共产党员作家法斯特。巴金写了一篇，对法还是比较客气的，紧接着，《文艺报》便以“呸，叛徒法斯特！”为总题发表了声讨组文。波兰、匈牙利的事件使我感到意外与沉重，我觉得没有比发生这样的事件令有崇高理想的共产党员更难过、更沉重的了。伊姆雷·纳吉最后被处决，更使我认识到阶级斗争、政治斗争的你死我活，不作铁锤，便作铁砧(季米特洛夫语)的性质。参与了事件的著名马克思主义理论家、文艺家卢卡契被宽大，保住了命。匈牙利领导人卡达尔说：“卢卡契本来是待在书斋里的，现在，回他的书斋去吧……”令人唏嘘。反顾自身，我益发感到自己与自己一类人的软弱渺小，都说是希望在中国。我记得曾任团中央副书记、时任清华大学校长的蒋南翔同志的名言，苏共二十大后国际共产主义运动的风浪中，中国最稳定。因为中国不搞个人崇拜，中国不搞肃反扩大化，中国不搞给领导人祝寿，用领导人的名字命名等等。彭真同志还说，祝什么寿？过一年离死亡近一点就是了，还祝寿，低级趣味！

而这时的关于人民内部矛盾的论述，双百方针更是为社会主义学说开了新生面。这时提出进行反对官僚主义、宗派主义、主观主义的整风运动，令我看到了国际共产主义运动的曙光。

毛泽东对《组织部新来的年轻人》说了话，我当然感恩戴德，心里三呼五呼万岁。但是我从来不认为这仅仅是毛泽东对我个人的恩典。毛泽东嘲笑前苏联《文学报》转载了

王蒙与铁凝交谈

陈沂、陈其通、马寒冰等人的实质为批判"双百"方针的文章，而南斯拉夫的一家报纸转载了钟惦棐的《电影的锣鼓》是物以类聚，人以群分。不是正说明，他既反"左"也反右，厥执乎中，正确无比吗？

紧跟着却转入了规模空前的"反右"运动。我的精神不再高调，我处于守势。我对报纸上揭出来的那些"右派"，并没有那么大的政治肝火，我怕。我会出事吗？我问自己，我不明白。我忽然想起句不伦不类的话，"没有功劳，也有苦劳"，当时还没有此后的发展，叫做"没有苦劳，还有疲劳"。

我不安地苦笑着，不妙，实在不妙。

王童："反右"运动后安定才没几年，"文革"就爆发了，文学艺术更是进入了一个万劫不复的境地了吧！

王蒙：文化大革命一开始，文艺就歇菜了。我常常觉得那个时候整个中国变成了舞台、戏院、茶楼、杂技与马戏场。十亿人一台戏，人人都是演员，人人都是观众，人人都是导演，演出了史无前例的轰动大戏。"文革"！在一九六六年直到一九六八年，没有小说，没有诗歌，没有电影，没有舞台演出，嘛都没有，竟然都能忍受，而且是欢声雷动，颂歌盈耳。几年后，慢慢冒出了一点所谓文艺作品的东西。于是大喜。这倒应了矫枉必须过正的话。

好像鲁迅也分析过这种办法。

有了电影《创业》和有关风波。有了《春苗》、《红雨》和《决裂》。

《春苗》中的大眼睛的女主角（李秀明饰）和《决裂》中的瞪眼睛的男主角（郭振清饰）都给我留下了深刻印象。

上海出版了文学刊物《朝霞》，玫瑰红的封面字迹爱煞个人。全是新面孔，什么什么《金钟长鸣》，什么什么《特殊观众》，什么什么王洪文的身边工作人员萧木管这本刊物……难道全人类文学的新纪元就这样开始了？我千决心，万努力地拼命想从颜色鲜红的《朝霞》中找到文学的新契机、新风貌、新启示、新味道，反复学习后终于认清，这里除了拙劣与蛮横以外，再无他物。

我也初步摸索出了点诀窍：要敢于和过往的文学常识、文学经验、艺术感觉、欣赏习惯、文学传统、修辞规则对着干，越是你认为不能做的事越要干，偏偏要干，越是不能用的写法越是要用。越是要不得的构思越是要采纳，气壮如牛，吹上九霄，齐了。

不是文学里不能过分说教吗？这回偏偏要不厌其烦地说教，干脆在上海出一本长篇小说《虹南作战史》，与其说是小说，不如说是政治与历史普及读本，所谓小说云云，无非是加了一些事例。不是说思想要含蓄吗？偏偏要反复强调你要说的那一两句话，你越不爱听我就越是要说——反正某处有人爱听嘛。不是说不能干巴巴，要有生活的细节，精美的刻画吗？我这里偏偏没有，只有高谈阔论，豪言壮语，虚张声势。不是说人物应该有自己的性格吗？性格服从于“政治”需要，让人物怎么样就怎么样，让人物说什么就说什么，直接充当作者的喇叭筒。不是说不要生造什么词儿吗？全国人都在唱“一颗红亮的心”，而过去是只有洪亮一词，绝无红亮之说的。反正只要有需要，怎么恶心你就怎么来，越是横冲直撞就越是刺激，有说头，新纪元，放心大胆地吹，吹破了天自有人接着。

王童：这不是一天形成的风气，可说是一种盲从的惯性使然，是一个怪圈。

王蒙：在我开始从事文学习作的时候，我把文学看得多么高啊。它是女神，它是天使，它是永恒，它是良心，它是火炬，它是神秘的灵感，它是永久的眷恋，它是人、社会、历史、民族、智慧和深情为自己竖立的纪念碑。它是春天的雨，它是夏天的雷电，它是秋天的云，它是冬天的雪花。它来自宇宙的天心、天启、天意。当你写出一行能称得上文学的文字的时候，你如得天启，如得祝福，如得心上人爱恋，如有神助。有花朵在绽开，有彩色在缤纷，有仙乐在奏响。

而现在你必须明白，这一切都没有啥了不起，这一切都必须服从需要，服从力量，此时的文学说到底是一个面人，他靠的是你揉捏。你让它往东，它不可能往西，你让它打狗，它不敢骂鸡。需要加一个人物，你就加一个人物。需要谁死谁就死，需要谁活谁就活……文艺哪里是女神？文艺分明是招之即来，挥之即去的待召女！文艺不过是一拨子最安全、最驯顺，不会跑也不会叫，烫不着人也扎不穿一块豆腐，一会儿装哭，一会儿装笑，一会儿装怒，一会儿装感动的废物！

王童：我觉得在某些文学艺术领域里，今天仍存在这种歇斯底里的创作模式，有些人已经习惯了，尽管不像"文革"那样大规模地呼喊。

王蒙：而且，最最令人深思、令人不能不正视的是，越是在这种令文学人寒心、令识者齿冷的情况下，越有人跃跃欲试，豁出去，不考虑脸面和常识。

我的心情则渐趋旁观、冰冷，乃至看笑话了。我知道至少是中国人太多了，无形的台阶太难攀升了，得意者、优胜者利用优势巩固自身压制旁人的办法太多了，各行各业，合理竞争，循序渐进，你简直没有多少机会，那时候竞争是非法的啊。于是，各行各业都出了一大批候补亡命徒至少是跃跃欲试者。

我也常常认真阅读包括上海的《学习与批判》上的大文章，一时间，梁效、江天、初澜、石一歌、洪广思的名字家喻户晓。

比较起来，我宁愿读浩然兄的《艳阳天》与《金光大道》，浩然毕竟是作家，而作家与非作家并非全无区别，虽然作家都是从非作家变化而来。经过这个过程与从未有这个过程，并不相同。我喜欢他写的中农——小算盘，来个客人也要丢给你一把韭菜，让你帮他择菜。我喜欢他写的京郊农民的俗话："傻子过年看隔(应读介)壁(应读儿化与上声)。""满世界"、"绕世界"什么，则是浩兄之误。农民俚语中没有"世界"这种文辞，应是"满是价"、"饶是价"。"是"是指示代词，"饶"是副词，如"饶有趣味"，"饶丢了钱还生了一回气"等。而"价"或"介"只是语气助词，如"好介"、"别介"、"甭介"等。当然，"金光大道"就更有"帮文学"的气味了，有横下一条心，六亲(指文学艺术之"亲")不认地豁出去了去迎合的烙印。另一方面，我看他写的英雄人物萧长春，高大泉，也为他的惨淡经营，调动出自己的全部神经与记忆，力图按要求写出有血有肉的英雄人物，力图使自己的文学才能、文学经验为所用而摇头点头，这样的苦心使我感动，使我叹息不已。

这其间我还有机会与部队作家孙景瑞相识，他的小说《难忘的战斗》在上海拍成了电影。在那个年代的电影中，这一部应该算是最好的。孙本人极谦虚稳重，谈什么事情都客观全面，有兄长之风。他来是为了一部新片的构思，写一个塔吉克人，英雄或者特务，我记不清了，被雪崩埋住，许多年后被发现了，然后如何如何。未果。难为了。

与他一起来的有上影一位老演员老导演，此兄本来“文革”中平安无事，但他实在不甘寂寞，不甘被人忘却，不甘置身于伟大的革命运动之外，便自己跳出来给自己贴大字报，终于被关入牛棚。他的故事倒也别致。

当然还有八个样板戏，又都拍了电影。在从伊犁刚到乌市时，我曾与音乐家协会的夏迪娅姆一起去看过芭蕾舞纪录影片《红色娘子军》，并深受教育。样板京剧的许多唱段我也学会了，但是唱得不好。

不时传来因攻击样板戏而有人被判刑的消息。令人愕然。同时，各种“解构”纷至沓来。《智取威虎山》中杨子荣见到座山雕时有对暗号一节，座山雕问杨，马是什么马，刀是什么刀？杨回答“卷毛青鬃马”、“日本指挥刀”，偏偏传出来百姓的说法：马是什么马？吹牛拍马！刀是什么刀？两面三刀！

而在一九七五年，我更勇敢地在乌市大十字——当时叫做“红卫路”的电器商店买了一台十四英寸的黑白电视接收机。这在芳的校园中，是第一台电视机。我们得以在电视屏幕上欣赏《春苗》、《红雨》、《决裂》、《沸腾的群山》与老电影：《地雷战》、《地道战》、《南征北战》和《小兵张嘎》，后者简称为“三战一嘎”。后来更出来了样板电影《闪闪的红星》，这样的电影里已经有一点艺术了，像饰演主角潘冬子的童星，像李双江的配唱，像江南的山水，像红军转移的场面，都很动人。有什么办法呢，精神食粮也如物质需要，供不应求的时候每一点东西(包括变质的与代用的)都那么珍贵，而供过于求的时候，说不定你感到的更多的是厌烦。

乌市那时常常停电，电视台也常出故障，停电复来后，屏幕上会出现“停电”二字，故障修好后出现“故障”二字。此时我的女儿伊欢来疆上了小学一年级，她早早学会了停电与故障几个字。

一九七五年后传来了手抄文学《梅花党》、《第二次握手》、《少女的心》之类的消息。听听故事梗概，这就是“文革”中的“地下文学”。却又是换来了一番严厉打击。只觉中国太大太不平衡也太花里胡哨，你闹什么他就有什么，你树先进就出先进，你重新组织文艺队伍他就是等着你组织的候选人。你读毛选就出学毛著积极分子，你打“右派”就出“右派”，你镇压啥一准也就有啥。说声走资派个个走资。说声三结合处处结合。唱什么歌出什么鸟。演什么戏出什么角。喊什么口号出什么错。需哭则哭，该笑则笑。要什么一定会有什么。不要什么也一定会有什么等着你去消灭。越消灭就越多，你的文武戏永远唱不完。

而另一面是生活，是日子，它消磨青春和意志，它也冷淡野心和狂热。

刺激长了，就没有了刺激。演戏多了，就变成了闹剧。天天革命，人人革命，事事革命，革命的感觉弥漫开来，浓度与强度便都日益衰减，悲壮精神与牺牲精神便都与日常的喜怒哀乐得失利害混合化合。越要彻底就越无边无际，最后连最初的热乎劲儿也失去了。各种理论各种原则各种骇世惊俗的冲动，最后都有可能变成应付差事的过场。你要他为你所用，为你的理念而奋斗，他其实是要你为他所用，为他的利害而选择。你有你的理念。我有我的好处。你大喝一声是为了警醒我。我大喝一声是为了使你听信。这样的“文革”生态，不是值得一叹的吗？这样的文武戏虽然唱不完，却也没有啥好唱的。

王童：万幸的是，那场浩劫与梦魇般的年代终于过去了。您在某种意义上获得了新生吧？

王蒙：一九七八年秋，更重大的事件是党的十一届三中全会的举行。借着三中全会的东风，文学界毫不犹豫地进行了一系列平反。三中全会一闭幕，在新侨饭店，举行了大规模的座谈会，宣布为一大批曾被错误地批判否定过的所谓毒草作品平反，其中就有《组织部新来的年轻人》，我得到通知，去开会和讲话。

我还有点不知就里，什么为《组织部新来的年轻人》平反？我自己怎么为自己平反？不是应该由组织来说话吗？怎么成了我个人的事情？到了会场，诗人柯岩热情地对我说：“你讲讲，你讲讲……”我说，“由我个人说合适吗？”她笑了，她说，“那你说点合适的……”

我的发言低调，无非是说那篇作品并非敌对，不必那样上纲上线。

别人讲了些什么我已完全忘记，但是许多多灾多难的作品，一股脑儿一家伙就解了禁了。解禁之容易如同动一根手指，我要说是糊里糊涂就没了事了，与狠打猛批时的庄严隆重、使出九牛二虎之力，雄辩而且煽情，叫做高屋建瓴而且势如破竹，成为鲜明的对比。

几个月以前，几个星期以前，还没有什么人会大胆设想二十年的一次又一次的大批判就这样土崩瓦解，云消雾散。万物生于有，有生于无，有终于变成了无，无中生有与有终归无，同样是万众一心，全无异议……这叫啥呢？

后来过了许多年，一次听陈荒煤同志对社科院的研究人员说：“请你们注意，不要随便写那种奉命的批判文章，写完，最后编你的评论集的时候，一篇也不能往集子里边收，我这方面是有教训的。”

宣传的声势很大很大。据说第二天早晨中央人民广播电台的新闻和报纸摘要节目的头条，就是一批文艺作品平反的消息，而《人民日报》的头条标题中特别提到了《组织部新来的年轻人》的名字。

那时有那时的朝气、勇气、豪气、热气，主持这一工作的不过是文联与作协的筹备组，定了，就干，赶紧干，也就成了。这就是潮流与民心的力量了。

我没听到广播，但是我爱人远在乌鲁木齐，听到了，她激动地写信来，说是中央已经向全世界宣布了对于王蒙作品的平反。

好像只剩下了我自己，似信非信，仍然有点二乎。

已是初冬，此会一过，我打道回乌鲁木齐去了。

岁末，我收到了寄来的一张《光明日报》，副刊上发表了我的《青春万岁后记》，这太出乎意外，我并没有将稿子给他们，是出版社拿过去的。小小后记，多少言语：

……我终于同意了，就让这往日的带着露珠的小草儿与读者见面吧，它多少也反映着新中国的朝阳的光辉……并谨以此书献给一九五三年北京市东四区马特洛索夫夏令营的朋友们……

回顾昨日，愧勉有加，瞻望明天，壮心不已。

这里有多少微笑，多少泪花，多少往事，多少当今！从开始写《青春万岁》，已有二十五年有余，等待的时间比我动笔时生命经历过的日月还长。历史荒唐与严酷起来几近疯狂，莫名其妙，如今却忽然间露出了笑脸，叫作脉脉含情。岁月已逝，青春何堪？何昔日之芳草兮，而今为此萧艾也！

然而堂堂正正的一张大报，代表着权威、地位与“精英社会”（虽然没有人承认这样的名词）的一张报纸，上面清晰无误地印刷着的长宋体字“王蒙”，印着更大的标题“《青春万岁》后记”黑体字。这怎么让人如此舒服！

舒服得何等悲伤！

一月，我收到了人民文学出版社召集长篇小说座谈会的邀请，乘伊尔62飞机去的。住在友谊宾馆。我与当时可能是在内蒙，后到了山西的焦祖尧同住一室，他的《工程师和他的女儿》一书刚刚出版。焦祖尧的作风比较稳健谦逊，易于相处。同会的还有内蒙的冯苓植，他的长篇小说《阿力玛斯之歌》是那个时期的重要作品。黑龙江的刘亚舟（不是刘亚洲）、上海的孙颙与竹林……多为新秀。我记得那时在会上大家谈得最多的仍然是文学与政治，文学与现实，文学与生活的关系。我则谈了两点略有创见的意见。一个我说，希望今后的作协不再具有消灭作家的职能。因为，前一个历史时期，作协的重要，作协的威严，恰恰在于每逢运动，作协一开重要会议，完结后，几个作家就这样被消灭——打入冷宫了。一个我说，文学要追寻我们的精神支柱，这比伤痕反思（历史经验教训)什么的更重要。我们的生活我们的人,失去了精神支柱,这太可怕了。我们曾经从左翼文艺运动中寻找精神支柱,我们曾经从前苏联文学中寻找精神支柱,我们曾经从一些著名人物的生平与事迹中寻找精神支柱,然而,可悲的是,这些支柱一一被连续摧毁了。这怎么成呢?

这个会当然表达了有关方面繁荣创作的心愿。会一开,也增加了穿着整齐,谈吐文雅的写作人的人五人六感。更重要的却是藉此进京,我完成了大事。经过一些手续,由当时的北京团市委给我下了“改正”通知,一九五八年的事不算了。还给我向新疆维吾尔自治区党委开出了党员组织关系介绍信,时在我离开北京到达新疆十五年余之后。似乎不可思议,反而低头无语。时间是可怕的,时间使激动变成了惶惑与木然。据说中国人的说法是得病如山倒,去病如抽丝,而我的政治急腹症,却是得病如排山倒海,风云雷电,如庄严的祭祀大典,去病如弹指儿戏,如早已褪了色走了味的淡茶。甚至没有什么人想多对你说一句话,说一句对不起或者祝你好运,或者,哪怕是请好自为之。

王童:按理说,您被下放之前是在共青团机构工作,平反也要由这个机构来落实呀!

王蒙:当然,共青团机构还不像别的单位,干部轮换很快,此时的团市委已经无人相识,接待我的至少小我十八岁的工作人员的态度冷淡,倨傲,彼此皆感陌生,互无兴趣,人家不过是执行公事。

世事变化,几个月后,团市委人员的面孔都变了。不是变新了而是变旧了:那些被认为是“文革”时期上来的团市委干部多转了岗,而此后的北京团市委,已经是由我们那个时期的团市委的老干部金鉴回来任书记,由我的老搭档王晋等任副书记了。王晋等老同事为了回来工作染黑了头发,并拉着我担任了北京市青联副主席。儿童文学作家刘厚明一直以此打趣,说是此时他任全国青联副主席,说明他正对口是我的“上级”。

与此差不多的同时,中共北京市委的调函也已开出,这时已经有了“摘帽办”,按照统一的政策负责改正错划与“收回”这些人员。

其中的李鲁已经去世。另一位被劳动教养后遣返家乡务农的广东人W,则还健在,似已接近耳聋眼瞎,不成样子了。我仗着年轻,硬算是没受太大的罪,不幸中有大幸焉。

这就算叫做沉冤昭雪吧,虽然这种说法对于我似乎有点封建性。平平静静地回到新疆以后,有一件小事倒是值得一提。就是此时至少是在新疆文联,邓丽君的歌曲风靡起来了。我很可惜那么多各类治史专家没有人研究一下上个世纪七十年代末八十年代初出现在中国内地的邓丽君热。没有人知道它是怎么来的,怎么站住的。谁是始作俑者呢?开头,似乎是偷偷地听,说偷听吧,又不像听到海外华语广播那么紧张那么犯私,“文革”中偷听“敌台”一项罪名足够判你个反革命,而邓丽君自始便是听则听矣,喜则喜矣,粉(丝)则粉矣,无大碍但也始终不那么合法。例如,时至今日,没有一个大电视台或广播电台正经八百地上过邓丽君的歌。没有一次正经八百的音乐会或歌舞晚会上上过邓丽君唱红了的歌。其中她唱的《何日君再来》与《夜来香》(都不是她首唱的)更始终具有一种政治上的可疑性质。开始时至少邓丽君是不登大雅之堂的,还有一种说法,说是在人家香港,邓丽君早已过时了,内地流行时邓某,纯粹是不赶趟儿。但这样说同样也能给邓丽君热降温。

一位现在已经誉满全球的定居海外的大作家老弟,就告诉过我,他写作时一定要用录放机放着邓丽君的歌曲。

王童:邓丽君的歌曲可说是启蒙了一代人,她的歌声让人性回归到了人间,也许这是她始料未及的。

王蒙:一九七九年春我"改正"(昭雪)完了回到新疆文联,听到一位天津籍的会计小女孩在放邓的歌曲,她坦然地向我推荐那首《千言万语》,说是怎么怎么好听。我听了两次,觉得不错,调调记了个八九不离十。但我只是莞尔一笑,没有说一句邓丽君歌曲的好话,说明其时我对意识形态问题仍抱着极其警惕与慎重的态度。从此我知道了个词叫"爱的寂寞",这个词是否通顺,是否无病呻吟,我一直抱着疑问,但它带来了些另类的感受,另类的信息。

而且我有时也哼哼起"爱的寂寞"来了,那时还不知道"千言万语"是歌名。我后来甚至想,允许文艺中出现一点无病呻吟,出现一点速朽准废料,出现一点浅薄小市民和搔首弄姿,撒娇撒赖,允许(不是提倡)唱一点诸如"我的心太软","爱就爱了","你背着我爱上了旁人","不求天长地久"之类的无聊之作,这当然不理想,但是却又难于避免。这当然可以批评,它的出现却仍然是一种宽松与和谐的符号,而不是动辄一脸悲情的阶级斗争硝烟。

好玩儿的是,一九八二年冬,我与一位长春作家傅先生同去西沙群岛,我没事就哼哼邓丽君式的"爱的寂寞",我咏的调儿十分不准,傅先生本来唱得好好的,被我的走调的"爱的寂寞"所误导,竟然一阵子怎么也唱不出应唱出的调子来了。看到他沮丧的样子,我像一个坏孩子完成了恶作剧一样,很有些欢喜。

后来,我倒是把"爱的寂寞"云云写到小说《蝴蝶》里去了。老导演齐兴家据此改编并导演的影片《大地之子》里出现了邓丽君的此歌,不知道这算一个亮点?花絮?噱头?纪念?

王童:在邓丽君的歌声中,您的文学创作也获得了另一轮的丰收吧?

王蒙：是的，当时又收到《人民文学》杂志社关于拙作《最宝贵的》获得一九七七、一九七八年度最佳短篇小说奖与即将在京召开颁奖大会的通知。我不好意思刚回来又走，我也知道整个自治区创作研究室(尚未恢复成文联)的出差费极困难，我这么连连飞去飞回，岂不缺德？但是北京方面极重视这个"文革"后的第一次小说颁奖，不断来电话催，最后我还是去了。

这次会议也带有劫后重逢、作家复活、文学复生、二十年后仍是一批好汉的性质。刘心武的《班主任》如新科状元。陆文夫的《献身》，萧平的《墓场与鲜花》，邓友梅的《我们的军长》，宗璞的《弦上的梦》，王愿坚的《足迹》都获了奖。这些应该算是所谓五十年代作家。此外还有贾平凹、贾大山、刘富道、祝兴运、李陀、成一、张承志、莫伸等新人的作品。卢新华的《伤痕》是发表在《文汇报》上的，是一大批同类作品命名为伤痕文学的来由，这次也获了奖。唯一的老作家是周立波，他的《湘江一夜》在获奖名单之上。张洁的《森林里来的孩子》在《北京文学》上一发表，就引起了极好的反响，而此文是《人民文学》的退稿。当时，我们住在"向阳一所"，据说这与"二所"都是为了众人瞻仰毛主席纪念堂而新修建的，现在，一所即崇文招待所，二所即宣武门招待所。茅盾，周扬，都在颁布奖会上讲了话，对于当时以刘心武为代表的伤痕文学，甚表支持。

外文局的日本籍专家押川雄孝参加了颁奖活动，抓住邓友梅与我等合影，我忍不住说刻薄话的恶习，便对邓说，想不到牛鬼蛇神一下子变成了珍禽异兽。后见到时为十岁的女儿伊欢，我也自嘲变成了珍禽异兽。女儿当然不理解我的命运变迁，却已经学过珍禽异兽一词，为了表示她完全懂这个词，她从字面上解释说："金丝猴！"我大笑如哭。

李陀的得奖作品是《愿你听到这首歌》。李时称小孟，真名孟克勤，达斡尔族，工人，讲话非常生动，喜欢东拉西扯，引经据典。贾大山评曰"……真是上知天文，下知地理哟！"话中不无别的话。

张承志的得奖作品是《骑手为什么歌唱母亲》，相当正面地叙述蒙古族牧民中插队时对于蒙古劳动人民、老额吉的情感，我是很能够体会这种情感的，这里边有美好的东西。而历史是被十分粗糙地记忆着的，后来，上山下乡越来越被写成一个大灾难了。而这些灾难的描写，也有十足的真实依据。

时列榜眼——第二名的是王亚平的小说《神圣的使命》，写一个老公安干部平冤假错案的故事。《人民日报》曾经专门发表一篇评论员文章，支持和提倡这篇作品，我想这后面有与"凡是派"斗争的背景，但对于一篇小说来说，也够吓人的。小王是获奖作者中年龄最小的一位，后来去美国读中国现当代文学。我在一九八二年在纽约见过他一次，后来失去了联系。另一名唯一以科幻故事入围的作者是四川大学教师童恩正，篇名《珊瑚岛上的死光》，后来也移民美国。而卢新华则很有一段时间在美国某俱乐部当分牌员，近年还写了以赌城生活为题材的书。我早就在小说里写过，中国人的戏路子最宽。

萧平的作品一直受我喜爱，他的《海滨的孩子》写得远远好于我们一些人，却只是一九五六年第一次青年创作会议的列席代表，使我为之不平。他的写老区革命者的文字如《三月雪》，也极受好评。这次他的获奖小说，相对来说比较平缓悠长，多了些人生沧桑的感慨，少了些深揭猛批的急迫。后来他任烟台师范学院院长，新作渐稀。九十年代见到他时，他已退休，颇有笑看花开花落，闲说云长云消的从容。还有一名似乎是六十年代后渐渐出名的写农村题材的作家张有德，他的获奖小说是《辣椒》，写得极好，无后来的音讯。

生活越来越正常化，反而是平常化了。不知道对于追求暴风和雷电的人来说，这后来的宝刀入鞘，马放南山的一切，幸欤，悲欤？

历史的转变也提供了机遇，一大批当时的所谓"中、青年作家"红火了起来。有人抱怨此后的写得更好的人未必得到了同样的重视与安排（如当了什么委员什么理事之类，不要以为作家应该清高，作家俗起来是能够做到比一切俗人都恶俗的，正像作家如果真的而不是假的清高起来，确实可以脱俗拔尘一样）。

还有的说那时得奖的作品只是伪文学，这也完全脱离了当时的情况，只能说如此站着说话不腰疼的人太幸福了，你们总算掉到蜜罐子啦。你们总算可以指点江山，激扬文字，粪土一切得过二百元奖金的冲锋陷阵的作家们了，你们已经是说大话不用上税的了，祝贺你们。

领完奖回到新疆，开始办理调回北京的事宜。只是在这时刻我想起了点自己的豪情，或者叫做牛皮。想当初来疆的时候我曾经私下说过，能做出一番事业，户口在哪儿，关系在哪儿，算哪儿的人，根本不是问题。天生我材必有用，千金散尽还复来。有力量走，就有力量回。而如果未能做成什么，好吧，长叹一声，是我没有出息——我是无怨无悔。新疆待长了以后，我确实并无长铗之叹，我多次对姐姐说过，我现在已经是"胡人"了。有好友和亲属对我说，新疆好是好，只是太远了些。我回答说，你们在北京，觉得新疆远，我在新疆，还觉得北京远呢。

我受到了自治区文联诸同志的热情相送，各种好话，暖人心肺。作协秘书长韩文辉（后任新疆新华分社社长），特别说王某的"思想很好"。人在逆境，往往会谦虚谨慎，注意尊重他人，克制私心，克制骄娇蛮横……对于老韩对我的夸奖，我做如是解。

我变得很期待，很忙碌，要读要写要关注全国的政治形势与文化动态（谁让我这一辈子个人的命运与大形势老是那么息息相关），要与新老文友与各有关方面联系，与新疆某些老友在一起，开始感觉陪不起时间了，一喝酒大半天，划拳行令，我心疼时间心疼得要命。呜呼，我开始变化了吗？鲁迅诗云，一阔脸就变，所砍头渐多。我并没有阔，也没有砍谁谁头的动机，但是我已经发现了自己在起一些变化。以此为题材，我写了小说《友人和烟》，已经无法是好了，好事坏事，大事小事，已经都成了小说的题材，小说的资源。可资炫耀的，要写，笃定挨骂的，也得写出来。果然，我的新疆酒友们对此篇大不以为然。

一九七九年六月十二日，我与芳“举家”乘七十次列车离开乌鲁木齐，大儿子王山还在新疆大学读书，不跟着我们。二儿子王石则在陕西读军校。女儿伊欢，一九七八年底已经回到北京借读小学。那时新疆是春季始业，北京是秋季始业，她等于跳了半年班，对付了一下子，也跟上了。

到站台上送我们的达四十多人，车内车外，竟然哭成了一片。芳一直哭个不停。新疆，我们有缘，你对我们有恩，客观上，正是新疆人保护了我，新疆风习培育了我，新疆的雄阔开拓了我，新疆的尤其是维吾尔族人的幽默熏陶了我。不论是在什么特殊情况下来的新疆，新疆好，新疆维吾尔自治区人好，新疆的值得学习消化的知识多，新疆的文化对于逆境者是一件御寒的袷袢，是一碗热茶。有生之年，我永远爱新疆，想念新疆，我永远会怀着最美好的心情回忆我在新疆的经历。虽然也有苦涩，整体仍是阳光。

我想起了老房东阿卜都热合曼突然高兴时唱的一首歌：

我也要去啊，
在世界上转一转，
如果平安啊，
回到生我养我的故乡。

维语发音用拉丁字母拼写则是：

Manm○badman，
Dunyaaylinixka，
Isanb○lsamkalarman，
T○g○lgan○skanyarimga

而维吾尔族人的一个家喻户晓的谚语：“好男儿自当经历一切（酸甜苦辣）。”

王童：后来，在您人生中最重要的一笔，是您当了几年的文化部部长，这很让人感兴趣，而实际上作家当文化部长，也是顺理成章的事。我记得初次见到您还是您当部长到内蒙古视察时，当时，我作为内蒙古《鸿雁》杂志的编辑，忙着让心中的偶像您给签名。

王蒙：这事我都快忘了。说起当文化部长的事，记得有一次正是朋友前来文化部办什么事，我见到了他，他问："怎么样？当部长的滋味如何？"

受尊敬，说话管用。文化部可不是作协，部长说什么，在文件上批注什么，都有人记录、传达、贯彻、落实。好多年了，我很不喜欢"调演"这个词，文艺不是物资，不是部队，不宜于用调拨之类的指令性字眼儿。过去，这样想了说了，和没想没说一样，现在，一说，立即改过，变成文化部邀请进京演出了。

王童：在文化部不是纯作家的感觉，因您也开始发号施令管人了。

王蒙：也管一些事。当时的许多艺术大专院校的毕业生，一毕业就出国走了。这里有一个问题就是教育成本，培养一个艺术高等学府的毕业生比一个普通高校的毕业生要多用许多人民的钱。我于是下令制定了一些管理与补偿办法，使享受国家的艺术教育的学子也遵照契约承担毕业后一定的服务义务。恰恰是我的意见变成了管理条例，也限制了一些人的自由出走，包括一些大人物的子弟。我为此还批评了一位拿国家利益做人情的副部长。

中央音乐学院有一位硕士生，迪丽拜尔，因为是新疆维吾尔族，我与她熟识。最早还是在一九八六年初李一氓同志主持的国际交流协会成立会议上，我见到了她，用维吾尔语与她攀谈，把她吓了一跳。她为自己的婚姻问题而极苦恼，她有一个恋人，但家乡人包括亲属考虑到民族宗教问题，多有阻拦。我乃找了当时的民委主任司马义·艾买提同志，以我们两个人的名义写信，说明迪的未婚夫的民族属性不会有问题；并请新疆的老领导赛福鼎同志亲自做他们的主婚人，主持了他们的婚礼，也算做了一件好事。只是她成婚时我正出访英国，乃委托高占祥同志代表我去祝贺。

一九八六年八月，我首次去到了西藏，参加雪顿（戏剧）节。西藏的自然风貌与人文特色都十分迷人。那里的天蓝润如玉，那里的雪山晶莹美洁，那里的寺庙高大雄伟，依山高耸，那里的经幡迎风飘舞。

我写了一首长诗《西藏的遐思》，我歌唱了西藏的自然与宗教、风习，我表达了对于雪域高原的人们的质朴与天真的怜爱，我呼唤了理解与和睦，我表达了对于自然与人的无限伸延与变化的可能性的相信，我期待着更永恒与阔大的境悟。李一氓同志写了诗评，刊登在《人民日报》上。此诗译成了意大利语，并成为我获得蒙德罗文学奖的由头之一。

我有机会在拉萨近距离接触到歌唱家才旦卓玛，她的《唱支山歌给党听》与《北京有个金太阳》永远无与伦比，催人泪下。对于这样一个农奴出身的歌唱家，我确实有深情焉。得知她的住房还很困难,我与西藏自治区当时的书记武精隆同志认真谈了谈,我特别向武书记介绍了周总理生前对才旦的关心。后来,在该区换届时,才旦被选为区政协副主席,副省级待遇,各种生活问题迎刃而解。此后,新疆的维吾尔族歌唱家帕夏·依仙也成了自治区政协副主席,咸有荣焉,咸有乐焉。

也有的事说了基本白说。我参加在人民大会堂小礼堂的招待外国元首的文艺演出,发现麦克风的使用令人震耳欲聋,更不要说声音的失真了。我也正好在报上看到新凤霞的文章,说到扩音器的滥用如何违背了戏曲表演的优良传统。我说了多次,我写过文章,我还写了一篇讽刺小说叫《音响炎》,结果收效等于零。我记得有一次是一个高级别、高规格的演出,其中有男女声的西洋歌剧清唱。结果有高级人士喊叫:“加个麦克风!”技术带来便利也可能带来灾难,尤其是带来艺术功力与趣味的退化,信然。

帕瓦罗蒂的来访,是先我之到文化部就安排好了的,我不能贪天之功为己有,但是,我高度重视这次访问演出。我在人民大会堂欢迎帕瓦罗蒂的宴会上讲话提出,真正的艺术是超出国界的,帕瓦罗蒂属于意大利,属于拿玻里,同时也属于人类,属于中国。我的这个说法不无新意,而且起了很大作用,此后,一些大艺术家、大知识分子到中国来,部里的其他领导同志也讲过类似的意思。

由于胡耀邦才刚访问意大利归来,他在中南海宴请了帕瓦罗蒂,我们还邀请了刘唯唯等演员与帕共进午餐。此次午宴中,根据耀邦同志意见,增加安排了全体意方客人到桂林——漓江一游。是由于意大使盛赞桂林风光,而耀邦盛赞意大利的自然风光。瓦罗蒂我们把帕的压轴演出从展览馆剧场改到人民大会堂举行,那一天的演出各方面重要人士出席得极多,是真正做到了辉煌鼎盛。

那一天的帕瓦罗蒂也极兴奋,白天他去大会堂试了音。他还参观了故宫的曾侯乙编钟,用编钟敲出了拿玻里民歌《我的太阳》。他拿着一块小手绢上场下场,大个儿显出一种妩媚。他一个人的声音充实了整个大会堂,激动了整个大会堂,震撼了整个大会堂,到处都是金声玉振,摇曳多姿,深情似海,雍容丰满。人人的脸上都显出了感动、惊叹、满足与幸福。唱完《我的太阳》以后又加演了《重归苏连托》,这后一首歌竟然比前者还多情。《多情应笑我醉心》,意大利歌曲。一个帕瓦罗蒂就让你体验到了生命、宇宙、万物、青春与欧洲。作为文化部长更是作为听者,我太满足了。这样的满足,一生能有几回?

帕的前来演出的后续效应应该说是普拉西多·多明戈的前来。为此,我与西班牙驻华大使进行了特别顺利的协商。那时的中国的经济状况决定,我们不但不付演出费用,而且负担不起全部国际旅费,我们能够尽地主之谊的是演出人员来到中国以后的住宿、用餐与参观访问的费用。但西班牙大使提出,多明戈夫妇还有一位身边工作人员(抑或是钢琴伴奏者），似乎还有一位经纪人，共四个人的国际旅费希望中国方面负担，以显示中方之待客心意。我立即同意并回答此四人一律头等舱。我还表示，我们将向多明戈赠送高档礼品以表敬意与友谊。我还提出由文化部与西使馆联合在人民大会堂召开新闻发布会。大使极为高兴，全部达成协议，说办就办。此后过了十几年，再请什么“三大男高音”就要讲几十万美元的报酬了，这倒也是一例，证明中国发展得何等迅速。

多明戈的演唱活动同样取得了极大的成功，此后，时隔十几年，多明戈到上海演出时遇到西班牙驻华大使，转了一圈，八十年代的大使在中国开始了他的第二个任期。多明戈见到老大使，特意在他的演出说明书上写了一段话向我致意。上海的传媒竟说什么后面这一次在上海的演出是多明戈第一次访华，太不像话了。

八十年代，对外友协曾计划请另一位西班牙裔美国歌手胡里欧·衣德里塞亚斯来华并在人民大会堂演出。我考虑到他是唱通俗唱法的，不知在人民大会堂演出是否合适，便否决了此事，现在，这些讲究已经没有了，但是我觉得对于大会堂的演出仍然应抱较严肃的态度，我不知道我当时的处理是否适当。其实我个人早就自美国买到了胡里欧的唱带，我也喜欢听他的热情歌曲，他的一首《致所有我爱过的女孩子们》，光看这标题也够浪漫的了。

事物是慢慢发展的。早在我到文化部以前，我的前任朱穆之同志就在日本看过日本版的音乐剧《猫》，当时的日本剧团的导演千田是野先生是日中文化交流协会的主要代表人物之一。他曾经希望此剧能到中国访问演出。但是中国负责人看了却觉得不宜拍板，原因是此剧给人以一种群魔乱舞，一舞台的牛鬼猫神的感觉。我到部里后，调看过一些《猫》的片段，我也不敢说让他们到中国演出。此后若干年，此剧来了，在上海也在北京演出了，票价不菲，还是蛮成功的。你想了解从设防不让《猫》进口，到解禁的过程吗？让我告诉你这个过程就是“期以时日，自然而然”八个大字。

时间本身具有一种改变的力量，时间可能使美丽变成衰老，使锐气变得迟钝，使迅捷变为慢慢腾腾。然而，时间也会使陌生变得熟悉，使格格不入变得能够接受，使大惊小怪变成不过如此，使先入为主变成以实求实。

乐观主义者期待时间。悲观主义者则只能痛哭时间的不待人不饶人。

令人感叹的还有与外国互设文化中心问题。我在任期间，是没有这个条件的，我方的合理防范心理也比较重。我们花了许多钱，但是只同意在一些非洲不太大的国家设立我们的文化中心，却不希望西方国家在中国设立他们的文化中心。为此，我专门与外事工作方面的权威人士做过探讨，但是我方的防范仍然占据着主导地位。有一个国家，两国政府首脑已经协议了该国在北京建立类似文化中心的机构，我们的任务仍然是限制其在华活动不能超出教授语言的范围。

现在的情况已经是多么的不同了啊。除了贝宁、毛里求斯、埃及以外，目前我们与法国、德国、西班牙、韩国、印度、埃及、英国、俄罗斯、哈萨克斯坦等多少国家已经或正在互设文化中心了啊！

仅仅从这样一些文化生活中的细节，也可以看出，中国社会中国生活已经发生了怎样巨大的变化。

与两位世界顶尖的大歌唱家的成功来访成对比的是不成功的意大利著名作家阿尔贝托·莫拉维亚的来访。莫出生于一九〇七年，墨索里尼时期他坚持不合作态度，数次被逐出意大利。他一生总共写了十七部长篇小说，十二部短篇小说，十部剧作，十部评论集和游记。他是意大利新现实主义的代表人物，他的《罗马故事》描写小人物的辛酸和社会的异化，堪称脍炙人口。他当过国际笔会主席，他的作品的数量与影响都非常大。他以八十岁的高龄前来中国，说明他对中国的变化极感兴趣，他希望能见到中国的领导人，并写一本关于中国的书。结果未能如愿。而正如国人有喜欢猜测生事者一样，意方也有喜欢无中生有地分析问题的长舌者，他们分析并向莫拉维亚传话说，莫拉维亚一见到我就谈起他喜欢读中国古代小说《肉蒲团》，是大大的失策。因为《肉》书内容色情，为中国所禁，正因如此，中国领导人拒绝与他会见。

当时国务院有个规定，说明什么什么样的人才可以由有关部门提出要求与国家领导人会见。这样的人当中包括达到一定职位的外国高官，也包括跨国大亨，其中没有文化人。此前，文化部希望国家领导人见一下英国的梅纽因，也没有成功。梅对中国是极其热情的，也是重量级音乐大师。我上任文化部部长以后，他每年都给我寄有他与夫人的近照的贺年卡来。我专门起草了一份报告，以文化部的名义上报国务院，建议在领导人考虑会见的外国客人中加上那些卓有成就和影响巨大的文化名人。这份报告得到了原则上的肯定的答复。

据说莫拉维亚回国后心情不好，对他的中国之行颇觉无趣。我听说后也有些不安，每次途经或逗留罗马时，都委托我驻意大利使馆文化处以我的名义向莫拉维亚赠送鲜花一束，并附上问候。但是再没有得到莫老的回应。

从一九八六年四月，到一九八九年九月，我一共在文化部上岗三年零五个月。至今我仍然受到文化部的多方照拂，受到文化部新老领导与工作人员的善降，我是很惭愧的。

大约二十年后，我写到这一段往事时，恰逢《诗刊》五十周年选了一首短诗《旅店》：

需要一把钥匙

哪一把呢
是宿命也是随机
有了这钢铁的数码
一瓶香槟一桌酒席
不问你是谁
比爱情还温柔也许
声音形象色彩香气
窗下的街道和海翻腾
许多镜子一个自己
能够忍受比妻子
还周到的体贴吗
像忍受猫爪的捉弄
电梯总是板着面孔
接受你与你的行李
吐出你与你的行李
无须告别门已关闭
对旁人如法炮制
一个潦草的故事
一个陌生亲切的世界
在时限内结账前
属于你

比诗作于一九八八年,正在部长任上,相对比较顺利的时期。我写到了宿命、随机、周到、体贴、捉弄、翻腾、许多镜子,一个自己,板着脸的电梯,不待告别——已经关闭,陌生、潦草、亲切、时限……好极了,这首诗写出了我的人生的滋味,旅行——住店的滋味,也写出了一些部长的滋味。

王童:总结您在新中国成立60年的成长经历,您有些什么感慨呢?

王蒙:我寻求一种感动,或云:将这种感动视为最重要的目标。所以我走上了文学,走入了革命。同样的感动常常表现在音乐对我的征服上,这里,音乐比文学更直接也更少其他因素的干扰。但同时它更具技术性的困难,例如我既没有乐器的装备也没有音乐的训练,所以我没有真正走进音乐。柴可夫斯基与贝多芬,勃拉姆斯与舒曼,刘天华与传统戏曲，苏联歌曲与美国乡村歌曲，直至日本的民歌，都感动过我，像托尔斯泰、像契诃夫、像陀思妥耶夫斯基一样，像《红楼梦》和唐诗宋词一样地感动过我。尤其是在年轻的时候。尤其是维吾尔族的歌曲。忧郁是歌曲的灵魂。这是大诗人纳瓦依的名句。我永远不会忘记，最最艰难的时代，午夜，受苦的赶车夫喝了几碗酒，高唱着"羊羔一样的黑黑的眼睛，我愿为你献出生命"走过我的窗口，循环往复，越唱越悲，越唱越烈，泪如泉涌，心如火烧，歌如涨潮……哪怕你一辈子只会唱这一首歌，就不算虚度生命。……而文学作品，就是我的歌，我的交响，我的协奏，我的快板与行板，我的生命的节奏与旋律。

文字不但是有魅力的，而且是有魔力的。通过文字，我寻找生命的密码，爱情的密码，我相信生命是一个寻找密码的过程。同样革命的命运与前途，也会从这样的密码中得到领悟。读到《贵族之家》的结尾，读到普希金的"同干一杯吧/我的不幸的青春时代的好友让我们用酒来浇愁/酒杯在哪儿？/像这样欢乐就涌上了心头"，读到"休对故人思故国，且将新火试新茶，诗酒趁年华"，读到"无产阶级失却的是锁链，得到的是全世界"，我感到的是喜悦也是涕泪，是升腾也是永远。生命之所以有价值，就因为它能够感动，生命的滋味就是感动的滋味，生命的纪念就是感动的重温。

有许多事情我说不清楚，想不清楚：关于生命，关于生存，关于死亡，关于我至少应该真正地感动一辈子，我至少一辈子应该有几件，颇有几件事真正让我感动。

感动就是生的与死的滋味，就是到太阳系、到大地上、到神州河山中走一趟的真滋真味。

我不是魏晋逸士，我不会归隐山林。我不是疯魔艺术家，我永远不会像凡·高那样割下自己的耳朵。我有时候能够做到冷静和计算，自我保护得恰到好处。然而我永远不是干练的不粘锅，不是东方不败，不是常操胜券者，不是幸运儿也不是太极冠军，我完全不是一个善打算盘的人；因为与利益和成功相比较，我还在追求，有时候是忘乎所以地去追求：感动。没有感动的成功，对于我不仅味同嚼蜡而且反胃催呕。没有感动的成功就是没有爱的做爱，那更像是灾难。当我绷起政治的弓弦的时候，有时也差不多可以做到滴水不漏。当我追求感动的时候，我突然变得傻气盎然，满不论(吝)啦，我根本不计后果……您哪。

感动里当然包含着对于反感动伪感动蠢感动的冷嘲热讽，冷嘲热讽的背后，埋藏着的是对于真正的感动的执迷，冷嘲热讽而达到了尽兴，也是一种感动和娱乐。

我的感动一点也不艰深，不吝色，不自恋和顾影自怜。一曲梅花大鼓《探晴雯》，一首李商隐的无题诗，一座山峰，一片浪花，一座老屋子，一棵大树或者一株小苗，一叶扁舟，一钩残月或者落到海里去的太阳，时而使我感到生命的极致。西班牙格拉纳达的阿拉伯花园与比利时布鲁日的建筑，颐和园里的谐趣园与西湖边的平湖秋月，已经足够我感动得潸然泪下。连续听或者唱几首我所喜爱的歌曲，已经使我觉得此生再无所求。曾经在中国作家协会北戴河创作之家的西院，我从网络里下载了前苏联歌曲《灯光》，而且不是原版，只是我国黑鸭子乐队的小合唱，带有夜总会气息的歌唱，然而我仍然感动得泪水涌现：

……前线光荣的大家庭
迎接着青年，
到处都是同志
到处是朋友，
可是他总也忘不掉
那熟悉的街道，
那里有可爱的姑娘
和亲爱的灯光。
为了苏维埃祖国
和亲爱的灯光……

“想起姑娘的话，战斗更勇敢”，这样的歌词使我立即泪水夺眶。一旦把青春、爱情与为了正义的英勇战斗连接在一起，我就无法自持。

你可能成功，也可能蹉跎一世，可能伟大也可能渺小如蚁，你可能幸运而且得到公众的宠爱，你也可能总是被误解，被错会了意。高尚有高尚的代价，低下有低下的收益，清高有清高的寂寞，浑水摸鱼有浑水摸鱼的红火，智慧有智慧的痛苦，愚傻有愚傻的福气。然而你活一辈子总该有几次感动的充盈，充盈的感动。你的生存的标志应该是感觉，感觉的最高阶段是感动。没有感动的成功是麻木的成功，而麻木的成功也许还不如痛惜与失败。也许与快乐相比，悲伤与痛苦更容易让人感动。当我为自己的失败，为好人的早逝，为朋友的离开而感动的时候，感动有可能得到一种升华，成为一种骄傲和平静，哪怕是只成为一抹苦笑。

感动里有幼稚的伤感，有淡淡的哀愁，有廉价的泪眼婆娑，有远远谈不上百炼成钢的软弱……对此，我作过反省，我还会作反省的。然而我更加珍视，更加自信的是一种坦诚，一种胸怀和境界，是那阴暗的、肮脏的、狭窄的、渺小与无能的人儿一辈子也够不上、摸不着、更理解不了的坦诚、明朗与善良。是落泪后的含笑，是伤痛后的释然，是奉陪后的挥手告辞，是忘记别人的伤害，是永远对人抱着期望，是自得其乐、其乐在我的主动。

我明朗所以我不忌恨什么人，我不忌恨，不记仇，不怨嗟，不嘀嘀咕咕，不“给他小碗他不要、给他大碗他害臊”，不小肚鸡肠，不占便宜没够，吃亏难受，不自己折磨自己也折磨旁人。

我明朗还由于我没有过分的贪欲与野心。Every dog has it is period。每条狗都有自己的时间段，这是英国谚语。自然满足人的需要，却不能满足人的贪欲，这是印度圣雄甘地的名言。需要珍惜的是你已经拥有与可能拥有的，而不是痛心于你渴望得到而最终没有得到的。你得到的太多，你一定会招人厌烦。你得到的稍微少了那么一点点，你反而会得到最珍贵的同情与赞美。其实，你得到的已经大大超过了你被掠夺的了，不知多了凡几了。冥冥之中有那么一个填平找齐的机制，冥冥之中有大道存焉。

我的善的信仰与对于快乐与幸福，健康与诚信的追求是分割不开的。我坚信阴暗损毁着细胞，而善意是一种营养，是富氧的空气，是润泽的雨露。我坚信阴谋诡计会恶性地耗费脑汁，造成智商的急剧下降而自以为得计。我坚信心胸狭隘会影响功能，制造萎缩，造成各种系统的器质性病变。我坚信多疑不但折磨神经而且影响视觉、听觉、味觉与房事。

我还坚信，那种僵化，那种死抱着过时的条条框框不放的横眉立目，那种不知今夕何夕的牢骚满腹，格格不入，不仅影响了知觉的敏锐，而且削弱了生命与体征，自吹自擂的结果只能是自取灭亡。

善的结果接近谦虚，接近耳聪目明，接近天籁地籁与人籁，接近宇宙固有的灵动与启示，接近生活与百姓，接近时代的变迁，接近淳朴的乐天与单纯的生趣。而以凶神恶煞拔份儿的结果，即使也能欺骗一时，最后只能是害人害己。

我喜欢与追求的是智慧与文明而不是愚蠢与无知，不是以蛮横为个性，以简单表面为明白，以煽情咋呼为哗众取宠的手段，以谩骂与恶毒代替思想与论证，以与人为恶为做人的法门，以念念有词为能事。更休要提那种以编造与谎言来参与的“斗争”了，他们怎么可能不患病变？

智慧在于理解，理解天文和地理，理解人文和宇宙，理解那么多难以理解的事物与道理。

智慧在于沟通，沟通人情人性，沟通邻居与万国。有智慧的人不再愤愤然，不再急赤白脸，不再冤屈窝囊，不再抱怨仇恨。对于世界和人，不抱过分的幻想也不抱过分的悲伤，不感到太多的一厢情愿也不感到太多的失望，不轻易将谁谁视为寇雠，也不视为救星与再生父母。混乱中会有几分清明，激动中会有几分平静，众人丑态百出的时候面带微笑，猖狂咆哮的时候他缓缓转过了身，哪怕只是去寻找一只翠鸟，一条小鲫。嫉妒的切齿声中你会忍俊不禁，胡说八道的污水泼来的时候你会索性去唱一首爱情歌曲。就是到了最后的时刻，你也会坦然面对天道的运转，大道的无终无始。

请问是智慧美丽，还是愚而诈、傻而号叫、不知就里就闹腾、蛮不讲理耍光棍更好看呢？

智慧还是一种宽宏。

泰山不让土壤，故能成其大；河海不择细流，故能就其深；王者不却众庶，故能明其德；是以地五四方，民无异国，四时充美，鬼神降福。我坚信李斯的上述论述是对的，是大智慧与大精彩。我至今还极少发现过，绝对的一无可取的人和思想。愚蠢也是一种风格，他提供了喜剧的模型。横蛮也是一种悲哀，是惩罚也是戏弄。欺骗也是一种走失，最终是自己欺骗自己。谬误多半是瞎子摸象时不幸只摸到了象耳朵，甚至摸到的是象旁边的癞蛤蟆或者四脚蛇。为艺术而艺术，为人生而艺术，所以争得头破血流是因为从前提上就只看到了艺术与人生的分割却没有看到它们的相互生成、相互影响、相互作用、相互吸引。当然分歧与斗争是不可避免的，而等到时过境迁、平心静气下来再想一想，也许你会发现你与你的对手都有片面性、极端性与夸张煽情不够理性的地方。

所以我越来越追求包容与整合，追求大美大善的可沟通性、可结合性、可互补性。我相信仁义、慈悲、博爱、公正、自由、平等、人权、民本、民主、正义、尊严与独立是相通的，和平、和谐、理性、智慧、科学发展以及与人为善是相通的。我相信善良和善良终会坐到一起，而凶恶和乖戾终究会日暮途穷，气息奄奄，直至寿终正寝，至少是慢慢歇息则个。

面对这样多的纷繁与曲折，误读与偏执，我有两个法宝：一个是包容与整合；一个是超越与原谅。我与你一样是凡人，我只要求自己比你宽一厘米，高一厘米，你斤斤计较的我可以付之一笑。有时候也不是完全不动火气，但是哪怕咬牙也要坚持就是要高你一厘米，坚持着坚持着，却原来一切都很自然了，不必着急，不必用力，不必——一点也不用咬牙了。原来你在那里争来争去，只是一场空，你在那里急来急去，都是闹笑话。你的轻举妄动，只是枉费心机。你为什么老是想向我下手？就是因为你实际上处于劣势，你太笨，你就剩了干巴巴几根筋，你文思早已枯竭，你语言早已无味，你的理论本来就是零，你的趣味早已蒸发光净。你早已脱离实际、脱离生活、脱离了百姓、脱离了时代、脱离了同行，你把自己变成了钉在纸面或者塑料板上的标本，却以为是自树榜样。你的翅膀已经不能扑动，你的头脑已经麻木不灵，你的思想已经变成了小驴转磨，自我循环。您都这样了，我如何能与您认真？陪您练活儿？

唉，天可怜见，我该怎么帮帮你？

超越还意味着宽广。我是那样沉醉于旁人看来截然相反的领域，不能兼得的领域。例如代数几何与小说诗歌，梆子高腔与西洋交响乐，抽象思辨与细节形象，吟风弄月与忧国忧民，嬉笑怒骂与神圣庄严，长啸高歌与燕子呢喃，排忧解难与逍遥物外，洋装、唐装、土布与华达呢中山服，干脆说入世与相对出世，我从小喜欢的王国维的说法，叫做入乎其内与出乎其外。东方不亮西方亮，丢了南方有北方，不写小说写言论，不译英语译维吾尔语，不当官了当教授，不住洋房楼房住土房，我们的生活多么辽阔广大，它有无限天地和选择，如风如电如雨如云如秋水明月，如长空沧海，如大漠高风，人莫予毒，你老是白白费劲。不是说我已经做到这样的出神入化，至少为自己树立了目标，而不是只树立一个对手，而且仍然是，必须是有所不为。

而原谅旁人的目的是原谅自己，人最最容易伤害的不是他人仇人而是自己。心胸狭隘，心怀怨恨，伤害的不是旁人而是自身。当你原谅了某些宵小，也就意味着你完全不必要去在意一些不愉快的事情，不必要在无聊的针尖麦芒上费时间与精力，不必要以眼还眼、以牙还牙，你给他或她留下了足够的转弯的空间，也就是为自己留下了减少一个蚊蝇，增加一株花草的可能，原谅了他人就是保护了自己，善待了自己，抚慰了自己，增加了自己的自信。起码你相信自己完全不是那些小动作所能奈何的。即使不怀好意者一时得逞，最后情况仍然会走向另一面。

王童：可人们总是不由自主地走进了一个个误区。

王蒙：问题全在选择，你选择了高雅，你必须轻蔑那一切的低俗。你选择了善良，你必须以德报怨，化仇为友。你选择了凭作品，靠格子——用一位大导演的话来说，咱们是卖力气吃饭的，你就不要再盯着任何头衔与权力。你选择了建设性品格，你就干脆放弃格斗的装备与训练，用我爱说的话，叫做不设防。你选择了成为王某人，你就再不可以掂量张三李四赵五钱六的得失赔赚。让他们去做买空卖空的买卖去吧，让他们去做大言欺世的事业去吧，让他们去做装腔作势的神灵去吧，让他们去做一本万利的生意去吧，让他们天天报材料写告状信动辄咬牙切齿去吧，而你是王某，你享受着王某的感动与滋味，你获得了王某的花朵与果实，你达到了王某的坦诚与快乐自由，你也理所当然地付出了而且必将继续付出王某应付的、难以避免的代价。

代价也不是纯然的消耗与委屈。沉默者也有生活，等待者也有头脑，丢失也是风度。你什么时候都可以学习，你什么时候都可以内敛和调理，你什么时候都可以欣赏和研究这个有趣多多的世界。你什么时候都能用审美的态度对待一切好运和噩运，好人和坏人。在审美的胸怀里,好运可能显得滑稽,噩运可能显得崇高,好人可能显得益发沉静,而坏人显得焦躁闹腾。于是,你获得一个接近真实与真理的不同的维度。

与容受与整合、超越与原谅一样重要的,也许更重要的是自省。吾日三省吾身,这是太对太对了。活到老,学到老,自省到老。我是王蒙,我同时是王蒙的审视者,评论者。我是作者,也是读者、编辑与评论者。我是镜子里的那个形象,也是在挑剔地照镜子的那个不易蒙混过关的检查者。

我自省我的革命,我无怨无悔于我的少年时代的选择,我坚信中国的人民革命是不可避免的与完全必要的,同时我也看到了幼稚,看到了过分的、无所不包的应许,看到了仅仅有革命的激情与献身,热血与斗志,并不就能给祖国和人民谋到福祉,越是革命者越要做到在革命胜利后转向务实的发展与和谐,转向科学和理性,慎重和责任,自省与与时俱进。不能够自省的革命者不是革命者而是以革命之名营私的伪革命害革命败坏革命的人。

王童:对文学呢?

王蒙:我同样反省我的心爱的文学与文学人,我同样爱文学迷文学愿意献给文学,同时我也确实看到了拥有话语权的写作人有时候会是怎样地矫情,怎样地虚夸,怎样地自我,怎样地——有时候是自觉或者不完全自觉地——蒙骗。还有色厉内荏,还有实际的鄙俗与言语上的清高。越说得清高就越鄙俗,因为他的或她的一切清高文雅都写到文字里去了,最后,他或她给自己的生活剩下的只有鄙俗和无耻了。这样的故事,我至少知道一百个。我也反省那些读了几本书的同道中人,有的读书而不明理,有的空话连篇,装腔作势,有的说归说做归做……我所尊敬和喜爱的知识界、文人、文艺界啊,你们不比别的行业的人坏,你们完全不应该动辄得咎,不应该动辄成为整顿与清洗的对象。但是,我们也未必比别人就天生的强。我们并不比他人天生高明或者神圣。争论中有圈子和霸道。抒情中有胡搅蛮缠。高论中有玄虚和烟幕。著述中有强不知以为知。什么时候自省成为风气,而恶毒与乖戾被人们所摒弃呢?

所以我写了《青狐》,这是我写得最用功的书。我无意掺和缅怀八十年代,我只是告诉你们真相。在我年逾古稀的时候,说出真相是我无可逃避的义务。我也反省知识与知识分子。知识与知识分子都让我感动而且佩服,例如从小我就那样倾心于达·芬奇与屈原。倾心于俄国的、法国的、德国的与我国的作家。但是我也困惑,有的作家、知识分子是那样大言不惭那样横空出世而又那样实际上是无知,是专横,是装腔作势、借以吓人。

我算不上典型的干部——官员,同样算不上典型的中国知识分子或者小说家。我的事太多,面太宽,侧面太多。可能这是我一生中最大的失策。如果我专心攻一两样东西,一两部作品,可能比现在更美好更高级。然而,我明明有这种可能性存在啊。我能小说也能诗,能开会也能说讲,能外也能内,能攻也能守,能政治也能艺术。怎么办?我现在应该满意,我做了我能做的了,我九命七羊,为什么非要变成一命半羊呢?

而且这有关我的处境,我的四面开花,八面来风,使吾兄的"一条筋"的明枪暗箭显得太不够使。使信口雌黄的小子们老虎吃天,无从下口。

这是事实,就是王某也已经渐渐淡出,渐渐过时,而且已经被宣布过时多少次了。从今年起,我已经意识到了要警惕王某可能引起的审美疲劳感。每条狗都有自己的时间段,让我们为这英国人的幽默而共勉互慰。我们的奋斗会有成果,成果绝对不归属于任何一个人或一代人或一拨人一圈人。成果属于未来,成果不归个人。未来我们未必赶得及。诗兴可以大发,青春可以在小说里万岁,但是切不可以当真企图把时间捆绑在我们的青春门槛上。"从来系日乏长绳",唐朝已经有这样的诗了。短短几十年已经这样变化沧桑,再几十年呢,几百年呢,您能够那么气鼓鼓地坚持下去,等待着回到昨天或者昨天的昨天那一刻即您的青春的黄金时代吗?

应该相信我们的后人,我们的小朋友,你代替不了后人的奋斗与前进。世界是我们的也是你们的,但归根结底是他们的。

回首往事,我尚非完全虚度光阴。我留下了一些见证,一些记忆,一些说法,一些酸甜苦辣。我说话是太多了,写作也太多了,我本来可以更严谨一点,精密一点,矜持一点,含蓄一点,如果我有这四个一点,我会比现今更深沉、更美轮美奂乃至更身价百倍的。

我感动还因为我重视家庭,珍惜天伦之乐。我平生只爱过一个人,只和一个人在一起,家庭永远是我的避风港,是我的攻不破的堡垒,是我的风浪中的小舟,是我的夺不走的天堂。甜美的家就是天堂,即使周遭一时变成了炼狱,我的天堂永远属于我本人,在新疆时我们多次体会到,只要我们是在一起,一切都是甜蜜的,幸福的,光明的,谁也剥夺不走我们的快乐。我们常常在一起回忆,在冬天来到的时候,我们在哪里买煤油,在哪里砌炉灶,在哪里挖菜窖,在哪里卸成吨的烟煤。有一间温暖的小屋子,在零下三十度的气温中,这不就是天堂吗?这是我的信念,我希望为此专门写一本书,我希望我的这句话能留下来能传播开去。二○○七年初,我们度过了金婚。芳是我的存在的证明,我是芳的存在的证明,芳是我存在的条件,我是芳存在的条件。我有三个孩子。他们都出过国,有的还在国外得到了学位。他们都有正当的稳定的职业,都过着小康的生活。我们早已有了第三代,我的大孙子明年将会从大学毕业。我们家人丁兴旺,和谐团结,我为此感谢无限。

我也思考我是不是会引起审美的疲劳？在停笔住口告辞以前。当读你的作品的人的孩子已经大学毕业的时候，你是不是应该停止你的喋喋不休了呢？我想起了作协的领导对于一位人人尊敬的老作家的怀念，在正式的会上他几次谈到，这位老作家是何等的好啊，在该领导去作协履新之前，老人见到这位领导，用双手紧握住他的右手，两眼直直地盯视着他，表达了无限的信赖与期望。老人家因病已经不能说话了。我完全理解，不说话的老前辈，比下笔千言的老家伙就是可敬与可爱得多着呢。

我的为官冲淡了我的地地道道作家身份。我对于王朔的“躲避崇高”的评论冲淡了我的主流意识形态的最后一个理想主义者的形象感。我的荒诞冲淡了我对于现实的关注。我的不放弃进言冲淡了我的飘逸潇洒。我的飘逸潇洒与灵活冲淡了我的执着与愚勇，还有我的敢为天下先的食蟹胆量。我的政论、学(术)论与杂文冲淡了我的小说。我的小说冲淡了我的诗歌。我自己的活人故事冲淡了我构筑的文学故事。我的头衔冲淡了王蒙的真身。我的幽默与恶搞冲淡了我的感动。我的谈笑风生冲淡了我的眼泪。我的古典文学研究冲淡了我的翻译。我的周游列国冲淡了我的老土情深。

记得许多年前，我在《文学评论》上读到黄子平评林斤澜的一篇文字《沉思的老树的精灵》，我对林说，黄文感动得我几乎流出了眼泪。而林的回答几乎是：对不起。我要说是恶狠狠的，他说：

“你还有眼泪？”

对，我早已说了，泪尽则喜。

我帮助的有些人早已经感到了我的碍事。受惠感是一个有雄心的人最最不能忍受的屈辱感与羁绊感。他或她可能急于摆脱你的阴影。得罪人会树立对手，帮助人也会培养对手，比如××与×××……多可爱的人们！越是自信渐渐丧失的人越会显出凶恶与东方不败来。我敬重的人也有人觉得与我渐行渐远。我自己一直干扰着我自己，我自身一直妨碍着我自身。朋友与非朋友都觉察到了我的不同。我制造了、掀动了，至少是歌唱了、记录了、帮助了洪波的涌起，冲走的与淹没的是我王某人。

所以，我是王蒙。

就这么一个。

我寻求感动，我感动过。

我的笑容不可摧毁。

感动了，而且还在感动着。我笑了。

最后，没有争议的是：王某太聪明了。

你无法理解一个真正有艺术感的人怎么可能同时当官，却完全不明白文学使人们倾向于不无浪漫的革命,革命使人们倾向于富有挑战色彩的文学。你完全不明白你所理解的“官场”的一套怎么可能不消灭文学的灵感,却不明白真正的政治而不是蝇营狗苟的政治必定会充满理想主义的远见深思。你无法理解在同行是冤家的文坛——祭坛里怎么可能有真诚的批评与意见交流,却不明白对于王某来说有远比个人关系更重要的理念与诚实。你听到理念与诚实这一类的字眼儿就觉得好笑。你听到胸怀与境界之类的字眼儿就觉得一头雾水,当然不明白同是一个肉食者,同是一个不拒绝版税的人,他怎么可能比你高尚而且宽阔。你同样不明白一个尖锐嘲笑的作者怎么同时有对于大局的维护与珍惜,按你的理解能力,你只能把这样的人打成反对派或者机会主义者。你无法理解一个人怎么能不清清楚楚地回答是或者否,Yes或者No, 而是搞什么珍惜中的扬弃,批判中的传承。你无法相信一个立体地感受着生活、思考着世界的头脑,你只能理解一个人的头脑有一个点,至多有一条线,有一条从这个点发射出去的直线(叫做矢量),更高明一点你会有一个三角形,顶点或者中心仍然是你自己。你无法明白一个写作者怎么可能帮助同行而不是酸溜溜地嫉妒与落井下石。你无法相信一个文人会帮助他的过去的乃至“现行”的对手,最多你只能承认他做了别人不能做之事是由于他的聪明绝顶。你甚至不能理解一个身体健康的有若干成功的男人怎么可能不到处拈花惹草,于是你只能认为他——另有企图。

你能够勉强接受,你无法不接受的只剩下了他的智力,在一个具有长期的反智主义传统的地方,在一个“但愿生儿愚且鲁,无灾无难到公卿”(苏轼《洗儿》)的地方,在一个更多地信奉“聪明反被聪明误”的地方,你未必全属好意地承认了王某的聪明,回避了你所永远不敢正视更不敢反省,你无从望其项背、你跳起来也够不着看上一眼的胸怀、心术、境界与做人的理念。

在需要冒傻气的时候,王某冒了不知道几十次、几百次的傻气。

满纸高天阔地言,
一把如喜如悲泪,
都云作者实在能,
谁解其中酸傻味?

又道是:

九命七羊敢自欺?浮槎四海新天地。

风云哀乐万般言，说部诗文八把笔。
偶有童心观箭镞，岂无肝胆书心曲？
杜鹃老矣声声啼，渤海遨游千百里。

对这首诗稍作解释：写诗时在访问俄罗斯、捷克与斯洛伐克，道已行，方能浮槎四海。很感慨世界之宽阔与自身之渺小。西方俚语称饕餮者为“七把叉”，我乃戏称自己为“八把笔”。箭镞是说明枪暗箭。游渤海是二〇〇七年夏天，在作协北戴河创作之家，头几天还未完全适应，后半个月，恢复到日游一千一百米的水平。

底下还有的是：

慷慨悲欣日，
沧桑风雨年。
笃诚肝胆语，
微妙句诗篇。
连珠嬉笑未轻松，
写到悲时意渐平，
七十三年成数卷，
凭君解释凭君听。

我很少“悲欣”连用，这次没有用“悲欢”而用“悲欣”，主要是受了弘一法师的影响。在泉州，我看到了李叔同弥留时的手书拓印：“悲欣交集”。

小　传

王蒙，1934年生，河北南皮人，1955年开始发表作品，著有长篇小说《青春万岁》、《活动变人形》、《这边风景》、《恋爱的季节》，中篇小说《组织部新来的年轻人》，中短篇小说集《深的湖》，散文集《德美两国纪行》，评论集《漫话小说创作》、《王蒙选集》等数十部。作品被翻译成二十余种外文出版，其中《最宝贵的》、《悠悠寸草心》、《春之声》分获1978、1979、1980年全国优秀短篇小说奖，《蝴蝶》、《相见时难》分获全国第一、二届优秀中篇小说奖等奖项。曾任文化部长，现任中国作家协会名誉副主席。

莫拉维亚:只要精神年轻就会永远年轻

回想起来,也许令人难以置信,上世纪的1986年,曾任国际笔会主席的莫拉维亚在年届八旬时竟千里迢迢来到中国内蒙古访问了一次。但有关这次访问的情况,今天在莫拉维亚的生平记录里,竟一句未提到,让人略感遗憾。莫拉维亚专程到中国内蒙古来访问,不知是不是受了马可·波罗的潜在影响。在莫拉维亚的短篇小说中有一篇叫《中国盒子》,可见他对中国的感受。

莫拉维亚曾离诺贝尔文学奖仅一步之遥,但有人"举报"他在"二战"中同墨索里尼政权有些瓜葛,便搁浅了。这样,在我采访时提出他小说中常有"人生如梦"的感觉为何?他不假思索地就答说是法西斯主义造成的。这种看似毫不搭界的解释,也不难看出他欲要择开同墨索里尼的联系,名在批法西斯,实在为自己开脱。只是他讲给我们这些大多都不谙此道的隔代中国人也是有些不知所以然。但实际上,他却因受法西斯迫害,而被迫流落他国多年。但在当时,他的作品译介过来的大概只有《莫拉维亚短篇小说选》这么一本小册子,而且鲜有人读过。这样就让接待他的内蒙古作家协会的人有些不知所措、弄不清怎样同他交流。恰好作为文学青年的我有这么一本书,并对一些章节还烂熟于心,这便让他们临时抱佛脚,把我找来快速阅读了一番。但后来我得知,他的这些短篇佳作还是给一些中国青年作家直接带来了影响。其中有一位直接套搬他小说的作家,在同我切磋时竟连连否认,我也只好一笑了之，对他此地无银三百两的解释也不以为然。因莫拉维亚被一些学者认为是萨特的先驱，作品中存在主义的色彩自然很浓，上世纪八十年代，青年作家模仿其文体，在所难免。见到莫拉维亚时，我的直接观感是他长得很像毕加索，身材高大、精神矍铄，并拄着一根拐棍。他给我的那本书签了名，他说他要到北京去，希望见到邓小平。而从那次见面后不到四年，他便于1990年9月26日就去世了。他让我记忆深刻的便是那句话：只要精神年轻就会永远年轻。

王童：说来也许很奇怪，像您这样一位大名鼎鼎的作家，竟然会到中国的内蒙古来访问。

莫拉维亚：这或许是一种历史的必然，过去你们好像同外蒙古是一起的，为什么会分裂呢？

王童：是列强是战争造成的。您知道中国曾有相当一段时间受外族欺凌。

莫拉维亚：我读过你们一些古典文学的译本，如唐诗、陶渊明等。很美。但现实是你们这种田园式的生活就被激烈的阶级斗争所替代了。

王童：这也是因外部侵略造成的。中国人很想过陶渊明描绘的那种田园式生活，但人家不允许。非要强迫我们，破坏我们，迫使我们不得不做出反抗。

莫拉维亚：这很遗憾，我的国家也遭遇过战争，有侵略也被侵略过。

王童：说起您的小说，我这里恰好有一本您的短篇小说译本。里面的《月球特派记者发自地球的第一个报告》这篇。您是出于什么原因选择这么一个视点呢？

莫拉维亚：这是很早一个版本的小说集了。这篇小说主要是想阐明对我们生存的这个世界产生的失望，警醒人们审视我们生存的工业化环境。你看，现在的世界几乎快变成了工业垃圾的产地。

王童：在您的这些篇幅不长的小说里，都有人生如梦这样一个主题，如《梦游症患者》，我还能背诵一些其中的章节（背诵）。

莫拉维亚（惊讶地）：哦，没想到我的这篇小东西，在中国的这个边远地区还有共鸣者。人生如梦的感觉，应该说全是法西斯主义造成的。在意大利，在墨索里尼统治的时代，我们经常就能在半夜里感受到，那些幽灵在房间和街道里蠢蠢欲动。

王童：但我听说在战时年代，您的地位还是很被重视的。

莫拉维亚：这应该是个愚蠢的错误和误解。法西斯主义曾迫使我多次流浪他国，他们是不允许有不同声音的。

王童：但也有舆论说您同墨索里尼政权实际上是貌合神离的。

莫拉维亚：这就是生存的现实。我的书遭禁，我被列入法西斯的黑名单，可有些人还说

作家莫拉维亚

我同他们同流合污，非常荒唐。

王童：有评论家认为您是新现实主义的代表，您自己怎么看？

莫拉维亚：我不认为我是这方面的代表人物，现实主义同新现实主义的区别在表面还是在内心？我的作品主要还是带有社会进程的印迹。

王童：从介绍上得知，您的许多作品都曾让梵蒂冈列为禁书，为什么会这样呢？

莫拉维亚：五十年代是这样，也可能是教会自认为我的作品不符合他们的伦理观念，为此他们发过通谕，将我划入过禁区。

王童：众所周知，您做过多年的国际笔会主席，您怎么看待世界文学发展的趋势？

莫拉维亚：从五十年代至今世界文学的状态发生了根本的变化，但对人性的探讨至今也没变。荒谬而又畸形的社会状态是作家所要面对的。还有人类怎样面对自然的生存，都应是作家要关注的。

王童：您怎么看待意大利文学的现状？

莫拉维亚：诚如你们古老的国家有古老的文明一样，意大利也有着灿烂的过去。"二战"前后，意大利文学都有着不同时期的发展，前者关乎人的命运，后者关乎人的内心。

王童：您怎么看待中国文学呢？

莫拉维亚：现当代的了解得不多。但古典的，特别是诗歌，如唐诗都很出色。也有一些类似《十日谈》那类的小说。

王童：您怎么看待您自己的文学创作？您作品中的人物除前面提到的人生如梦的感觉外，还有这些个人仿佛都被异化了。

莫拉维亚：我小说里的人物是不存在正面人物同反面人物的。孤独、苦闷带来的心理危机是这些人的特征。你只看了我这本早期的短篇，但像《冷漠的人》及《随波逐流的人》这些作品不知你们翻译过了没？

王童：这还不太清楚，有了一定认真拜读。因为我比较喜欢您这些短篇，因而常常翻阅,总的感觉您观察事物的观点都很新鲜,中国的作家们可能关注的是另一面。

莫拉维亚:这个问题是很复杂的,意大利可能是很早了解中国的民族之一,马可·波罗早在成吉思汗时代就来到了中国,每个民族的不同属性,决定了他的价值取向。

王童:在您的这本小说集中有两篇是以《中国瓷瓶》和《中国盒子》命名的,您对中国很感兴趣吗?

莫拉维亚:应该是,所以我到中国来了。但瓷器与木制的盒子,在西方一般来说是中国的符号。我将盒子隐喻过来,是一个套层结构的小故事,人生便是如此。

王童:您现在已很大岁数了,何以创作上还这么有活力?用中国的话来说,真可谓是老当益壮了。

莫拉维亚:一个人只要精神年轻就会永远年轻,你不要总去想你多大岁数了,生活仍然在继续着。

王童:离开内蒙古您还要去哪儿?

莫拉维亚:我还要回北京,我希望我能见到邓小平。

(注:这篇写于二十多年前的专访,当时曾有详尽的手稿,后因遵内蒙古作家协会之命寄给相关部门未留底稿,现只好根据当时的记录重新整理出,也许这会弥补一段空白吧。)

小　传

莫拉维亚,1907年生于罗马,1929年发表小说《冷漠的人们》,展示法西斯统治下资产阶级空虚、堕落的精神状态,初获声誉。早期作品基本上采取客观主义描写,注重心理分析,色调比较灰暗。其间还有《假面舞会》、《瘟疫集》、《罗马故事》和《罗马故事新编》等短篇小说集,真实地表现了普通人的希望与痛苦。长篇小说有《乔恰拉》、《愁闷》、《注意》、《我和它》等都反映了资产阶级的颓废苦闷和悲观厌世,莫拉维亚曾担任国际笔会主席、《新论证》杂志主编、《快报》周刊专栏影评家等。1990年9月26日逝世。

跋

担任影视记者多年，现又浪迹在文学圈内，耳濡目染接触到了许多在这两个领域内指点江山、品头论足的人物。然而，说穿了，影视与文学这两块领域实际上又是互通有无的。张艺谋说，电影依靠文学的兴盛而强大。王朔和刘恒言电影是他们创作上的"情人"。王朔在写他那些被称为话语"革命"的小说同时，一刻也没忘记他对影视的关注与创作。而刘恒今天从小说创作中已鲜明地脱胎换骨成了名副其实的电影剧作家。

在对影视圈内的焦点人物采访的同时，我曾经用一年的时间为《小说界》做了文坛翘楚人物的专访，每期一个人物。现在回过头来看，对这些人物的专访真是有些先见之明。因那时交谈中阐述的许多问题今天还被人频频引用。如陈凯歌就表白过在《赵氏孤儿》中仍有他误伤父亲的影子，仍有他自己的化身。采访刘索拉向她提出西方新年音乐会由于每年举办、转播，久而久之，今天已成了传播西洋音乐仪式的话题，现也常被人引用。有一次，有某位著名文学评论家，当着包括我在内众人的面侃侃而谈他这一高论时，连我自己都没想到，这些论点原来竟是我多年前就点睛析题过的。近一两年，应《收获》杂志之约，我又重操旧业再次采访那些影坛风云人物时，有些话题我发现原来在许多年前就已提到了。如有关电影审查的立法问题，我是国内率先也是唯一切入的。铁凝言，文学要给人以温暖、要有责任感同使命感；徐坤认为文学本身对人性本质的探讨，对生活的感受能力，是作家应具备的话题，今天仍在被人们津津乐道地讨论着。对王蒙的专访是中国艺术研究院的一个专项课题，感谢他在同我交谈中，慷慨地允许我参阅他的回忆录。在我整理这些专访时，连我自己也感到惊讶，我竟采访了那么多的人，提出过那么多的焦点问题。20年前对意大利著名作家莫拉维亚的专访也弥补了一段空白。对葛优的访谈有一半原因则是组发了他妹妹葛佳的小说；与冯小刚促膝谈心，也是十多年前的继续。然而，令人遗憾的是，因年代久远，有些因时过境迁，已遁去的人物也没全部收入进来，这似有些欠缺。但不管怎么说，这终是一份影视及文坛上著名人物侧影的留档音画。

闻其声、观其人，几乎所有的人都面临着一个自我选择的困境。张艺谋成功导演了北京奥运会的开幕式，但他随后执导的影片又陷入了迷茫中。王朔的小说曾掀起过一场语言的颠覆，而他今天有限的创作却让一些评论家贴上了不知所云的标签。冯小刚与刘恒也都一度放弃了他们自己执着的理想，而选择了现实主义的生存哲学，这就如宾克莱所论述的：善于思考的读者现在已经到了必须选择自己的根本价值委身的时候了。在同这些人的交谈中，我承认话语本身会刺激开一些人的灵感与思想，这是在官样场合中所听不到的。但面对那些突如其来涌现出的思想与灵感，你要有知识上的准备，这是必然的，也是必需的。如果每一天我们都能听到那些人发自肺腑的真实声音的话，我们的思维也许就不会那么平庸了。

王童写于2011年6月9日夜